Barry Sears

Das Optimum Rezeptbuch

350 Gerichte für Ihre Bestleistung

Aus dem Amerikanischen
von Gertraud Hartl

Econ Taschenbuch

Econ Taschenbücher erscheinen im Ullstein Taschenbuchverlag,
einem Unternehmen der Econ Ullstein List
Verlag GmbH & Co. KG, München
Deutsche Erstausgabe
1. Auflage 2001
© 2001 für die deutsche Ausgabe by Econ Ullstein List
Verlag GmbH & Co. KG, München
© 1997 by Barry Sears
Titel der amerikanischen Originalausgabe: Mastering The Zone
(HarperCollins Publishers Inc., New York)
Übersetzung: Gertraud Hartl
Redaktion: Julia Riesz
Die Ratschläge in diesem Buch sind von Autor und Verlag sorgfältig erwogen
und geprüft; dennoch kann eine Garantie nicht übernommen werden. Eine
Haftung des Autors bzw. des Verlages und seiner Beauftragten für Personen-,
Sach- und Vermögensschäden ist ausgeschlossen.
Umschlagkonzept: Büro Meyer & Schmidt, München – Jorge Schmidt
Titelkonzept und Umschlaggestaltung: Petra Soeltzer, Düsseldorf
Titelabbildung: The Stock Market/Chris Collins
Satz: Josefine Urban – KompetenzCenter, Düsseldorf
Druck und Bindearbeiten: Ebner Ulm
Printed in Germany
ISBN 3-548-71010-7

Inhalt

Danksagung 7

Vorwort 9

1. Ihre Großmutter wusste, wie es geht.
   Wissen Sie es auch? 12
2. Ihr Eiweißbedarf: Der erste Schritt zur Sears-Diät . 17
3. Kohlenhydrate: Ein Geschenk des Himmels? 25
4. Nur mit Fett kann man Fett verbrennen 38
5. Ihr hormoneller Verbrenner 43
6. Ein Tag mit der Sears-Diät 52
7. Stellen Sie Ihren hormonellen Verbrenner ein 65
8. Eine Woche mit der Sears-Diät 82
9. Rezepte für die Sears-Diät 138

   Frühstück 140

   Mittagessen 177

   Abendessen 226

   Zwischenmahlzeiten und Nachspeisen 280

10. Einkaufen im Risikobereich 303

11. Essen gehen mit der Sears-Diät 312

12. Ihre persönliche Checkkarte
    für die Sears-Diät 317

13. Leben im optimalen Bereich der Sears-Diät 323

14. Fragen zur Sears-Diät 329

15. Berichte aus dem optimalen Bereich 349

16. Berichte von der Olympiade 357

17. Kritische Stimmen 361

18. Wie geht es weiter? 374

Anhang A   Die Blockeinheiten 377

Anhang B   Die Berechnung der
           reinen Körpermasse 390

Anhang C   Formblatt zur Zusammenstellung und
           Übersicht der Mahlzeiten in der Sears-Diät   406

Anhang D   Der Blutzuckerindex 407

Rezeptregister 413

Danksagung

Zur Entstehung eines Buches trägt niemals nur der Autor bei, da bildet auch dieses Werk keine Ausnahme. Vor allem möchte ich mich bei den Tausenden von Menschen bedanken, die in den letzten Jahren nach den Prinzipien der Sears-Diät gelebt haben. Ihre Rückmeldung hat bei der Überarbeitung und Verfeinerung des Programms eine wichtige Rolle gespielt. Wir konnten dadurch die Schwachpunkte ausmachen und Wege aufzeigen, um schneller und einfacher zum Optimum zu finden. Ebenso wichtig war die geduldige Unterstützung, die ich durch meine Familie, vor allem meine Frau Lynn, erfahren habe. Sie hat die redaktionelle Arbeit für einen Großteil dieses Buches übernommen. Mein Bruder Doug hat mich als enger Mitarbeiter und Partner in den letzten vierzehn Jahren begleitet und an der Ausarbeitung der Ernährungsmethode, die den Kern der Sears-Diät darstellt, mitgewirkt. Ohne seine Unterstützung wäre das Konzept wohl nie in dieser Form entwickelt worden. Mein besonderer Dank geht auch an meine erste Mitarbeiterin, meine Mutter, die nach zwanzigjähriger »Dienstzeit« in den Ruhestand getreten ist. Sie und mein Bruder trugen dazu bei, dass meine früheren Konzepte in die Realität umgesetzt werden konnten. Ich möchte auch Sherry Sontag und Jill Sullivan meinen Dank für ihre wertvolle redaktionelle Mitwirkung aussprechen.

Die Rezepte für die Sears-Diät sind das Werk von Scott C. Lane. Er ist Geschäftsführer einer der großen Lebensmittelkonzerne in den USA und dort für den Qualitätsstandard verantwortlich. Als Absolvent des Culinary Institute of America und Dozent für Kochkünste zeigt uns Scott auf einmalige Weise, wie man wohlschmeckende Gerichte auf der Basis moderner Lebensmitteltechnologie zubereitet.

Es wäre nachlässig, Michael und Mary Dan Eades nicht für ihre produktiven und bereichernden Informationen über den Begriff des Hyperinsulinismus und die medizinische Behandlung dieses Problems zu danken. Diese Gespräche waren für mich eine große Hilfe bei der Ausarbeitung meines Diätkonzepts zur Kontrolle der *Eicosanoide*. Weit wichtiger jedoch ist, dass wir in unseren gemeinsamen Jahren enge Freunde wurden.

Mein Dank geht auch an Todd Silverstein für seine unschätzbare redaktionelle Unterstützung sowie an die anderen Mitarbeiter von ReganBooks/HarperCollins für ihre tatkräftige Mithilfe bei diesem Projekt.

Schließlich danke ich auch meiner Herausgeberin Judith Regan für ihr Vertrauen in das Konzept der Sears-Diät und für ihre fortwährende Unterstützung bei dessen Verbreitung.

Vorwort

Ich hoffe, dass mit meinem letzten Buch *Das Optimum* der erste Schritt zur Aufklärung über die Zusammenhänge zwischen Nahrung und hormoneller Reaktion getan wurde. Außerdem soll es eine gut lesbare Zusammenfassung meiner Arbeit darstellen und unter anderem den Menschen nützlich sein, die in der medizinischen Forschung tätig sind und nur wenig über diese scheinbar geheimnisvollen und nahezu magischen Hormone wissen, die als *Eicosanoide* bekannt sind und letztendlich unser Leben bestimmen. Offen gesagt, hatte ich nie erwartet, dass *Das Optimum* so großen Anklang finden würde. Der Erfolg des Buches überwältigt mich und stimmt mich dankbar. Dabei ist mir bewusst, dass viele meiner Leser Schwierigkeiten haben, das Konzept der Sears-Diät in ihrem täglichen Leben auch umzusetzen. Ich hoffe, dass durch *Das Optimum-Rezeptbuch* nun viele dieser Schwierigkeiten ausgeräumt werden können. Dieses Buch ist eine Zusammenstellung der Ratschläge, die ich in den letzten Jahren erteilt habe, und dient der einfachen Umsetzung der Prinzipien der Sears-Diät im eigenen Leben. Dabei spielt es keine Rolle, ob es sich um einen herzkranken Patienten handelt, um einen Spitzensportler oder ganz einfach um einen durchschnittlichen Menschen, der sich irgendwo zwischen diesen Extremen befindet.

Natürlich war meine eigene Gesundheit ein starker Beweggrund für den Wunsch, diese Diät verständlich zu machen. In meiner Familie gab es mehrere frühe Todesfälle aufgrund von Herzkrankheiten. Meine Gene kann ich nicht verändern, aber ich kann durch die Beeinflussung des *Eicosanoidpegels* mitbestimmen, wie sie sich auf meine Gesundheit auswirken.

Jetzt, im Alter von 49 Jahren, stellt sich natürlich die Frage nach meinem Gesundheitszustand. Im EKG hat sich gezeigt, dass ich das Herz eines 25-Jährigen habe. Wichtiger ist aber, dass ich eine grundlegende und leicht nachzuvollziehende Methode entdeckt habe, mit der jeder Mensch seinen optimalen Gesundheitszustand erreichen kann. Doch was ist ein optimaler Gesundheitszustand? Kurz gesagt, ist es so viel Lebensqualität wie nur möglich. In diesem Zusammenhang sollten wir lernen, zwischen dem biologischen und dem chronologischen Alter zu unterscheiden.

Die beiden Bücher *Das Optimum* und *Das Optimum-Rezeptbuch* sind als persönliches Tagebuch meiner eigenen wissenschaftlichen Reise zu einem Verständnis des Zusammenhangs zwischen Nahrung und hormoneller Reaktion zu verstehen. Ich war dabei nicht auf all die Windungen und Abzweigungen dieses Wegs gefasst. Ebenso wenig war mir klar, dass es 14 Jahre dauern würde, bis ich den »Stein der Weisen« auf dem Gebiet der Ernährung entdecken würde. Die Sears-Diät erschließt sich nicht auf intuitive Weise, sondern basiert auf einer Kombination von glasklarer Biotechnologie und gesundem Menschenverstand.

Ich hoffe, dass Sie, nachdem Sie dieses Buch gelesen haben, sagen werden: »Das kann ich.« Wenn Sie dazu in der Lage sind, haben Sie schon einen wichtigen Schritt zur Verbesserung Ihrer Lebensqualität unternommen, denn Sie können Ihren optimalen Gesundheitszustand tatsächlich erreichen. Meiner Ansicht nach ist der einzige Weg dorthin ein lebenslanger Aufenthalt im optimalen Bereich der Sears-Diät.

Dieses Buch soll keineswegs ärztlichen Rat oder ärztliche Behandlung ersetzen. Wenn Sie krank sind oder sich krank fühlen, müssen Sie einen Arzt aufsuchen. Und wenn Sie Medikamente einnehmen, sollten Sie Ihre Ernährung unter keinen Umständen umstellen, ohne diesen vorher zu befragen, denn eine Ernährungsumstellung kann auch die Wirkung eines Medikaments beeinflussen.

Vorbeugung ist noch immer die beste Medizin. Diese kann aber immer nur auf individueller Basis geschehen und dazu gehört das richtige Essen. Es ist die Grundlage eines gesunden Lebens. Essen ist für uns alle eine Notwendigkeit, daher können wir uns ebenso gut klug ernähren.

Autor und Herausgeber dieses Buches übernehmen keine Verantwortung für nachteilige Wirkungen, die durch die Aufnahme von Nahrungszusätzen ohne geeignete ärztliche Überwachung entstehen.

1
Ihre Großmutter wusste, wie es geht. Wissen Sie es auch?

Ziel dieses Buchs ist das Beherrschen des Optimums. Das klingt nach New Age, ungefähr so, als ob Yoda Luke Skywalker etwas über »die Kraft« erzählen würde. Doch darum geht es nicht. Es geht vielmehr um die Ratschläge zur richtigen Ernährung, die Sie schon von Ihrer Großmutter gehört haben: Maß halten, viel Obst und Gemüse essen und bei jeder Mahlzeit auf etwas Eiweiß achten. Ihrer Großmutter war damals allerdings nicht bewusst, dass dies die grundlegenden Prinzipien für eine lebenslange Strategie sind, mit der Sie die Hormone im Gleichgewicht halten können. Wenn Sie dieses hormonelle Gleichgewicht erreichen, sind Sie schon auf dem Weg in den optimalen Bereich.

Was ist nun das Optimum der Sears-Diät? Es ist das Gleichgewicht der hormonellen Reaktionen, die bei jeder Nahrungsaufnahme stattfinden. Wir wollen eine vollkommene Balance erreichen. Dieser Zustand ist erstrebenswert, denn im optimalen Bereich werden Sie:

A – klarer denken, denn Ihr Blutzuckerspiegel bleibt stabil
B – mehr leisten, denn Ihre Muskeln nehmen mehr Sauerstoff auf
C – besser aussehen, denn überflüssiges Körperfett wird schnell abgebaut
D – zwischen den Mahlzeiten keinen Hunger verspüren,

denn Ihr Gehirn wird ständig mit seiner wichtigsten Energie versorgt: dem Blutzucker.

All diese positiven Wirkungen der Sears-Diät werden sich in einem Zeitraum von einer bis zwei Wochen einstellen, wenn Sie den Anleitungen in diesem Buch folgen. Der beste Grund jedoch, bei dieser Ernährungsweise zu bleiben, ist, dass Sie sich Ihr ganzes weiteres Leben optimaler Gesundheit erfreuen können.

Für die meisten Menschen bedeutet Gesundheit einfach die Abwesenheit von Krankheit, ein optimaler Gesundheitszustand geht jedoch weit darüber hinaus. In diesem Zustand verringert sich auch die Wahrscheinlichkeit von chronischen Krankheiten, die immerhin einen Großteil der Kosten in unserem Gesundheitswesen verursachen. Je länger Sie mit der Sears-Diät leben, umso mehr bestimmen Sie selbst über Ihre optimale Lebensqualität.

In meinem Buch *Das Optimum* aus dem Jahr 1995 habe ich erläutert, dass das altbekannte Wissen um ausgewogene Ernährung den Grundstein für die Hormonkontrolle des 21. Jahrhunderts darstellt. Die dort angewandte Methode geht mit einer mathematischen und wissenschaftlichen Genauigkeit vor, von der Ihre Großmutter keine Ahnung hatte, denn sie hat rein intuitiv gehandelt.

Dieses Buch nun ist der nächste Schritt zum Ziel. Mit über 150 neuen Rezepten bietet es eine große Auswahl von Gerichten, die von Gourmetspezialitäten bis hin zu Schnellimbissen reicht und mit denen man im optimalen Bereich bleibt. Es mag revolutionär erscheinen, eine Diät auf hormoneller Basis aufzubauen, doch in der Sears-Diät ist es fast so, als würden Sie bei Großmutter essen (mit Ausnahme des Schnellimbisses).

Denjenigen, die schon mit dieser Diät leben, bietet das Buch neue Anregungen und Vorschläge, wie man sie in den

Tagesablauf integrieren kann. Das betrifft unter anderem das Essen in Restaurants, das Einkaufen sowie die Anpassung der Diät an den körperlichen Zustand eines jeden Einzelnen.

Mit Hilfe dieser Hinweise wird die richtige Ernährung für Sie schnell zur Routine werden, denn Sie können weiterhin das essen, was Ihnen schmeckt.

Stellen Sie sich die Diät mal ganz konkret auf einem Teller vor: eine mittlere Menge fettarmes Eiweiß (etwa Fisch oder Huhn), eine große Portion Gemüse, bedeckt mit Mandelsplittern und zum Nachtisch Obst. Sie achten bei jeder Mahlzeit darauf, dass neben den Kohlenhydraten auch Eiweiß und etwas Fett auf den Tisch kommen. Genauer gesagt, bedeutet das, dass Sie zu einer Tasse Gemüse oder einem halben Stück Obst oder einer viertel Tasse Teigwaren, etwa 30 Gramm fettarmes Eiweiß wie Huhn oder Fisch hinzufügen müssen. Außerdem einfach ungesättigtes Fett in Form von Olivenöl oder Mandelsplittern. Wenn Sie dies bei jeder Mahlzeit und bei jedem Imbiss beachten, sind Sie in den darauf folgenden vier bis sechs Stunden dem optimalen Bereich schon sehr nahe. In diesem Zeitraum nach einer Mahlzeit können Sie klarer denken, mehr leisten und verlieren dabei Fett, das in Ihrem Körper gespeichert ist. Und all das geschieht ohne Hungergefühle.

Wenn Sie die Wirkungsweise und den Aufbau der Sears-Diät einmal verstanden haben, werden Sie auch begreifen, dass viele der üblichen Empfehlungen führender Ernährungsexperten in hormoneller Hinsicht völlig falsch sind. Die meisten Empfehlungen beruhen auf einer kohlenhydratreichen Ernährung. Leider scheint all diesen Experten und offiziellen Beratungsstellen entgangen zu sein, dass das beste Mastfutter für Rinder in großen Mengen fettarmen Getreides besteht. Die beste Methode der Gewichtszunahme für Menschen besteht ebenso in großen Mengen fettarmen Getreides – in Form von Nudeln, Brötchen und anderem. Eine weitere Überzeugung ist, dass sich ohne Fett im Essen auch kein Speck an den

Hüften ansetzen kann. Das entspricht jedoch einfach nicht der Wahrheit. Vor 15 Jahren verbreitete sich die Angst vor Fett in der Nahrung und damit begann auch unser Kampf dagegen. Das Ergebnis ist: Die Menschen werden immer fettleibiger.

Wenn also Fett nicht unser Feind ist, was dann? Die Antwort lautet: Insulin. Der Überschuss an Insulin macht Sie dick und lässt Sie auch dick bleiben. Ihr Körper produziert einen Überschuss an Insulin, wenn Sie entweder zu viele fettfreie Kohlenhydrate oder zu viele Kalorien zu sich nehmen. Mit der Sears-Diät wird vor allem der Insulinspiegel reguliert, der weder zu hoch noch zu niedrig sein soll.

Bei diesem Ernährungskonzept gehen Sie mit Speisen genauso sorgfältig um wie mit Medikamenten, was jedoch nicht heißt, dass diese auch so schmecken – ganz im Gegenteil. Die Sears-Diät besteht aus wohlschmeckenden Gerichten mit maximalem Nährwert und ist zugleich der Weg zu einer lebenslangen hormonellen Kontrolle. Das mühsame Zählen von Kalorien oder Fettmengen können Sie von nun an ruhig vergessen.

Viele Menschen glauben, eine Diät sei eine beschränkte Zeit der Enthaltsamkeit, nach der man getrost zu seinen alten Essgewohnheiten zurückkehren kann. Die Sears-Diät bedeutet jedoch weder Enthaltsamkeit, noch ist sie auf eine bestimmte Zeit beschränkt. Stattdessen können Sie essen, was Ihnen schmeckt, und dabei auf dem Höhepunkt Ihrer geistigen und körperlichen Leistungsfähigkeit bleiben, wenn Sie zu einer lebenslangen Umstellung Ihrer Ernährungsgewohnheiten bereit sind. Die hormonellen Reaktionen auf die in dieser Diät enthaltenen Nahrungsmittel haben sich in den letzten 100 000 Jahren nicht verändert.

Wie bei jeder anderen Umstellung der Lebensgewohnheiten ist auch hier etwas Geduld und Übung erforderlich, doch schon nach spätestens zwei Wochen werden sich dramatische

Veränderungen abzeichnen: Ihr Verlangen nach Kohlenhydraten lässt nach, Konzentrationsfähigkeit und körperliche Leistungsfähigkeit verbessern sich und Sie verlieren schon in kürzester Zeit Übergewicht. Damit sind Sie bereits auf dem besten Weg in den optimalen Gesundheitszustand. Ist das nicht ein erstrebenswertes Lebensgefühl?

Das Buch ist in drei Abschnitte unterteilt. Der erste beschreibt, wie Sie Ihren persönlichen Bedarf an Eiweiß und Kohlenhydraten bestimmen und wie der hormonelle Verbrenner durch deren Zusammenwirken effektiver arbeiten kann. Im zweiten Abschnitt mit über 150 neuen Rezepten wird die Zubereitung von ausgewogenen Gerichten der Sears-Diät erläutert. Im dritten Abschnitt schließlich finden Sie nützliche Hinweise, die Ihnen helfen, sich auch in Zukunft nach dieser Diät zu ernähren.

Wenn Sie einen optimalen Gesundheitszustand erreichen möchten, dann sind Sie mit der Sears-Diät auf dem richtigen Weg. Und haben Sie diesen Zustand einmal erreicht, werden Sie kaum den Wunsch verspüren, zu Ihren alten Gewohnheiten zurückzukehren.

2
Ihr Eiweißbedarf: Der erste Schritt zur Sears-Diät

Sie sind schon bereit für den Weg in die Sears-Diät, aber einige »Reisevorbereitungen« sind noch notwendig. Im 1. Kapitel sagte ich schon, dass es hier vor allem um das Insulin geht. Wenn Sie mein Buch *Das Optimum* gelesen haben, dann wissen Sie bereits, dass man bei der Insulinkontrolle vor allem auf den persönlichen Eiweißbedarf achten muss.

Warum ist Eiweiß so wichtig? Zunächst benötigt Ihr Körper ständige Eiweißzufuhr, um seine komplizierten Funktionen in gutem Zustand zu erhalten. Ihre Muskeln, Ihr Immunsystem und jedes Enzym in Ihrem Körper bestehen aus Eiweiß, zudem gibt der Körper auch ständig Eiweiß ab. Nur eine angemessene Zufuhr über die Nahrung kann den reibungslosen Ablauf dieser Körperfunktionen sicherstellen.

Darüber hinaus ist Eiweiß so entscheidend, weil es die Produktion von *Glukagon* anregt. Glukagon ist das hormonelle Gegengewicht zu Insulin und es wirkt als Hauptregulator bei übermäßiger Insulinproduktion. Überschüssiges Insulin ist der Auslöser für Übergewicht, Hungergefühle, Konzentrationsschwäche und körperlichen Leistungsabfall. Durch diese Faktoren erhöht sich auch das Risiko von chronischen Krankheiten.

Wenn Sie die Sears-Diät auf Dauer anwenden möchten, ist eine Kontrolle der Insulinproduktion notwendig und dafür brauchen Sie Eiweiß.

Wie viel Eiweiß sollte eine Mahlzeit enthalten? Dazu eine

Faustregel: **Nehmen Sie pro Mahlzeit nie mehr fettarmes Eiweiß zu sich, als in Ihre Handfläche passt.** Die maximale Eiweißmenge sollte pro Mahlzeit 150 Gramm Hühnerbrust oder etwas Ähnliches nicht übersteigen.

Natürlich hat jeder Mensch einen eigenen Eiweißbedarf, der individuell ganz unterschiedlich sein kann. Deshalb ist es hilfreich, zunächst den persönlichen Bedarf genau zu bestimmen.

Zu diesem Zweck habe ich eine bestimmte Ernährungsmaßeinheit entwickelt, die ich als Block bezeichne. Durch Anwendung der Blockeinheiten können Sie Ihren persönlichen Eiweißbedarf auf sehr unkomplizierte Weise feststellen. Niemand möchte sich mit umständlichen Rechnungen über die tägliche Eiweißmenge aufhalten oder gar vor jeder Mahlzeit zum Rechenstift greifen müssen. Die Blockmethode kann für jede Eiweißquelle angewandt werden, sei es nun Tofu, Thunfisch oder ein Filetsteak. All dies wird in Ihrem Magen in Aminosäure umgewandelt und weitergeleitet.

Alle angegebenen Blockeinheiten enthalten 7 Gramm Eiweiß, ich habe Ihnen also das Ausrechnen bereits abgenommen. Die jeweiligen Eiweißquellen haben einen vergleichbaren Gehalt an Aminosäure und Eiweißkonzentration, deshalb sind nur wenige Rechnungen notwendig. Ein Block Eiweiß besteht zum Beispiel aus ca. 30 Gramm Fleisch, z. B. Pute, Huhn oder Rindfleisch oder ca. 45 Gramm Fisch, zwei Blöcke Eiweiß entsprechen ¼ Tasse Hüttenkäse oder ca. 80 Gramm festem Tofu. Ihr Körper macht hier keinen Unterschied. Praktischerweise können Sie bei Verwendung der Blockeinheiten Ihren persönlichen Eiweißbedarf bei jeder Mahlzeit an einer Hand ausrechnen.

Im Anhang B finden Sie die häufigsten Eiweißlieferanten (darunter auch vegetarische) in den für eine Mahlzeit vorgesehenen Blockmengen. Mit der Zeit werden Sie die einem Block entsprechende Eiweißmenge mit einem Blick abschätzen lernen.

Im Durchschnitt braucht eine Frau pro Mahlzeit etwa zwei bis drei Blöcke Eiweiß, ein Mann etwa drei bis vier. Mit dieser Eiweißmenge werden Ihre Muskeln und Ihr Immunsystem gut, aber nicht übermäßig versorgt.

Wenn Sie die Menge noch genauer wissen möchten, können Sie mit Hilfe des Arbeitsblatts im Anhang C Ihr Körperfett in Prozenten errechnen. Daraus wird die tatsächliche reine Körpermasse abgeleitet und diese wiederum gibt genau vor, wie viel Eiweiß Sie täglich brauchen.

Was ist unter reiner Körpermasse zu verstehen? Betrachten Sie Ihren Körper einmal als aus zwei Komponenten bestehend. Ein Teil ist die gesamte Fettmasse, alles Übrige das restliche Gesamtgewicht. Dieser »Rest« wird als reine Körpermasse bezeichnet, er besteht aus Wasser, Muskeln, Knochen, Sehnen usw. Um die reine Körpermasse in gutem Zustand zu erhalten, braucht Ihr Körper angemessene Eiweißmengen. Ihre Fettmasse braucht dagegen keine Eiweißzufuhr, um aufrechterhalten zu werden.

Es kann schockierend sein, die Menge des gesamten Körperfetts in Zahlen vor Augen zu haben, aber es ist notwendig, um eine Ausgangsposition zu finden. Multiplizieren Sie einfach Ihr Gesamtgewicht mit Ihrem prozentualen Körperfettanteil. Wenn Sie zum Beispiel 80 Kilogramm wiegen und 25 % Körperfettanteil haben, beträgt Ihre gesamte Fettmasse

$$80 \times 0{,}25 = 20 \text{ Kilogramm}$$

Das bedeutet, Ihr Körper enthält 20 Kilogramm pures Fett. Fett wiederum enthält etwa 7 000 Kalorien pro Kilogramm, das heißt, dass etwa 140 000 Kalorien an verwertbarer Fettenergie gespeichert sind. Das entspricht der Kalorienmenge in mehr als 2 000 Pfannkuchen!

Wenn wir dieses Beispiel weiterführen und von 20 Kilogramm Fettmasse ausgehen, wie hoch ist dann die reine Körpermasse? Ziehen Sie Ihre gesamte Fettmasse (20 Kilogramm) von Ihrem Gesamtgewicht (80 Kilogramm) ab. Wie ich schon sagte, braucht nur die reine Körpermasse Eiweiß, nicht aber die Fettmasse. Wenn Sie also von 80 Kilogramm 20 Kilogramm abziehen, bleiben 60 Kilogramm reine Körpermasse übrig – damit kennen Sie schon Ihren halben Eiweißbedarf.

Die andere Hälfte Ihres Bedarfs richtet sich danach, wie aktiv Sie sind. Sitzen Sie die meiste Zeit vor dem Fernseher oder Computer, oder sind Sie ein Spitzensportler, der täglich zweimal trainiert? Je aktiver Sie sind, desto größer ist auch Ihr Eiweißbedarf. Unsere Spannweite reicht von völlig unaktiven Menschen (die täglich nur 1 Gramm Eiweiß pro einem Kilogramm reiner Körpermasse benötigen) bis hin zu Spitzensportlern (sie brauchen die doppelte Menge, also täglich 2 Gramm Eiweiß pro einem Kilogramm reiner Körpermasse). Ihr persönlicher Aktivitätspegel liegt sicher irgendwo zwischen diesen beiden Extremen.

Um Ihren Eiweißbedarf festzulegen, multiplizieren Sie Ihre reine Körpermasse mit Ihrem körperlichen Aktivitätsfaktor (siehe unten). Jetzt können Sie Ihren Eiweißbedarf exakt bestimmen: Es ist die Eiweißmenge, die Sie brauchen, um Ihre reine Körpermasse in gutem Zustand zu erhalten.

Eiweißbedarf = reine Körpermasse × Aktivitätsfaktor

Wenn wir unser Beispiel weiterführen und von 60 Kilogramm reiner Körpermasse bei Untätigkeit ausgehen, braucht der Körper 60 Gramm Eiweiß pro Tag (60 Kilogramm reine Körpermasse × 1 Gramm Eiweiß/Kilogramm reine Körpermasse). Teilen Sie nun 60 Gramm Eiweiß durch 7 Gramm Eiweiß pro Block, so werden Sie feststellen, dass Ihr Eiweißbedarf etwa 9 Blöcke Eiweiß pro Tag beträgt. Wenn Sie dagegen ein Spitzensportler mit einer reinen Körpermasse von 60 Kilogramm sind, dann brauchen Sie 60 Gramm Eiweiß pro Tag (60 Kilogramm reine Körpermasse × 2 Gramm Eiweiß pro Kilogramm reiner Körpermasse). Teilen Sie 120 Gramm Eiweiß durch 7 Gramm Eiweiß, dann ergibt das einen Bedarf von etwa 17 Eiweißblöcken pro Tag. Bitte beachten Sie, dass die täglich benötigten Eiweißblöcke zum Aufrechterhalten Ihrer reinen Körpermasse nicht vom Geschlecht abhängig sind, sondern nur von der reinen Körpermasse und dem körperlichen Aktivitätsfaktor.

Körperlicher Aktivitätsfaktor	Eiweiß in Gramm pro Kilogramm reine Körpermasse
keine Aktivität	1,0
leichte Aktivität (z. B. spazieren gehen)	1,2
mittlere Aktivität (1,5 Stunden pro Woche)	1,4
hohe Aktivität (1,5 bis 2,5 Stunden pro Woche)	1,6
sehr hohe Aktivität (mehr als 2,5 Stunden pro Woche)	1,8
Spitzensportler (oder 5-mal pro Woche Gewichtstraining)	2,0

Bitte bedenken Sie, dass viele Menschen ihre körperlichen Aktivitäten ebenso überschätzen, wie sie die Menge, die sie tatsächlich essen, unterschätzen. Deshalb dazu einige Anhaltspunkte: Wenn Sie täglich 30 Minuten spazieren gehen, dann gilt das als leichte Aktivität. Wenn Sie an 3 Tagen pro Woche etwa 30 Minuten körperlich aktiv sind, ist das als mittlere Aktivität einzuordnen (dies entspricht etwa 1,5 Stunden regulärer Gymnastik pro Woche). Sind Sie 5-mal pro Woche etwa 30 Minuten (oder etwa 2,5 Stunden pro Woche) körperlich aktiv, fallen Sie unter den Bereich hohe Aktivität. Machen Sie mindestens 3-mal pro Woche Hanteltraining und sind zusätzlich mehr als 2,5 Stunden pro Woche körperlich aktiv, gehören Sie zu den stark aktiven Menschen. Wenn Sie schließlich 2-mal am Tag intensiv trainieren, können Sie sich als Spitzensportler betrachten.

Noch eine wichtige Regel für die Sears-Diät: Nehmen Sie nie mehr Eiweiß zu sich, als Ihr Körper braucht, um die reine Körpermasse in gutem Zustand zu erhalten, aber auch nicht weniger. Wenn Sie zu wenig essen, wird Ihr Körper nur mangelhaft mit Eiweiß versorgt, deshalb sollten Sie auf Ausgewogenheit achten.

Sie kennen jetzt Ihren persönlichen Eiweißbedarf und sollten ihn wie ein Medikament behandeln, das Ihnen verschrieben wurde. Zunächst ist es empfehlenswert, den ganzen Tag über etwa gleich große Mengen zu sich nehmen. Wenn Sie ein Blutdruck regulierendes Medikament einnehmen, würden Sie auch nicht am Morgen 5 Milligramm davon einnehmen, am Mittag 500 Milligramm und 250 Milligramm am Abend – das hoffe ich zumindest. Sie würden vielmehr den Anweisungen des Arztes folgen und dreimal täglich eine gleich große Dosis einnehmen, um den Blutdruck im Laufe des Tages stabil zu halten. Das gleiche trifft für Ihren Eiweißbedarf zu. Verteilen Sie ihn genau wie ein Medikament über den Tag auf drei Mahlzeiten und zwei Zwischenmahlzeiten. In Kapitel 6 werde ich genauer erläutern, wie Sie dabei vorgehen können.

Bitte denken Sie daran, dass es nicht sinnvoll ist, auf einmal eine große Eiweißmenge zu sich zu nehmen. Der menschliche Körper kann nur relativ kleine Eiweißmengen pro Mahlzeit verarbeiten, maximal etwa 35 Gramm fettarmes Eiweiß. Das entspricht etwa der Menge, die in eine Handfläche passt (erinnern Sie sich an die erste Faustregel über Eiweißmengen?). Das entspricht fünf Eiweißblöcken. In der Sears-Diät sollte

Ihr Eiweißbedarf: Der erste Schritt zur Sears-Diät 23

diese Eiweißmenge (auch bei Olympiasportlern) pro Mahlzeit nie überschritten werden. Wenn Sie den ganzen Tag über kleine Mengen von Eiweiß zu sich nehmen, wird es auch gleichmäßig im Körper verteilt, fast so, als ob Sie mit einer Infusion versorgt würden.

Für die Sears-Diät ist nicht unbedingt tierisches Eiweiß erforderlich. Im Gegenteil, es gibt auch auf pflanzlicher Ebene viele großartige Eiweißlieferanten. Besonders gut ist fester oder besonders fester Tofu geeignet. Aus diesem Tofu werden die meisten Kohlenhydrate fermentiert, was ihn besonders eiweißreich macht. (Weicher Tofu dagegen wird nicht so lange fermentiert, deshalb enthält er mehr Kohlenhydrate.) Fester und besonders fester Tofu sind in vieler Hinsicht die vegetarische Entsprechung zu Hüttenkäse.

Die Eiweißkonzentration in Tofu ist leider nicht sehr hoch, deshalb brauchen wir große Mengen (ca. 80 Gramm) um einen Eiweißblock zu erhalten. Einige der ursprünglichen Nachteile von Tofu konnten durch wohlschmeckende, neu entwickelte Fleischersatzprodukte wie Hamburger, Hotdogs und Würstchen auf Sojabohnenbasis ausgeglichen werden und das für Vegetarier notwendige Eiweiß liefern. Eine Weiterentwicklung in diesem Bereich ist ein Soja-Eiweißpulver mit hoher Eiweißkonzentration, das alle Aminosäuren enthält (dies war lange Zeit einer der Schwachpunkte von Soja als Eiweißlieferant). Wenn Sie eine Mahlzeit mit diesem Eiweißpulver kombinieren (zum Beispiel morgens über Ihre Haferflocken streuen), können Sie damit das hormonelle Gleichgewicht bei einem rein vegetarischen Gericht auf optimale Weise verbessern.

Wie geeignet sind die anderen herkömmlichen Eiweißlieferanten für Vegetarier? Leider enthalten sie entweder große Mengen an Kohlenhydraten (etwa Bohnen) oder ihr Eiweißgehalt ist nicht sehr hoch (wie bei Broccoli). Außerdem verhindert der hohe Faseranteil in diesen Gemüsesorten, dass ein großer Teil der Eiweißmenge vom Körper auch verdaut wird. Anstatt zu versuchen, all diese Nachteile auszugleichen, können Sie es sich leichter machen: Verwenden Sie Bohnen, Broccoli und andere Gemüsearten ganz einfach als großartige Kohlenhydratlieferanten und ignorieren Sie ihren Eiweißgehalt einfach.

Wenn Sie wissen, wie viel Eiweiß Sie persönlich täglich brauchen, ist das der erste Schritt zur Sears-Diät. Es geht bei ihr nicht so sehr um eine besonders eiweißreiche Ernährung, sondern vielmehr um einen angemessenen Eiweißgehalt. Damit die Sears-Diät wirksam werden kann, brauchen Sie etwas mehr Kohlenhydrate als Eiweiß. Wie bei Eiweiß gibt es auch bei der Aufnahme von Kohlenhydraten Einschränkungen: Nicht zu viel und nicht zu wenig, das richtige Maß ist immer entscheidend. Auf die Frage nach den genauen Mengen werde ich im Folgenden noch näher eingehen.

3
Kohlenhydrate: Ein Geschenk des Himmels?

Manchmal versucht man uns glauben zu machen, Kohlenhydrate wären wirklich ein Geschenk des Himmels, denn schließlich enthalten Kohlenhydrate kein Fett. In Amerika wird oft geradezu fanatisch an dem Glauben festgehalten, Nahrung müsste unbedingt fettfrei sein. So entstand gleichzeitig die weit verbreitete Meinung, Kohlenhydrate wären tatsächlich ein himmlisches Geschenk.

Man erzählt Sportlern, dass sie schneller laufen können, wenn sie genug Kohlenhydrate essen. Leiden Sie unter Herz-Kreislauf-Beschwerden, werden Sie angeblich durch Kohlenhydrate wieder gesund. Wenn Sie Übergewicht haben, verlieren Sie es damit. Kommt Ihnen das bekannt vor? Kein Wunder, denn in Amerika werden in buchstäblich jeder Veröffentlichung über gesunde Ernährung die Vorzüge der Kohlenhydrate gegenüber allen fetthaltigen, und damit auch eiweißreichen, Nahrungsmitteln wie ein Wundermittel angepriesen.

Doch viele der Millionen Menschen, die seit fünfzehn Jahren unbeirrt an die Wirksamkeit der Kohlenhydrate glauben, wissen sehr oft gar nicht, worin diese eigentlich enthalten sind. Die meisten denken an Teigwaren oder Süßigkeiten. Wenn Sie dann weiter nach Obst oder Gemüse fragen, reagieren viele überrascht. Tatsächlich aber sind auch Obst und Gemüse Kohlenhydrate.

In meinem Buch *Das Optimum* schrieb ich, dass Menschen

aufgrund ihrer genetischen Voraussetzungen Kohlenydrate vor allem in Form von Obst und Gemüse aufnehmen können. Getreide als Hauptnahrungsquelle existierte vor 10 000 Jahren noch gar nicht. Deshalb sind viele Menschen durch ihre genetische Struktur noch gar nicht auf hoch konzentrierte Kohlenhydrate wie etwa Getreide, Stärke, Brot oder Teigwaren eingerichtet.

Kohlenhydrate wirken wie ein starkes Medikament, das ist vielen Menschen gar nicht bewusst. Wie bei jedem Medikament hat auch hier der übermäßige Genuss Nebenwirkungen, zum Beispiel eine erhöhte Insulinproduktion. Zu viel Insulin aber kann Trägheit und Übergewicht verursachen und das wiederum stellt ein Gesundheitsrisiko dar.

Ein Überschuss an Insulin ist mit einer ungesicherten Kanone auf einem Schiffsdeck vergleichbar. Erhöhtes Insulin verhindert klares Denken, denn der Blutzuckerspiegel im Gehirn ist gesenkt (wie sehr lässt Ihre Konzentration nach, wenn Sie drei Stunden zuvor eine üppiges Mittagessen mit Nudeln verspeist haben?). Durch erhöhtes Insulin verringert sich Ihre allgemeine körperliche Leistungsfähigkeit, aber viel gravierender sind die dadurch verursachten biochemischen Reaktionen, die Ihrer Gesundheit nachhaltig schaden. Erhöhtes Insulin kann der Vorbote eines Herzinfarkts sein.

Trotzdem möchte ich klarstellen, dass ich kein Gegner von Kohlenhydraten bin, ich bin vielmehr für Ausgewogenheit und Gleichgewicht in Bezug auf Kohlenhydrate und ihre Wirkungsweise auf Insulin. Jeder sollte sich dieser Auswirkungen bewusst sein.

Wenn das so klingt, als wollte ich die Kohlenhydrate verbannen, dann lassen Sie uns einen Blick auf die Geschichte werfen und fragen, wie sich Kohlenhydrate auf frühere Zivilisationen ausgewirkt haben. Vor 10 000 Jahren, also vor Beginn der Landwirtschaft, ernährten sich die Menschen von fettarmem Eiweiß, Obst und Gemüse – darin bestand die

Nahrung der Jäger und Sammler. Erst nach Einführung der Landwirtschaft gingen die Menschen zu einer auf Getreide basierenden Nahrung über.

Es ist nicht überraschend, dass viele Krankheiten der »modernen Zivilisation« erst nach dem Wechsel zu einer getreidereichen Nahrung auftraten. Wir können dies anhand der Untersuchung der Mumien nachvollziehen. In der Religion des alten Ägypten wurde großer Wert auf die Erhaltung der Körper der Verstorbenen gelegt, um sie auf das Leben nach dem Tod vorzubereiten. Die Mumifizierung der Toten war in allen Gesellschaftsschichten üblich. Dieser religiöse Brauch liefert uns heute ein ausgezeichnetes wissenschaftliches Beispiel für die Gesellschaft der damaligen Zeit.

Die Ägypter waren die erste Gesellschaft, deren Nahrung dem entsprach, was heute allgemein als Richtlinie empfohlen wird. Sie aßen viel Brot, etwas Obst und Gemüse und kleine Mengen von Fleisch in Form von Fisch und Wasservögeln. Ihr einziger Fettlieferant waren Oliven. Keine andere Gesellschaft kann uns die Auswirkungen einer Nahrung, die auf großen Mengen von Kohlenhydraten und wenig Fett beruht, besser demonstrieren.

Was können wir nun durch die Mumien lernen? Leider gibt es nicht viel Gutes zu berichten. Viele der Krankheiten, die wir mit dem Beginn der modernen Zivilisation in Zusammenhang bringen, waren bereits in der altägyptischen Gesellschaft in voller Blüte. Eine davon ist Karies. Obwohl die Ägypter keinen raffinierten Zucker aßen, litten sie unter schrecklichem Zahnverfall und Karies. Das ist nicht erstaunlich, wenn man bedenkt, dass durch langes Kauen von Brot eine große Menge Zucker im Mund frei wird.

Wenn Sie ein einfaches Experiment dazu durchführen möchten, kaufen Sie sich einige Teststreifen, mit denen Diabetiker den Zuckergehalt in ihrem Urin testen. Blaufärbung der Streifen ist ein Anzeichen von hohem Zuckergehalt.

Kauen Sie dann ein Stück Brot ein paar Minuten lang, halten Sie den Teststreifen in den Mund und Sie werden sehen, dass er sich blau gefärbt hat. Aus diesem Grund ist es nicht erstaunlich, dass die alten Ägypter unter starker Karies litten. Das Experiment demonstriert auch sehr anschaulich, wie viel Zucker nach dem Genuss von einem Stück Brot oder einem Nudelgericht in den Körper gelangt.

Karies ist die eine Seite. Und wie sieht es mit Herzerkrankungen aus? Die Ägypter ernährten sich damals so, wie es die Ärzte heute zur Verhütung von Herzerkrankungen empfehlen. Man sollte glauben, dass bei den Mumien keine Spuren dieser Krankheiten zu finden seien, aber das ist ein Irrtum.

Eine Analyse der sezierten Arterien von Mumien zeigt weitreichende Anzeichen von Herzerkrankungen in fortgeschrittenem Stadium. Es gibt sogar Hinweise darauf, dass sich das Ausmaß der Herzerkrankungen im alten Ägypten nicht sehr von dem der heutigen Zeit unterscheidet. Das geht ganz klar aus den damaligen medizinischen Schriften hervor. Sie wurden vor fast 3 500 Jahren verfasst und geben deutlich wieder, dass Herzerkrankungen damals sehr verbreitet waren. In diesen Schriften werden die Symptome eines Herzinfarkts ebenso klar beschrieben wie in der ärztlichen Fachliteratur von heute. Wenn Sie das noch nicht überzeugt, dann bedenken Sie, dass die Lebenserwartung zur damaligen Zeit weit niedriger war, das heißt, dass Herzerkrankungen schon bei viel jüngeren Menschen auftraten.

Wie sieht es mit Fettleibigkeit aus? Aus dem zu schließen, was die Menschen damals in Ägypten aßen, dürfte wohl niemand dick gewesen sein, oder? Auch das ist nicht richtig. Die ausgedehnten Hautlappen in der Körpermitte der Mumien weisen auf große Fettleibigkeit hin. Natürlich ist in den Hieroglyphen niemals ein dicker Mensch dargestellt. Das geschah wohl aus dem gleichen Grund, aus dem auch zukünftige Anthropologen in 2 000 Jahren kaum eine dicke Frau in einem

Modejournal aus unserer Zeit finden werden. Übergewicht war im alten Ägypten ebenso wenig gefragt wie bei uns heutzutage.

Der amerikanische Philosoph George Santayana schrieb: »Diejenigen, die nicht aus der Geschichte lernen, sind dazu verdammt, sie zu wiederholen.« Die ägyptischen Mumien gehören zur Geschichte, und es sieht ganz so aus, als ob der moderne Mensch das gleiche Schicksal erleidet.

Sie brauchen sich jedoch nicht nur auf die Erkenntnisse aus den Studien über die alten Ägypter zu verlassen, um zu erkennen, wie sich übermäßiger Genuss von Getreide oder Stärke auswirkt. Eine Studie, die 1996 in Lancet veröffentlicht wurde, zeigt, dass die Italiener die meisten Teigwaren verzehren und auch die meisten Fälle von Brustkrebs verzeichnen. Dennoch hat noch niemand eine Schlagzeile in einer der führenden Tageszeitungen gesehen, in der auf das Risiko von Brustkrebs durch den übermäßigen Genuss von Teigwaren hingewiesen wird – das ist offenbar von offizieller Seite her nicht erwünscht.

Außerdem ergaben zwei weitere Studien der gleichen Forschergruppe in Italien, dass übermäßiger Verzehr von Teigwaren auch in Zusammenhang mit dem vermehrten Auftreten von Dickdarm- und Magenkrebs steht. Auf der anderen Seite wird in jeder größeren Studie eindeutig belegt, dass das Risiko von Krebs- und Herzerkrankungen bei Menschen geringer ist, deren Hauptnahrung aus Obst und Gemüse besteht.

Das alles führt uns zu einer weiteren wichtigen Regel bei der Sears-Diät: Decken Sie Ihren Bedarf an Kohlenhydraten vor allem durch Obst und Gemüse und nehmen Sie Getreide, Stärke, Teigwaren und Brot nur in geringen Mengen zu sich. In der Tabelle 3.1 werden die Kohlenhydrate in günstige und ungünstige eingeteilt.

Tabelle 3.1 Kohlenhydrate

günstig:	Obst und Gemüse
ungünstig:	Stärke (Kartoffeln, Reis etc.), Getreide (Nudeln, Brot etc.)

Sie nähern sich dem optimalen Bereich, wenn Sie mehr Obst und Gemüse und weniger Getreide, Stärke und Teigwaren essen. Es gibt jedoch außerdem die Möglichkeit einer exakten Insulinkontrolle. Dazu brauchen Sie eine feste Maßeinheit für die Menge der Kohlenhydrate in Ihrer Nahrung, mit der Sie bestimmen können, inwieweit diese die Insulinausscheidung anregen. Das könnte durch das Messen von Kalorien oder Gramm geschehen, aber es ist praktischer, die Blockmethode auch bei Kohlenhydraten anzuwenden. Die Aufteilung von Kohlenhydraten in Blöcke erleichtert es Ihnen, in den optimalen Bereich zu gelangen.

Obst und Gemüse sind nicht sehr kohlenhydrathaltig. Das heißt, dass Sie sehr viel davon essen müssten, um den gleichen Kohlenhydratanteil zu erreichen wie bei Getreide, Stärke und Teigwaren. Mit Hilfe der Blockmethode können Sie aber trotz der unterschiedlichen Konzentrationen leicht feststellen, wie viel Kohlenhydrate Sie genau zu sich nehmen müssen.

Das trifft sogar für den komplizierten Aspekt der Faseranteile in Kohlenhydraten zu. Wie viel Insulin Ihr Körper produziert, hängt von der Menge der Kohlenhydrate ab, die tatsächlich als Glukose in den Blutkreislauf gelangen. Faseranteile zählen hierbei nicht. Wenn Sie daher Kohlenhydrate in Blöcken berechnen, ziehen Sie die Faseranteile ab, um festzustellen, wie viel Kohlenhydrate tatsächlich in den Blutkreislauf gelangen.

Es werden also nur die Insulin produzierenden Kohlenhydrate gezählt. Zum Beispiel enthalten 1 ½ Tassen Broccoli genauso viel insulinproduzierende Kohlenhydrate wie ¼ Tasse gekochte Nudeln. 1 Tasse gekochte Nudeln sind leicht zu verspeisen, aber versuchen Sie einmal 6 Tassen gekochten Broccoli auf einmal zu vertilgen. In der Sears-Diät wird empfohlen, vor allem Obst und Gemüse zur Deckung des Kohlenhydratebedarfs zu essen, diese Nahrung enthält viele Faserstoffe und wenig Insulin produzierende Kohlenhydrate.

Alle Kohlenhydratblöcke enthalten 9 Gramm Insulin produzierende Kohlenhydrate. Warum gerade 9 Gramm? Das ist genau die Menge, die Sie brauchen, um in hormonoller Hinsicht einen Eiweißblock von 7 Gramm Eiweiß auszugleichen. Sie müssen nur darauf achten, dass bei jeder Mahlzeit die Anzahl der Eiweißblöcke genauso hoch ist wie die der Kohlenhydratblöcke. In den folgenden Kapiteln werde ich erklären, wie einfach es ist, Gerichte nach der Sears-Diät zusammenzustellen.

Wenn Sie den Großteil Ihrer Kohlenhydrate aus Obst und Gemüse beziehen, nehmen Sie damit nicht nur viele Faserstoffe zu sich, sondern erhalten zusammen mit den Insulin produzierenden Kohlenhydraten auch wichtige Vitamine und Mineralien. Hoch konzentrierte Kohlenhydrate wie Getreide, Stärke und Teigwaren enthalten dagegen weniger Faserstoffe, Vitamine und Mineralien im Verhältnis zu den Insulin produzierenden Kohlenhydraten. In Tabelle 3.2 wird ein Vergleich des Faserstoff-, Vitamin- und Mineraliengehalts der verschiedenen Insulin produzierenden Kohlenhydrate dargestellt. Alle enthalten einen Block an Insulin produzierenden Kohlenhydraten.

Tabelle 3.2

Art der Kohlenhydrate	Faserstoffe	Vitamin C	Magnesium	Kalzium
Günstige				
Broccoli (1 ½ Tassen)	3,6 g	55 mg	27 mg	104 mg
roter Paprika (3 Stück)	3,6 g	423 mg	21 mg	21 mg
Erdbeeren (1 Tasse)	1,9 g	91 mg	34 mg	45 mg
Orange (½)	1,6 g	40 mg	7 mg	25 mg
Ungünstige				
Nudeln, ungekocht (60 g)	0,3 g	0,5 mg	6 mg	2,5 mg
weißer Reis, ungekocht (15 g)	0,1 g	0,0 mg	4 mg	1 mg

Es ist auf einen Blick zu sehen, dass durch den Verzehr von günstigen Kohlenhydraten sehr viel mehr Faserstoffe, Vitamine und Mineralien aufgenommen werden als durch ungünstige. Daher ist es kaum zu verstehen, dass manche Ernährungsberater große Mengen von Nudeln oder Reis als Grundlage einer gesunden Ernährung anpreisen.

Ein weiterer komplizierter Aspekt bei Kohlenhydraten ist der Blutzuckerindex. Je höher der Blutzuckerindex eines Kohlenhydrates ist, desto schneller gelangt es als Zucker in den Blutkreislauf. Vielleicht haben Sie gelernt, dass es nur einfache oder komplexe Kohlenhydrate gibt. Das trifft wohl für den Geschmack zu, nicht aber für die Verdauung. Ob Kohlenhydrate nun einfach oder komplex sind, sie müssen in Zucker aufgespalten werden, bevor der Körper sie aufnehmen und in den Blutkreislauf bringen kann. Erst 1980 tauchte die Frage auf, wie schnell wohl die Kohlenhydrate in den Blutkreislauf gelangen. Die Antwort darauf ist besonders wichtig, wenn Sie Diabetiker vom Typ II sind. Genauso interessant ist die Antwort für Sie, wenn Sie Übergewicht haben, da ein hoher Insulinspiegel verhindert, dass der Körper gespeichertes Fett abbaut.

Einfacher Zucker kann nur in Form von Glukose in den Blutkreislauf gelangen – je schneller er dorthin kommt, desto mehr Insulin wird auch produziert. Daher haben Kohlenhydrate mit hohem Blutzuckerindex eine stärkere Auswirkung auf die Insulinausscheidung als Kohlenhydrate mit niedrigerem Blutzuckerindex. Je mehr Insulin produziert wird, desto schlimmer wird Ihr Zustand, wenn Sie zu den Diabetikern vom Typ II gehören (oder umso dicker werden Sie, wenn Sie Übergewicht haben).

Vielleicht glauben Sie, dass einfacher Zucker die Blutbahn schneller erreicht als komplexere Kohlenhydrate. Die ersten Experimente, die an der Universität von Toronto durchgeführt wurden, zeigen jedoch, dass das nicht der Fall ist.

Einige einfache Kohlenhydrate wie Tafelzucker treten langsamer in den Blutkreislauf ein als angeblich gesunde Nahrungsmittel wie zum Beispiel Cornflakes. In anderen Fällen fand man heraus, dass Zucker in Speiseeis sehr viel langsamer in den Blutkreislauf gelangt als die komplexen Kohlenhydrate, die zum Beispiel in einem Brötchen enthalten sind. Wie ist dieser Vorgang zu erklären?

Wenden wir uns zunächst dem Tafelzucker zu. Er besteht zur Hälfte aus Glukose und zur anderen Hälfte aus Fruchtzucker. Der Glukoseanteil wird schnell aufgenommen und tritt in den Blutkreislauf ein, denn er ist bereits in der Form, die der Körper verarbeiten kann. Fruchtzucker dagegen wird zwar schnell aufgenommen, muss aber in der Leber erst in Glukose umgewandelt werden, bevor er in den Blutkreislauf gelangen kann. Dieser Prozess dauert sehr lange, das heißt, der allgemeine Anstieg des Zuckerspiegels wird verzögert. Früchte enthalten hauptsächlich Fruchtzucker, deshalb ist ihr Blutzuckerindex viel niedriger als bei anderen Kohlenhydraten wie zum Beispiel Getreide oder Stärke.

Die lange Zeit als gesund erachteten Frühstücksflocken sind im Grunde reine Glukose, die chemisch gebunden ist. Diese Verbindungen werden im Magen schnell aufgelöst und die Glukose kann den Blutkreislauf schneller erreichen als zum Beispiel Tafelzucker. Zweifellos ist es an der Zeit, die Begriffe der einfachen und komplexen Kohlenhydrate neu zu definieren.

Speiseeis hat ebenfalls einen niedrigen Blutzuckerindex. Das darin enthaltene Fett verlangsamt den Eintritt der Kohlenhydrate in den Blutkreislauf. Der Zucker in Eis tritt somit sehr viel langsamer in den Blutkreislauf ein als die in einem Brötchen enthaltene Glukose.

Faserstoffe spielen bei der Feststellung des Blutzuckerindex ebenfalls eine Rolle, jedoch nicht alle, denn wir unterscheiden lösliche und unlösliche. Unlösliche Faserstoffe sind zum Beispiel Zellstoff und Kleie, das in Äpfeln enthaltene Pektin dagegen ist löslich. (Was sagte die Oma über den täglichen Apfel?) Lösliche Faserstoffe verlangsamen ebenfalls den Eintritt der Kohlenhydrate in den Blutkreislauf. In Frühstücksflocken sind dagegen unlösliche Faserstoffe enthalten, die daher so gut wie keinen Einfluss darauf haben, wie schnell die Kohlenhydrate in das Blut übergehen.

Schließlich hat auch die Art der Zubereitung einen großen Einfluss auf den Blutzuckerindex. Je länger die Kohlenhydrate gekocht oder gegart werden, desto mehr spaltet sich ihre Zellstruktur auf und desto schneller werden sie auch verdaut. Deshalb haben aufgewärmte grüne Bohnen einen viel höheren Blutzuckerindex als nur leicht gedünstete. Bei Fertiggerichten steigt der Blutzuckerindex dramatisch an. Für

Bequemlichkeit zahlt man hier in hormoneller Hinsicht einen hohen Preis.

Reiswaffeln sind vermutlich die Spitzenreiter. Sie haben den höchsten Blutzuckerindex, werden jedoch in Amerika häufig im Rahmen einer Diät mit vielen Kohlenhydraten und wenig Fett empfohlen.

Noch ein Wort zum Alkohol. Alkohol wird vom Körper wie Kohlenhydrate behandelt. Hier ist noch zu unterscheiden, um welches Getränk es sich handelt (Wein, Bier oder Spirituosen), um den jeweiligen Kohlenhydratblock festzustellen (siehe Anhang A).

Die Sears-Diät-Regel zu Kohlenhydraten lautet: Wählen Sie vor allem Kohlenhydrate mit niedriger Dichte (so werden Sie optimal mit Faserstoffen, Vitaminen und Mineralien versorgt) und einem niedrigen Blutzuckerindex (dadurch treten die Kohlenhydrate langsamer in den Blutkreislauf ein). Das Gegenstück dazu sind Kohlenhydrate mit hoher Dichte und hohem Blutzuckerindex. Sie müssen die ungünstigen Kohlenhydrate nicht ganz aus Ihrem Speiseplan verbannen, aber Sie sollten sie in nur geringen Mengen zu sich nehmen. Sie sollten im gesamten Kohlenhydrateblock nicht mehr als ein Viertel ausmachen. Das ist vor allem dann wichtig, wenn Ihre Insulinproduktion aufgrund Ihrer genetischen Struktur besonders empfindlich auf Kohlenhydrate reagiert.

Wie können Sie ohne komplizierte medizinische Tests den Grad Ihrer Insulinproduktion feststellen? Essen Sie ganz einfach eine große Portion Nudeln zum Mittagessen. Wenn Ihnen um 3 Uhr nachmittags die Augen zufallen, dann können Sie auf jeden Fall von einer empfindlichen Reaktion auf Kohlenhydrate ausgehen.

Hier ist zu beachten, dass eine empfindliche Reaktion nicht mit einem ständig erhöhten Insulinspiegel gleichzusetzen ist (dies wird als Hyperinsulinismus bezeichnet). Bei übermäßiger Insulinproduktion sind Sie sehr herzinfarktgefährdet.

Wenn Sie bereits herzkrank sind, ist vermutlich auch Ihre Insulinproduktion erhöht. Man kann dann davon ausgehen, dass Sie zu dem Personenkreis gehören, der aufgrund seiner genetischen Konstitution zu übermäßiger Insulinproduktion als Reaktion auf Kohlenhydrate neigt.

Für die optimale Aufrechterhaltung der Gehirnfunktionen braucht Ihr Körper natürlich eine ständige Zufuhr an Kohlenhydraten, denn bei zu geringen Mengen kann das Gehirn nicht optimal arbeiten. Bei einer zu großen Aufnahme in den Blutkreislauf reagiert der Körper dagegen mit einer erhöhten Insulinproduktion, um den Blutzuckerspiegel wieder zu senken. Das wiederum beeinträchtigt die Gehirnfunktionen.

Ihr Körper braucht eine ausgewogene Menge an Kohlenhydraten und Eiweiß, damit eine optimale Insulinproduktion gesichert ist.

Wie aber wirkt sich eine übermäßige Zufuhr von Kohlenhydraten und die entsprechend erhöhte Insulinproduktion auf das Körpergewicht aus? In meinem Buch *Das Optimum* habe ich erläutert, dass Insulin das Hormon ist, das im Körper speichernd und blockierend wirkt. Der erhöhte Insulinspiegel, der durch eine kohlenhydratreiche Mahlzeit ausgelöst wird, verhindert, dass der Körper das gespeicherte Körperfett abbauen kann. Das heißt, er verhindert eine Verbrennung der bereits vorhandenen Fettreserven.

Wir Menschen haben die einmalige Fähigkeit, unbeschränkte Mengen von überschüssigen Kalorien als Fett zu speichern. Dafür ist vor allem das Insulin verantwortlich. Die unmittelbare Umwandlung von aufgenommenem Fett in Energie wird beschränkt, solange überschüssige Kohlenhydrate im Blutkreislauf vorhanden sind. Da das zugeführte Fett nicht sofort in Energie umgewandelt wird, sorgt der erhöhte Insulinspiegel (bei Aufnahme kohlenhydratreicher Nahrung) dafür, dass es im Fettgewebe als Reserve gespeichert wird. Das ist an sich ein sinnvoller Prozess, der sich aber bei kohlenhydratreicher Nahrung heimtückisch auswirkt. Aufgrund dieses evolutionären Vorgangs wird durch die Kombination von übermäßigen Kohlenhydraten mit Fett (wie zum Beispiel Kartoffeln mit Butter) in einer Mahlzeit die Fettspeicherung im Körper beschleunigt.

Doch keine Angst. Sie wissen jetzt, wie Sie über die Nahrung (durch Eiweiß, Fett und Faserstoffe) die durch Kohlenhydrate ausgelöste Insulinproduktion verringern können. Eiweiß regt die Glukagonproduktion an, die wiederum die Insulinproduktion verringert. Fett und Faserstoffe verlangsamen den Eintritt der Kohlenhydrate in den Blutkreislauf, wodurch die Insulinproduktion weiter reduziert wird. Jetzt müssen Sie Ihr Wissen nur noch einsetzen.

Hier noch einmal die wichtigsten Regeln bezüglich der Aufnahme von Kohlenhydraten:

1. Essen Sie vor allem Kohlenhydrate in schwacher Konzentration wie Obst und faserreiche Gemüsesorten.
2. Die Kohlenhydrate in Ihrer Nahrung sollten einen niedrigen Blutzuckerindex haben.
3. Beachten Sie, wie viel Kohlenhydratblöcke Sie bei jeder Mahlzeit zu sich nehmen. Durch kohlenhydratarme Lebensmittel können Sie eine übermäßige Zufuhr von Kohlenhydratblöcken vermeiden.

Wie viel Kohlenhydrate müssen Sie zu sich nehmen, um das Insulin im optimalen Bereich zu halten? Das richtet sich nach der Eiweißmenge, die bei einer Mahlzeit angemessen ist. Bei jedem Gericht ist das Gleichgewicht zwischen Eiweiß und Kohlenhydraten maßgebend, dieser Grundsatz bildet den Kern der Sears-Diät. Es gehört jedoch noch ein drittes Element dazu, das bereits zu einem gefürchteten Tabu geworden ist: Fett.

4
Nur mit Fett kann man Fett verbrennen

Das hört sich paradox an, ist aber eine Tatsache. Damit diese Aussage Sinn bekommt, müssen Sie lernen, nicht in Kalorien, sondern in Hormonen zu denken, sozusagen »hormonbewusst« zu werden.

Wie kann Fett zu einem Verbündeten bei der Verbrennung der gespeicherten Fettreserven im Körper werden? Zunächst hat das zugeführte Fett keinen Einfluss auf das Insulin. Kohlenhydrate sind die Hauptauslöser für die Insulinproduktion und Eiweiß kann ebenfalls leicht stimulierend auf die Insulinausscheidung wirken. Fett dagegen hat keinerlei Wirkung auf die Insulinproduktion, der Körper wird also durch Fettzufuhr nicht zum Speichern von Fett angeregt.

Fett verlangsamt stattdessen den Eintritt der Kohlenhydrate in den Blutkreislauf. Es wirkt somit wie ein Sicherheitssystem in einem Atomreaktor – es verhindert eine Überproduktion von Insulin. Je langsamer die Kohlenhydrate in den Blutkreislauf gelangen, desto geringer ist auch die Insulinproduktion. Je niedriger aber der Insulinspiegel, desto eher wird der Körper zur Energieversorgung auf gespeicherte Fettreserven zurückgreifen. Fett ist also Ihr Freund und Verbündeter im Kampf gegen gespeicherte Fettreserven.

Darüber hinaus ist Fett der Auslöser für das Hormon *Cholecystokinin* (CCK) im Magen. CCK geht direkt zum Gehirn und wirkt dort als wichtigster hormoneller Auslöser für das Sättigungsgefühl.

Wenn Sie daher Fett aus Ihrer Nahrung verbannen und es durch Kohlenhydrate ersetzen, verliert das Essen nicht nur an Geschmack, sondern Sie stören damit die hormonellen Signale, die verhindern, dass Sie zu viele Kalorien zu sich nehmen. So tragen Sie zur Produktion von weiteren Fettreserven im Körper durch vermehrte Insulinproduktion bei.

Ich bin kein Fürsprecher von übermäßigem Fettgenuss, aber ich empfehle eine angemessene Fettzugabe zu Ihren Speisen, damit Ihr Körper die Insulinproduktion reduzieren kann.

Dabei sollte die Zufuhr von gesättigtem Fett gering sein Der Grund dafür ist folgender: Alle Membrane in Ihrem Körper arbeiten am besten in flüssigem Zustand. Wenn sie jedoch zu flüssig werden, verlieren sie ihre optimale Funktionsfähigkeit. Sie sehen dann ungefähr so aus wie eine der Uhren von Salvador Dalí. Der Körper erkennt diese Tatsache und produziert selbst ausreichende Mengen von gesättigtem Fett, um die Zähflüssigkeit der Membrane zu erhöhen und damit deren lebensnotwendigen Zustand aufrechtzuerhalten. Dieser Prozess wird auch dann nicht unterbrochen, wenn Sie gar kein gesättigtes Fett über die Nahrung zuführen. Bei der Aufnahme großer Mengen gesättigten Fetts werden die Zellmembrane zu starr, ähnlich wie zu kalter Sirup. Um diese flüssiger zu machen, braucht der Körper jedoch mehrfach ungesättigtes Fett. Das kann er selbst nicht herstellen, weshalb es durch die Nahrung zugeführt werden muss. Wenn die Membrane zu starr sind, können auch die Körperrezeptoren (vor allem der Insulinrezeptor) nicht richtig arbeiten. Deshalb muss der Körper dann mehr Insulin produzieren, um den Blutzuckerspiegel zu senken. Das führt zu Insulinresistenz und schließlich zu Hyperinsulinismus. Aus diesem Grund ist es also sinnvoll, die Zufuhr von gesättigtem Fett gering zu halten.

Maßvolle Zufuhr von gesättigtem Fett heißt aber nicht, gar kein Fett mehr zu essen – im Gegenteil: Sie brauchen eine konstante Zufuhr von mehrfach ungesättigten Fetten, sie sind die Bausteine der *Eicosanoide*.

Was sind Eicosanoide? Einfach ausgedrückt, sind sie die wichtigsten Hormone in Ihrem Körper. Sie kontrollieren jede Zelle, jedes Organ, jede Körperfunktion, dennoch sind sie nur wenigen Ärzten bekannt. In der Öffentlichkeit weiß man so gut wie gar nichts über die Eicosanoide. Das ist auf die äußerst kurze Lebensdauer dieser Hormone zurückzuführen. Sie wandern nicht durch den Blutkreislauf und sind bei wissenschaftlichen Studien praktisch unsichtbar. Dennoch sind sie gewissermaßen der molekulare Klebstoff, der Ihren Körper zusammenhält.

Die Eicosanoide bestimmen, ob Sie einen Herzinfarkt erleiden, wie gut Ihr Immunsystem arbeitet oder ob Sie Schmerzen oder eine Entzündung haben. Darüber hinaus haben sie noch eine Milliarde anderer Kontrollfunktionen. Doch wie bei allen hormonellen Systemen ist auch ihre Funktionsfähigkeit eine Frage des Gleichgewichts. Wenn Sie *Das Optimum* gelesen haben, wissen Sie, dass es »gute« und »schlechte« Eicosanoide gibt und dass beide im Gleichgewicht sein müssen, um den optimalen Gesundheitszustand aufrechtzuerhalten. Im Grunde geht es immer um den optimalen Zustand der Eicosanoide.

Eine Überproduktion von Insulin kann ihr empfindliches Gleichgewicht zerstören. Deshalb ist das Aufrechterhalten eines einigermaßen konstanten Insulinspiegels so wichtig in der Sears-Diät. Ein übermäßiger Insulinspiegel verursacht die entsprechende Überproduktion einer speziellen, ungesättigten Fettsäure, der *Arachidonsäure*.

Ihr Körper braucht eine geringe Menge an Arachidonsäure um das hormonelle Gleichgewicht zwischen den guten und den schlechten Eicosanoiden aufrechtzuerhalten, aber ein Überschuss dieser Fettsäure ist sehr gefährlich. Viele chronische Krankheiten wie Herzkrankheiten, Krebs, Diabetes,

Arthritis etc. sind auf ein erhöhtes Maß an schlechten Eicosanoiden zurückzuführen, die durch die Arachidonsäure entstehen. Wenn zum Beispiel einem Hasen eine hohe Dosis Arachidonsäure injiziert wird, ist er innerhalb von Minuten tot.

Hohe Mengen von Arachidonsäure sind vor allem in fettem rotem Fleisch, Eigelb und Innereien enthalten. Ebenso wie gesättigte Fette sollten Sie auch Fette, die reich an Arachidonsäure sind, nur in geringen Mengen zu sich nehmen.

Es reicht jedoch nicht aus, nur die Arachidonsäure in der Nahrung zu vermeiden. Ein weiteres mehrfach ungesättigtes Fett, bekannt als essentielle Omega-6-Fettsäure, ist ebenso ungünstig. Bei übermäßiger Zufuhr von mehrfach ungesättigtem Fett besteht das Risiko, den Körper zu überlasten. Dadurch wird er gezwungen, zu viele »schlechte« Eicosanoide zu produzieren, und ein Übermaß dieser Hormone kann all Ihre Bemühungen, einen optimalen Gesundheitszustand zu erreichen, völlig untergraben (sehen Sie dazu Kapitel 4 und 12 über Eicosanoide in *Das Optimum*). Übermäßig viel Omega-6-Fettsäuren (vor allem in Kombination mit einem hohen Insulinspiegel) können letztendlich auch den Anteil der Arachidonsäure erhöhen.

Große Mengen von Omega-6-Fettsäuren sind vor allem in Ölen wie Sonnenblumenöl, Sojaöl und Safranöl enthalten. Wenn Sie die richtige Menge an fettarmem Eiweiß essen, erhalten Sie auch ausreichend essentielle Omega-6-Fettsäuren. Daher können Sie andere Lebensmittel, in denen viel Omega-6-Fettsäuren enthalten sind, vermeiden.

Eine angemessene Menge einer anderen mehrfach ungesättigten Fettsäure ist für Ihren Körper jedoch wiederum sehr wichtig, es sind die Omega-3-Fettsäuren, darunter die wichtigste Fettsäure dieser Art, die *Eicosapentaensäure* (EPA). EPA hilft Ihrem Körper, den hormonellen Überschwang, der durch Omega-6-Fettsäuren ausgelöst werden kann, auszugleichen.

Wenn Sie die Zufuhr von Omega-6-Fettsäuren gering halten, brauchen Sie auch weniger EPA (etwa 200–400 Milligramm täglich). Die beste EPA-Quelle besteht in Fisch, am meisten davon ist in Lachs enthalten. Die Zufuhr einer angemessenen EPA-Menge sollte das Ziel einer jeden Diät sein. Wenn Sie keinen Fisch mögen, können Sie Ihren EPA-Bedarf auch durch ein Mittel decken, das ebenfalls schon Ihre Großmutter kannte: Lebertran.

Wenn Sie gesättigtes Fett, Arachidonsäure, mehrfach ungesättigte Omega-6-Fette, gering halten und nur beschränkte Mengen von essentiellen Omega-3-Fettsäuren wie EPA zu sich nehmen, welche Art von Fett hilft Ihnen denn nun, Fett zu verbrennen? Die Antwort darauf ist das hormonell neutrale, einfach ungesättigte Fett. Dieses Fett hat keine negative Wirkung auf den flüssigen Zustand der Membrane und Eicosanoide. Es ist überall leicht erhältlich und schmeckt hervorragend. Ausgezeichnete Lieferanten von einfach ungesättigtem Fett sind Oliven, Avocados (vor allem in Form von Guacomole) und bestimmte Nusssorten wie Macadamianüsse, Pistazien, Cashewnüsse und Mandeln. Alle diese Nahrungsmittel tragen zur Fettverbrennung bei.

Neben den Eiweiß- und Kohlenhydratblöcken gibt es natürlich auch Fettblöcke. Ein Fettblock enthält 1,5 Gramm Fett, das entspricht einer Macadamianuss oder ⅓ Teelöffel Olivenöl. Sie sehen also, hier geht es nicht um Schwelgerei, sondern um einen kontrollierten Umgang mit Fett, um den hormonellen Verbrenner optimal in Gang zu halten.

Das Wissen um den hormonellen Verbrenner ist der Schlüssel zur Meisterschaft in der Sears-Diät.

5
Ihr hormoneller Verbrenner

Die Kontrolle der Insulinproduktion ist die Voraussetzung, um den optimalen Bereich erreichen zu können. Die Produktion soll weder zu hoch noch zu niedrig sein. Der Vergleich mit dem Vergaser Ihres Autos ist passend, denn er schafft einen Ausgleich zwischen dem Benzin und der Luft, die dem Motor zugeführt wird. Haben Sie schon einmal versucht, ein Auto ausschließlich mit Benzin oder Luft in Gang zu bringen? Das ist nicht möglich, denn beides ist notwendig. Durch ein ausgewogenes Verhältnis von Benzin und Luft wird der Motor im optimalen Zustand gehalten, er verschleißt nicht so schnell und die Kilometerleistung erhöht sich.

Ihr Körper funktioniert im Grunde genauso, denn auch er braucht eine Kombination von Kohlenhydraten und Eiweiß, also einen hormonellen Verbrenner. Leider funktioniert der Verbrenner in Ihrem Körper aber nicht automatisch und hier kommt die Sears-Diät ins Spiel. Sie kontrolliert die Insulinproduktion und sorgt für einen optimalen Gesundheitszustand, wodurch Ihre »Kilometerleistung« erhöht wird.

Jeder Mensch ist anders, deshalb ist auch das Verhältnis von Eiweiß zu Kohlenhydraten bei jedem individuell unterschiedlich. Dennoch gibt es für alle eine persönliche Grenze: Sie richtet sich bei jeder Mahlzeit nach dem Verhältnis der Insulin erzeugenden Kohlenhydrate zu dem verwertbaren Eiweiß.

Bei der Mehrheit der Menschen arbeitet dieser Verbrenner

am besten bei einem 1:1-Verhältnis von Eiweiß- und Kohlenhydratblöcken (auf dieser Grundlage wurde die Blockeinheit für Eiweiß und Kohlenhydrate festgelegt). Bei jedem Menschen liegt der hormonelle Verbrenner ungefähr in diesem Bereich. In Kapitel 7 werde ich genauer ausführen, wie Sie die nötigen individuellen Anpassungen vornehmen können.

Zuerst jedoch sollten Sie wissen, wie Sie Ihren Verbrenner in gutem Zustand halten können. Je präziser Sie dabei vorgehen, desto besser ist das Ergebnis. Ihr Augenmaß kann Ihnen bei der Suche nach dem für Sie passenden Verhältnis sehr zu Hilfe kommen, ich bezeichne diese Methode deshalb auch als Augenmaßmethode. Sie ist zwar nicht so präzise wie die unten beschriebene Blockmethode, aber sie ist wesentlich leichter anzuwenden, wenn Sie zum Beispiel auswärts essen. Folgen Sie ganz einfach dieser Regel: Unabhängig davon, wie viel fettarmes Eiweiß Sie zu sich nehmen möchten, sollte diese Menge auch den Umfang der Kohlenhydrate bei einer Mahlzeit bestimmen. Wenn es sich um ungünstige Kohlenhydrate wie Getreide, Stärke, Nudeln oder Weißbrot handelt, sollten Sie eine ebenso große Eiweißmenge zu sich nehmen. Wenn es sich dagegen um günstige Kohlenhydrate wie Obst und Gemüse handelt, können Sie die fettarme Eiweißportion verdoppeln. Wie schon gesagt, Sie erreichen auf diesem Weg nicht die Genauigkeit der Blockmethode, zumindest aber stellen Sie sicher, dass Ihr hormoneller Verbrenner in einem günstigen Bereich arbeitet.

Wie können Sie mit der Blockmethode umgehen? Das 1:1-Verhältnis von Eiweiß und Kohlenhydraten entspricht 7 Gramm Eiweiß für jeweils 9 Gramm Insulin produzierende Kohlenhydrate (das ist ein Eiweiß-Kohlenhydrat-Verhältnis von etwa 0,75). Lassen Sie sich nicht von Rechenaufgaben abschrecken, sondern folgen Sie ganz einfach der in diesem Buch beschriebenen Methode, damit wird das Einhalten eines idealen hormonellen Gleichgewichts für Sie zur Routine (und die nötigen Anpassungen ebenso).

Einer der wichtigsten Regulatoren ist die Zugabe von Fett.

Pro Eiweiß- und Kohlenhydratblock sollten Sie auch einen Fettblock zu sich nehmen. Es handelt sich hier um kleine Fettmengen, denn ein Block enthält nur 1,5 Gramm. Dieses zusätzliche Fett jedoch (vor allem das einfach ungesättigte) hat eine Schlüsselfunktion bei der Aufrechterhaltung des optimalen Zustands Ihres Verbrenners. Es ist ähnlich wie bei einem Besuch in einem chinesischen Restaurant, Sie wählen ganz einfach etwas aus Sparte A (Eiweißblock), Sparte B (Kohlenhydratblock) und aus Sparte C (Fettblock).

Wenn Sie Ihr Gericht zusammengestellt haben, finden Sie auf Ihrem Teller die gleiche Anzahl Eiweißblöcke, Kohlenhydratblöcke und Fettblöcke. Die Regel lautet also, bei jeder Mahlzeit auf die gleiche Menge aller drei Blöcke zu achten.

Da ein Kohlenhydratblock (9 Gramm) mehr als ein Eiweißblock (7 Gramm) ist, essen Sie bei jeder Mahlzeit der Sears-Diät etwas mehr Kohlenhydrate als Eiweiß. Man kann die Sears-Diät deshalb weder als kohlenhydratarme noch als kohlenhydratreiche Diät bezeichnen, denn man isst ja keine übermäßigen Mengen an Kohlenhydraten. Am besten trifft daher wohl die Bezeichnung einer kohlenhydratgemäßigten Diät zu. Ebenso wenig kann man von einer fettreichen Diät sprechen, denn in den Fettblöcken ist nur sehr wenig Fett enthalten.

Insgesamt kann man die Sears-Diät am besten als einen Weg des Maßhaltens verstehen, denn hier geht es immer um Ausgewogenheit. Nicht zu viel Eiweiß, Fett oder Kohlenhydrate, aber auch nicht zu wenig davon.

In vielen Diätanweisungen wird man geradezu zur Unmäßigkeit angehalten. Die Befürworter von eiweißreicher Kost raten, so viel Eiweiß und Fett zu essen, wie man will, aber die Kohlenhydrate drastisch zu reduzieren. Die Fürsprecher der kohlenhydratreichen Diät wiederum empfehlen, nach Lust und Laune so viele Kohlenhydrate zu essen, wie Sie mögen, und dafür die Fettzufuhr völlig einzuschränken. Der optimale Bereich der Sears-Diät liegt zwischen diesen Extremen.

Die Kontrolle der Insulinproduktion ist hierbei der Schlüssel auf dem Weg in den optimalen Bereich. Sie müssen nicht auf Kohlenhydrate verzichten, wenn Sie bereit sind, bei jeder Mahlzeit auf das Verhältnis von Eiweiß- und Kohlenhydratblöcken zu achten. Eine klinische Studie der Universität von Genf ergab 1996, dass der Gewichtsverlust bei Patienten, die eine Diät einhielten, die im Grunde der Sears-Diät entspricht, genauso hoch war wie bei einer anderen Patientengruppe, die sehr viel weniger Kohlenhydrate zu sich nahm. Der Insulinspiegel bei der zweiten Gruppe zeigte jedoch deutlich niedrigere Werte. Wenn der Insulinspiegel zu sehr abfällt, treten auch die negativen Nebenwirkungen (Müdigkeit aufgrund von Elektrolytverlust, Reizbarkeit, Verstopfung, Abbau von Muskelmasse etc.) auf, die sich schon nach kurzer Zeit bei den eiweißreichen Diäten der siebziger Jahre zeigten. Deshalb ist das ständige Gleichgewicht von Eiweiß und Kohlenhydraten bei jeder Mahlzeit so entscheidend. In mancher Hinsicht erinnern die verschiedenen extremen Diätformen an die Frühzeit der Antibabypille. Damals dachte man, dass große Mengen von Hormonen nötig seien, um den Eisprung zu verhindern. Inzwischen wissen wir, dass eine geringere Menge weit besser geeignet ist.

Wie sieht es nun mit den Kalorien aus? Spielen sie gar keine Rolle? Ja und nein. Wenn man nur auf Kalorien achtet, heißt es einfach: Eine Kalorie ist eine Kalorie. Ein Gramm Fett hat doppelt so viele Kalorien wie ein Gramm Kohlenhydrate, also wird durch eine drastische Fettreduzierung auch die Kalorienzufuhr eingeschränkt. In hormoneller Hinsicht aber ist zu bedenken, dass eine Kalorie Fett eine ganz andere Wirkung hat als eine Eiweißkalorie, deren Effekt sich wiederum von dem einer Kohlenhydratkalorie unterscheidet. Deshalb richten wir in der Sears-Diät unser Augenmerk nicht auf die Anzahl der Kalorien, sondern vielmehr auf die hormonellen Reaktionen, die sie auslösen.

Diese wurden bereits vor beinahe 40 Jahren in einer klassischen Studie von Kekwick und Pawan im Middlesex Hospital in London demonstriert. Unter stationären Bedingungen wurden verschiedene, auf 1 000 Kalorien pro Tag beschränkte Diätformen verglichen, um die jeweilige Höhe des Gewichtsverlusts festzustellen. Wenn der Gewichtsverlust nur von der Anzahl der Kalorien abhinge, müssten alle Patienten gleich viel abnehmen, unabhängig davon, in welcher Form die Kalorien aufgenommen wurden. Mit einer auf 1 000 Kalorien pro Tag beschränkten Diät, die zu 90 Prozent aus Kohlenhydraten bestand, nahmen die Patienten jedoch sogar an Gewicht zu, während bei allen anderen Diätformen mit einer wesentlich geringeren Kohlenhydratmenge Gewichtsverluste erzielt werden konnten.

Der hormonelle Verbrenner reguliert auch die Kalorienzufuhr. Die Evolution hat uns mit einem einmaligen hormonellen Kontrollmechanismus ausgestattet, der uns signalisiert, wann wir zu viele Kalorien zu uns nehmen. Der Hauptauslöser dieses hormonellen Stoppsignals heißt *Cholecystokinin*, abgekürzt CCK. CCK wird vor allem durch Fett stimuliert. Wie ich schon in Kapitel 4 erwähnt habe, wird durch die Reduzierung von Fett auch die Arbeit des Hormons unterbrochen, das für das Signal für das Sättigungsgefühl zuständig ist. Vermutlich kommt Ihnen das alles sehr bekannt vor, wenn Sie gerade einer Diät folgen, die auf kohlenhydratreicher und eiweiß- und fettarmer Nahrung basiert. Sie sind immer hungrig, aber Ihre Willenskraft reicht nicht aus, weniger zu essen. Um Erfolg zu haben, ist aber weniger Willenskraft als ein fundiertes wissenschaftliches Konzept erforderlich, und genau das beinhaltet die Sears-Diät.

Bitte denken Sie aber nicht, dass Sie nun in Kalorien schwelgen können. Eine übermäßige Menge Kalorien führt unweigerlich zu Gewichtszunahme, auch wenn sie hormonell gut ausgewogen ist. Wenn Sie jedoch auf Ihren Eiweißbedarf (wie in Kapitel 2 beschrieben) achten, ist es praktisch nicht möglich, zu viele Kalorien zu sich nehmen, denn all Ihre hormonellen Kontrollsysteme arbeiten hier optimal, um eine übermäßige Kalorienzufuhr einzuschränken.

Im optimalen Bereich der Sears-Diät nehmen Sie täglich nicht mehr als 1 000 bis 1 600 Kalorien zu sich. Erscheint es Ihnen schwierig, eine scheinbar so geringe Kalorienmenge einzuhalten? Paradoxerweise klagen die meisten Menschen, die nach dieser Diät leben, darüber, dass sie gar nicht in der Lage sind, die erlaubten Mengen zu essen. Dies ist vor allem dann der Fall, wenn sie den größten Teil der Kohlenhydratblöcke durch günstige Kohlenhydrate (Obst und Gemüse) decken. Um diesen scheinbaren Widerspruch aufzuklären, muss ich etwas weiter ausholen. In *Das Optimum* habe ich ausgeführt, dass der Durchschnittsamerikaner mindestens 100 000 Kalorien an gespeicherten Fettreserven hat. Bildhaft ausgedrückt, wären das 1 700 Pfannkuchen, ein wahrhaft üppiges Mahl.

Die erforderlichen Kalorien sind also bereits im Körper vorhanden, aber sie müssen erst durch einen hormonellen Auslöser aktiviert werden. Und genau darin besteht die Arbeit des hormonellen Verbrenners, er ist der Auslöser, der die »gespeicherten Pfannkuchen« in Bewegung bringt. Mit dem richtigen hormonellen Auslöser ist es nicht nötig, den täglichen Kalorienbedarf ausschließlich durch die Nahrung zu decken, denn die restlichen Kalorien, die Sie brauchen, beziehen Sie aus Ihrem Depotfett. Der optimale Bereich der Sears-Diät sorgt dafür, dass der hormonelle Auslöser auch reibungslos funktioniert. Dagegen müssen Sie mehr Kalorien zu sich nehmen, wenn der hormonelle Auslöser aufgrund von zu viel kohlenhydratreicher Nahrung nicht effektiv wirksam sein kann. Die »gespeicherten Pfannkuchen« bleiben dann, wo sie sind.

Der gleiche hormonelle Auslöser sorgt auch dafür, dass Ihr Blutzuckerspiegel stabil bleibt, weil gespeicherte Kohlenhydrate aus der Leber frei werden. Letztendlich sind Sie dadurch geistig agiler und verspüren keinen Hunger, denn das Gehirn ist ausreichend mit Blutzucker versorgt, um optimal funktionieren zu können. Wenn Ihr hormoneller Verbrenner richtig arbeitet, werden Ihre Fettreserven gut verwertet. Sie verspüren etwa vier bis sechs Stunden nach einer Mahlzeit keinen Hunger und sind mit Ihrer geistigen Leistungsfähigkeit auf dem Höhepunkt. Lohnt es sich nicht, dafür bei jeder Mahlzeit auf die Kontrolle des Verbrenners zu achten? Ich denke schon, es sei denn, Sie bevorzugen, geistig träge und körperlich schlapp zu sein und ständig Gefahr zu laufen, übergewichtig zu werden.

Natürlich möchten Sie Ihre Kalorienreserve nur so lange abbauen, bis Sie Ihr Idealgewicht erreicht haben. Eine gute Faustregel lautet, dass Ihr Gewicht als Erwachsener so hoch sein sollte wie im Alter von 18 Jahren. Noch genauer können Sie Ihr Idealgewicht durch die alte Regel vom Verhältnis der Körpergröße zum Gewicht feststellen.

Tatsächlich gibt es jedoch gar kein Idealgewicht, sondern lediglich einen idealen Prozentsatz an Körperfett. Dieser Anteil beträgt bei Männern 15 Prozent und bei Frauen 22 Prozent. Wenn Sie im Zweifel über Ihr Körperfett sind, stellen Sie sich ganz einfach nackt vor einen Spiegel. Wenn bei Männern keine »Schwimmgürtel« vorhanden sind, liegen sie vermutlich nahe bei 15 Prozent Körperfett. Wenn bei Frauen keine Zellulitis sichtbar ist, kann man von etwa 22 Prozent Körperfett ausgehen. In Anhang C finden Sie einfache Tabellen zur Feststellung Ihres prozentualen Körperfettanteils.

Die Sears-Diät ist so ausgerichtet, als ob Sie bereits Ihren idealen Körperfettanteil erreicht hätten, denn Sie halten damit Ihre reine Körpermasse stabil und haben Ihre »gespeicherten Pfannkuchen« bereits aufgebraucht. Wenn Sie Ihren idealen Körperfettzustand erreicht haben, verändern Sie also die Diät nicht. Da sich die Sears-Diät nach Ihrem persönlichen Eiweißbedarf richtet, verändern Sie die Menge der Eiweißzufuhr nur, wenn Sie Ihre körperlichen Aktivitäten so ausweiten, dass die reine Körpermasse sich deutlich verändert.

Können Sie einen noch niedrigeren prozentualen Körperfettanteil erreichen? Das können und sollten Sie natürlich, doch es erfordert mehr Einsatz, also sportliche Betätigung. Selbstverständlich gibt es auch hier eine Grenze, die man nicht unterschreiten sollte. Bei Männern beträgt die Grenze bei etwa 7, bei Frauen bei etwa 13 Prozent, doch in diesem Bereich liegen vor allem Spitzensportler der Weltklasse. Unterhalb dieser Grenze würde die körperliche Leistungsfähigkeit absinken. Menschen, deren Körperfettanteil in diesem Bereich liegt, brauchen mehr Kalorien, um zu verhindern, dass durch einen Abfall des Körperfettanteils auch die körperliche Leistung leidet.

In welcher Form erfolgt diese Kalorienzufuhr? Nicht durch mehr Eiweiß, denn die Eiweißzufuhr ist der reinen Körpermasse bereits angemessen. Auch zusätzliche Kohlenhydrate werden vermieden, denn sie erhöhen den Insulinspiegel und stören den empfindlichen hormonellen Verbrenner.

Übrig bleibt also Fett und das ist auch die Antwort. Diese Menschen essen mehr Fett. Dadurch nehmen sie mehr Kalorien zu sich und können einen prozentualen Körperfettanteil aufrechterhalten, der ihre optimale körperliche Leistungsfähigkeit sichert. Einige der Spitzensportler, mit denen ich arbeite, decken fast 60 Prozent ihrer Kalorien durch Fett, um Höchstleistungen erbringen zu können. Die meisten Sportler in dieser Klasse nehmen in der Sears-Diät etwa 40 – 45 Prozent ihres gesamten Kalorienbedarfs in Form von Fett zu sich.

Dabei sollte das zusätzliche Fett vor allem in einfach ungesättigtem Fett bestehen. Wenn Ihr Körperfettanteil eine bestimmte Höhe überschreitet, dann wird die zusätzliche Fettmenge, die Sie zur optimalen körperlichen Leistungsfähigkeit zu sich genommen haben, ganz einfach wieder reduziert.

Bevor Sie aber beginnen Macadamianüsse oder Olivenöl zu horten, denken Sie daran, dass wir hier über extrem schlanke, äußerst sportliche Menschen sprechen. Für Männer gibt es eine einfache Regel. Wie ich schon sagte, kann man bei fehlenden »Schwimmgürteln« von 15 Prozent Körperfett ausgehen. Wenn Sie den Arm heben und dabei Ihre Rippen sehen können, haben Sie etwa 13 Prozent Körperfett. Bei ungefähr 10 Prozent Körperfett können Sie Ihre Bauchmuskeln deutlich erkennen. Frauen sollten dieser Faustregel einfach jeweils 7 Prozentpunkte hinzurechnen. Für Männer und Frauen gleichermaßen gilt: Wenn Sie Ihre Bauchmuskeln sehen können, sollten Sie mehr Fett zu sich nehmen.

In der Fettmenge liegt der einzige Unterschied zwischen einer Diät für einen Spitzensportler oder einen Diabetiker vom Typ II. Spitzensportler brauchen aufgrund ihrer reinen Körpermasse und erhöhten körperlichen Aktivität mehr Eiweiß und mehr Fett, um ihr prozentuales Körperfett in einem optimalen Bereich zu halten. Abgesehen davon, unterscheidet sich ihr Ernährungskonzept nicht von dem anderer Menschen. In Kapitel 8 werden diese Diätformen für Sportler genauer beschrieben.

Wie stellen Sie nun ein Gericht mit der idealen Anzahl an Eiweiß-, Kohlenhydrat- und Fettblöcken zusammen, um das Insulin wie ein Medikament kontrollieren zu können? Im nächsten Kapitel erfahren Sie es – wir wollen einen Tag mit der Sears-Diät verbringen.

6
Ein Tag mit der Sears-Diät

Die Zusammenstellung der Gerichte basiert auf Ihrem persönlichen Eiweißbedarf. Die Eiweißblöcke, die Sie im Laufe eines Tages brauchen, werden wie ein Arzneimittel über den Tag verteilt. Ihr täglicher Diätplan enthält drei Mahlzeiten und zwei Zwischenmahlzeiten (jede Zwischenmahlzeit besteht aus einem Block).

Ein weiterer Schlüssel zum Optimum ist der Zeitfaktor: Zwischen einer Mahlzeit oder Zwischenmahlzeit sollten nicht mehr als fünf Stunden liegen. Der Körper benötigt eine ziemlich regelmäßige Nahrungsaufnahme, dadurch wird der richtige Hormonpegel während des Tages aufrechterhalten. Wenn Sie zum Beispiel um sieben Uhr morgens frühstücken, dann sollten Sie spätestens um zwölf Uhr zu Mittag essen. Meistens wird um etwa 19 Uhr zu Abend gegessen, also ist eine Zwischenmahlzeit zur hormonellen »Auffrischung« um 17 Uhr zu empfehlen. Eine weitere kleine Mahlzeit können Sie vor dem Schlafengehen zu sich nehmen, denn dann wird für etwa acht Stunden nichts mehr gegessen.

Ich möchte betonen, dass dieser späte Imbiss außerordentlich wichtig ist, denn er schafft die richtige hormonelle Basis, damit im Schlaf alle Erholungs- und Regenerationsprozesse optimal ablaufen können. Zudem sorgt er für die nächtliche Blutzuckerversorgung, denn Ihr Gehirn braucht auch während der Nachtruhe ständig Energie. Der beste Zeitpunkt für eine Mahlzeit ist tatsächlich immer dann, wenn Sie nicht hungrig sind, denn auf diese Weise wird Ihr Blutzuckerspiegel aufrechterhalten. Auch für die Einnahme von Blutdruck regulierenden Medikamenten wäre das der beste Zeitpunkt, denn dann ist der Blutdruck noch unter Kontrolle.

Wenn Sie Ihren genauen Eiweißbedarf kennen, müssen Sie nur noch die Blockmenge der Eiweißquellen feststellen, die Sie am liebsten essen. Mit Hilfe der Angaben aus Anhang A können Sie bei jeder Mahlzeit an einer Hand nachrechnen, wie viel Sie brauchen. Da die Kohlenhydratblöcke genau der Menge der Eiweißblöcke entsprechen, können Sie zum Nachrechnen die zweite Hand zu Hilfe nehmen, um die beiden Blöcke stets im Gleichgewicht zu halten.

Nehmen wir an, Sie nehmen bei jeder Mahlzeit vier Eiweißblöcke und bei jedem Imbiss einen Eiweißblock zu sich. Ihr täglicher Diätplan würde dann so aussehen:

	Frühstück	Mittagessen	Nachmittagsimbiss	Abendessen	Vor dem Schlafen
Eiweißblöcke	4	4	1	4	1

Zu jedem Eiweißblock pro Mahlzeit oder Imbiss sollten Sie einen Kohlenhydratblock zu sich nehmen. In der Übersicht stellt sich das folgendermaßen dar:

	Frühstück	Mittagessen	Nachmittagsimbiss	Abendessen	Vor dem Schlafen
Eiweißblöcke	4	4	1	4	1
Kohlenhydratblöcke	4	4	1	4	1

So weit ist alles ganz einfach. Nun folgt der Teil, der für viele Menschen schwer zu begreifen ist: Wenn Sie überflüssige Körperfettreserven loswerden möchten, brauchen Sie außerdem noch Fett. Dies ist in hormoneller Hinsicht sehr sinnvoll, auch wenn es sich paradox anhört. Wenn Sie den Insulinspiegel unter Kontrolle halten möchten, müssen Sie jeder Mahlzeit etwas Fett zugeben.

Doch denken Sie bitte daran, dass Sie nur so viel Fett essen, wie Ihr hormoneller Verbrenner zur optimalen Leistung braucht. Ihr vollständiger Diätplan sieht also folgendermaßen aus:

	Frühstück	Mittagessen	Nachmittagsimbiss	Abendessen	Vor dem Schlafen
Eiweißblöcke	4	4	1	4	1
Kohlenhydratblöcke	4	4	1	4	1
Fettblöcke	4	4	1	4	1

Wenn Sie Ihre ganze Ernährung nach Speiseblöcken ausrichten, haben Sie eine rechnerisch genaue Methode, um Ihren hormonellen Verbrenner auf der Grundlage Ihrer Lieblingsspeisen einzustellen. Es handelt sich hier nicht um Gerichte, die Ihnen jemand vorschreibt in der Hoffnung, dass Sie sie auch essen werden, sondern um Speisen, auf die Sie Lust haben. Ihr persönlicher Eiweißbedarf ist dabei entscheidend.

Sie sehen also, die Zusammenstellung von Gerichten nach der Sears-Diät ist wirklich sehr einfach.

Um Ihnen zu zeigen, *wie* einfach es ist, wollen wir uns einige Beispiele mit je vier Eiweiß-, Kohlenhydrat- und Fettblöcken ansehen.

14 Scheiben Frühstücksspeck sind sicher nicht die optimale Wahl, denn er enthält keine hohe Eiweißkonzentration, dafür aber viel gesättigtes Fett. Diese Menge würden Sie aber brauchen, wenn Sie Frühstücksspeck als Eiweißlieferant wählen würden. Die anderen Lebensmittel, wie zum Beispiel 110 Gramm Hühnerbrust ohne Haut, 170 Gramm Flunder, 1 Tasse Eiersatz oder sogar 350 Gramm fester Tofu, wären besser geeignet. Alle diese Lebensmittel enthalten in der angegebenen Menge vier Eiweißblöcke. Wenn Sie etwas ausgewählt haben, wenden Sie sich den Kohlenhydraten zu, die vier Blöcke enthalten.

Natürlich ist auch hier der Snickers Schokoriegel nicht unbedingt empfehlenswert, auch wenn er vier Kohlenhydratblöcke enthält. Wenn Sie das nicht sehr anspricht, wie wäre es dann mit etwa 60 Gramm ungekochten Nudeln? Wenn Sie gerne Nudeln essen, ergeben vier Blöcke keine große Mahlzeit, denn mit 60 Gramm wäre Ihr Kohlenhydratbedarf schon gedeckt. Die bessere Möglichkeit ist jedoch Gemüse. Sie haben damit eine ziemlich große Menge zur Verfügung, denn durch den hohen Fasergehalt enthält das Gemüse den gleichen Anteil an Insulin erzeugenden Kohlenhydraten wie 60 Gramm Nudeln.

Nun wird wohl kein vernünftiger Mensch so viel Gemüse auf einmal essen, die Beispiele sollen lediglich verdeutlichen, wie unterschiedlich die Konzentration der Insulin erzeugenden Kohlenhydrate in den verschiedenen Nahrungsmitteln ist.

Die meisten Menschen decken bei einer Mahlzeit ihren Eiweißbedarf nur aus einer Quelle, mischen aber verschiedene Kohlenhydrate. Ein Beispiel könnte in einer ¼ Tasse gekochten Nudeln, 2 Tassen gedünstetem Gemüse und ½ Tasse Trauben bestehen. Das alles ergibt vier Kohlenhydratblöcke. Ein großer Salat, also etwa ein Viertel eines Salatkopfes, eine Tasse gedünstetes Gemüse und die Hälfte des Obstes wäre eine andere Möglichkeit, vier Kohlenhydratblöcke zu sich zu nehmen. In beiden Fällen würden Sie einfach vier Blöcke zusammenstellen, um die richtige Menge an Insulin erzeugenden Kohlenhydraten zu erhalten, die mit dem fettarmen Eiweißanteil zusammen Ihren hormonellen Verbrenner optimal arbeiten lässt.

Vom hormonellen Standpunkt aus gesehen, wissen Sie, dass Sie Fett brauchen, um Fett verbrennen zu können. Sie müssen also bei jeder Mahlzeit zusätzlich Fett aufnehmen, denn dieses Fett hat entscheidende hormonelle Auswirkungen. Dennoch möchten wir den Anteil an gesättigtem Fett in der Sears-Diät so niedrig wie möglich halten, deshalb wäre der fettreiche Frühstücksspeck nicht sehr sinnvoll. Wenn Sie sich für fettarme Eiweißquellen entscheiden, können Sie einfach ungesättigtes Fett nach Ihrer Wahl zugeben, um den hormonellen Verbrenner optimal zu stimulieren.

Jedes dieser Beispiele zeigt vier Blöcke von überwiegend einfach ungesättigtem Fett. Wie Sie wissen, enthalten unsere Fettblöcke nicht sehr viel Fett, also handelt es sich nicht um eine übermäßig große Zugabe zu den Mahlzeiten. Den größten Anteil an einfach ungesättigtem Fett enthält die Macadamianuss, sie ist praktisch eine kleine Kugel aus reinem Fett. Andere Nüsse wie Pistazien, Cashewnüsse und Mandeln enthalten ebenfalls große Mengen an einfach ungesättigtem Fett. Auch Nussbutterarten, wie zum Beispiel Mandelbutter, sind vorteilhaft. Viele Küchenchefs bevorzugen Mandelbutter, anstelle von normaler Butter, denn sie verbrennt nicht und ist sehr geschmackvoll. Zwei Teelöffel Mandelbutter entsprechen vier Fettblöcken. Wenn Sie Nüsse oder Nussbutter nicht mögen, versuchen Sie es mit Oliven. Zwölf Oliven entsprechen ebenfalls vier Fettblöcken, ebenso eine Salatsoße aus vier Teelöffeln Olivenöl und Essig. Daneben gibt es natürlich Avocados und mein Lieblingsgericht, Guacomole. Zwei Esslöffel Guacomole ergeben vier Fettblöcke.

Wir wollen als Beispiel ein paar ausgewogene Mahlzeiten aus vier Blöcken zusammenstellen. Das könnten 14 Scheiben Frühstücksspeck oder ein einziger Snickers Schokoriegel (hier ist keine zusätzliche Fettzugabe notwendig) sein. Besser wären jedoch 110 Gramm Hühnerbrust (vier Eiweißblöcke), 60 Gramm Nudeln (vier Kohlenhydratblöcke) und vier Macadamianüsse (vier Fettblöcke). Aus hormoneller Sicht ist das in Ordnung, aber die Nudeln als Kohlenhydratquelle enthalten wenig Vitamine oder Mineralien und Sie haben weiter nichts auf Ihrem Teller. Wenn Sie aber sehr gerne Nudeln essen, ist Ihr Bedarf für eine Mahlzeit mit dieser Menge bereits gedeckt. Sie könnten jedoch auch den halben Obstteller nehmen und dafür nur die Hälfte der Nudeln essen. Zusammen ergibt das ebenfalls vier Kohlenhydratblöcke, aber der Vitaminanteil ist höher. Sie könnten auch die verbleibenden Nudeln durch 2 Tassen gedünstetes Gemüse ersetzen und anstelle der vier Macadamianüsse zwölf Oliven als einfach ungesättigte Fettquelle zugeben.

Das ergibt eine ziemlich gehaltvolle Mahlzeit, und dennoch enthält sie weniger als 400 Kalorien, vorausgesetzt, Sie essen das ganze Gemüse. Wissen Sie nun, warum Ihre Großmutter wollte, dass Sie Ihr Gemüse aufessen, bevor Sie vom Tisch aufstehen? Wenn all Ihre Mahlzeiten hormonell ausgewogen sind, brauchen Sie eine ausreichende Menge an Insulin erzeugenden Kohlenhydraten, um das Eiweiß auszugleichen.

Sind Sie Vegetarier? Ersetzen Sie 110 Gramm Hühnerbrust durch 350 Gramm festen Tofu, braten das Gemüse und geben noch zwölf klein geschnittene Oliven darüber. Der Nachtisch besteht aus einem halben Teller Obst.

Wenn Sie mit Blöcken arbeiten, stützen Sie sich auf genaue wissenschaftliche Erkenntnisse und essen dennoch das, was Ihnen schmeckt. Denken Sie nur bei jeder Mahlzeit daran, die Blöcke im Gleichgewicht zu halten. Die meisten Menschen essen in der Regel immer die gleichen Gerichte, im Durchschnitt etwa 20 verschiedene. Achten Sie ganz einfach auf die Blockgrößen der Speisen, die Sie am liebsten essen. Aus etwa 20 verschiedenen Lebensmitteln können Sie eine unbegrenzte Anzahl von Gerichten zusammenstellen.

Bedenken Sie, dass die Kohlenhydratmenge bei einer Mahlzeit durch Ihren persönlichen Eiweißbedarf bestimmt wird, damit wird der Insulinspiegel reguliert. Die nachfolgende Tabelle 6.1 hilft Ihnen dabei:

Tabelle 6.1: Einfache Übersicht für ein Gericht in der Sears-Diät

Eiweiß-gericht	Salat	Alkohol	Kohlenhy-dratgericht	Nach-tisch

Schreiben Sie auf, wie viele Eiweißblöcke Sie bei einer Mahlzeit essen möchten, danach planen Sie die vorgesehene Kohlenhydratmenge. Ein knackiger Salat ergibt einen weiteren Kohlenhydratblock. Trinken Sie Alkohol zum Essen (Wein, Bier oder Cocktail), dann schreiben Sie auf, wie viel Sie davon trinken werden. Für die Nachspeise notieren Sie ebenfalls die Anzahl der enthaltenen Kohlenhydratblöcke, am besten ist hierfür immer frisches Obst geeignet.

Addieren Sie nun alle Kohlenhydratblöcke, die nicht zum Hauptgericht gehören (Salat, Alkohol oder Nachspeise), und ziehen Sie sie von der Menge der Eiweißblöcke ab. Was übrig bleibt, sind die Kohlenhydrate, die Sie als Hauptgericht essen können. Wenn Sie mehr Wein trinken und eine Nachspeise essen, werden nicht viele (oder gar keine) Kohlenhydrate für das Hauptgericht übrig bleiben. So haben Sie eine vollständige Kontrolle über die Zusammenstellung einer Mahlzeit.

Jill Sullivan hat eine etwas detailliertere Übersicht für die

Zusammenstellung einer Mahlzeit der Sears-Diät entwickelt. Sie ist auch im Anhang C enthalten.

Tabelle 6.2: Detaillierte Übersicht für die Zusammenstellung eines Gerichts in der Sears-Diät

	Eiweiß	Kohlenhydrate	zusätzliches Fett
Salat	_____	_____	_____
Eiweißgericht	_____	_____	_____
Kohlenhydrat-Hauptgericht	_____	_____	_____
Nachspeise	_____	_____	_____
Alkohol	_____	_____	_____
Insgesamt	_____	_____	_____

Für jeden Bestandteil Ihrer geplanten Mahlzeit setzen Sie die richtige Blockanzahl in die jeweilige Spalte ein. Wenn Sie alle Blöcke addiert haben, sollten sie in einem Verhältnis 1:1:1 zueinander stehen. Angenommen, Sie beginnen mit einem herzhaften Salat zum Abendessen (Beispiele dafür finden Sie in Anhang A) – er entspricht einem Kohlenhydratblock. Für die Salatsoße setzen Sie in der gleichen Kategorie die Anzahl der enthaltenen Fettblöcke ein. Wenn Sie zum Abendessen Alkohol (sagen wir, ein Glas Wein) trinken, tragen Sie die Anzahl der Kohlenhydratblöcke für den Alkohol, den Sie trinken werden, in die richtige Spalte ein. Ein Glas Wein entspricht einem Kohlenhydratblock. Wenn Sie eine Nachspeise möchten (Obst ist optimal), schreiben Sie ebenfalls auf, wie viele Kohlenhydratblöcke sie enthält.

Ihr Eiweißgericht wird normalerweise Ihrem persönlichen Eiweißbedarf entsprechen. Nehmen wir an, Sie essen 170 Gramm Lachs, das wären vier Eiweißblöcke. Schließlich müssen Sie noch feststellen, wie viel Kohlenhydrate Ihr Hauptgericht enthalten darf, das gewöhnlich aus Gemüse, Getreide oder Stärke besteht. Die Menge der Kohlenhydrate für das Hauptgericht richtet sich nach den Kohlenhydraten, die bereits im Salat, der Nachspeise und im Alkohol enthalten sind. Diese werden von der Eiweißmenge abgezogen, dann wissen Sie, wie viel für das Hauptgericht übrig bleiben.

Bleiben wir bei dem Beispiel 170 Gramm Lachs, ein Glas Wein, einen herzhaften Salatteller mit einem Teelöffel Olivenöl und Essigdressing und 1 ½ Tassen gedünsteten Broccoli. Für die Nachspeise kommt eine ¾ Tasse frische Blaubeeren dazu. Ihre Übersicht für das Abendessen würde so aussehen:

	Eiweiß	Kohlenhydrate	zusätzliches Fett
Salat	0	1	1
Eiweißgericht	4	0	0
Kohlenhydrat-Hauptgericht	0	1	0
Nachspeise	0	1	0
Alkohol	0	1	0
Insgesamt	4	4	1

Aus dieser Übersicht erkennen Sie, dass die Eiweiß- und Kohlenhydratblöcke im Gleichgewicht sind, die Fettmenge aber etwas zu niedrig ist. Streuen Sie ganz einfach 3 Teelöffel Mandelsplitter über den Lachs. Nun sind alle Blöcke in einem Verhältnis 1:1:1, das ergibt eine perfekte Mahlzeit der Sears-Diät.

Mit dieser einfachen Übersicht können Sie Ihre Gerichte leicht zusammenstellen, denn sie hilft Ihnen, ein Übermaß an Kohlenhydraten (egal aus welcher Quelle) im Verhältnis zum Eiweiß zu vermeiden. Außerdem werden Sie daran erinnert, genug Fett zuzugeben, um in den vier bis sechs Stunden nach der Mahlzeit einen optimalen hormonellen Zustand zu sichern.

In der folgenden Tabelle 6.3 finden Sie eine Zusammenstellung von einfachen Gerichten. Die Menge ist auf eine Person mit einem Eiweißbedarf von vier Blöcken pro Mahlzeit zugeschnitten.

Tabelle 6.3: Typische Gerichte mit vier Blöcken

Eiweiß	Kohlenhydrate	zusätzliches Fett
170 g Fisch	2 Tassen (1 Tasse ≙ 0,22 l) gedünstetes Gemüse	4 Teel. Mandelsplitter (zu dem Gemüse
110 g Hühnerbrust	1 großer Salat mit Tomaten und zwei Paprikaschoten 1 Tasse gedünstetes Gemüse 1 Frucht	Salatsoße mit 4 Teelöffeln Olivenöl und Essigdressing
2 Hamburger aus Sojabohnen	2 Tassen gedünstetes Gemüse 1 Frucht ¼ Tasse gekochte Nudeln	2 Teelöffel Guacomole
1 Tasse fettarmer Hüttenkäse	1 ⅓ Tasse gekochter Haferbrei	4 Macadamianüsse

| 1 Omelette aus 6 Eiweiß und 30 g fettfreier Käse | ¼ Netzmelone 1 Tasse Erdbeeren | 1 ⅓ Teelöffel Olivenöl (zum Omelett) |

Die Art der Kohlenhydrate in jedem dieser Gerichte kann unbegrenzt abgewandelt werden, entweder durch eine unterschiedliche Zusammenstellung der Kohlenhydrate des Hauptgerichts oder durch Reduzierung der Kohlenhydratmenge beim Hauptgericht durch die Zugabe von Salaten, alkoholischen Getränken oder Nachspeisen. Jedes dieser Basisgerichte kann Ihrer eigenen Übersicht angepasst werden. Ein Beispiel dafür ist das erste Gericht der folgenden Tabelle 6.4, die Anzahl der Blöcke wird in Klammern angegeben.

Tabelle 6.4: Typisches Gericht mit vier Blöcken

	Eiweiß	Kohlenhydrate	zusätzliches Fett
Salat	–	–	–
Eiweiß-Hauptgericht	170 g Fisch (4)	–	–
Kohlenhydrat-Hauptgericht	–	2 Tassen gedünstetes Gemüse (2)	4 Teelöffel Mandelsplitter (4)
Nachspeise	–	1 Frucht (2)	–
Alkohol	–	–	–
Insgesamt	4	4	4

Mit Hilfe der Übersicht in Blockeinheiten in Anhang A können Sie unter vielen verschiedenen Lebensmitteln auswählen. Die in Tabelle 6.3 aufgeführten Gerichte eignen sich für morgens, mittags und abends. Die meisten Menschen essen zu Hause in der Regel nicht mehr als zehn verschiedene Gerichte. Bestimmen Sie einfach die Blockeinheiten für Ihre Lieblingsgerichte und passen Sie sie dem Formblatt zur Zusammenstellung und Übersicht der Mahlzeiten im Anhang D an.

Wie sieht es nun mit Zwischenmahlzeiten aus? Hier eine typische Auswahl:

- 60 Gramm fettarmer Hüttenkäse, ½ Frucht und drei klein geschnittene Oliven
- 30 Gramm Putenbrust in Scheiben, 1 Tasse Obst und drei Mandeln
- 80 Gramm fester Tofu vermischt mit Suppengewürz und ⅓ Teelöffel Olivenöl, dazu 2 Tassen geraspeltes rohes Gemüse
- 110 Gramm Wein mit 30 Gramm Käse in Scheiben

Vor allem der letzte Vorschlag klingt sehr interessant. Dazu verrate ich Ihnen ein kleines Geheimnis: Die französische Küche entspricht weitgehend dem optimalen Bereich der Sears-Diät (in Kapitel 12 wird das genauer erläutert). Der kleine Happen an gesättigtem Fett in 30 Gramm Käse kann keinen Schaden anrichten. Wie ich schon sagte, ist die Sears-Diät sehr flexibel und – weitaus wichtiger – wir haben es mit schmackhaften Speisen zu tun!

Ich möchte Ihnen noch einige Ratschläge und Hinweise für die Zubereitung von Mahlzeiten und Imbissen in der Sears-Diät geben. Versuchen Sie immer, Eiweiß in fettarmer Form zu essen. Dadurch erhält Ihr Körper eine ausreichende Zufuhr an essentiellen Fettsäuren und gleichzeitig wird insgesamt die Aufnahme von gesättigtem Fett verringert. Ihre Kohlenhydrate sollten Sie aus günstigen, Blutzucker senkenden und schwach konzentrierten Kohlenhydratlieferanten wie Obst und Gemüse beziehen. Bei Fett wiederum achten Sie bitte auf überwiegend einfach ungesättigte Fette.

Lassen Sie sich nicht entmutigen, wenn Sie zu Beginn nicht gleich eine absolute Genauigkeit erreichen. Beobachten Sie einfach, wie Sie sich innerhalb von vier bis sechs Stunden nach einer Mahlzeit fühlen. Wenn Sie geistig klar sind und keinen Hunger verspüren, befinden Sie sich im optimalen Bereich. Anstatt verbissen zu versuchen, eine Mahlzeit genau nach den Anleitungen zusammenzustellen, sollten Sie lieber gut darauf achten, in welchem Zustand Sie sich nach dem Essen befinden. Ihr Gefühl sagt Ihnen deutlich, ob Sie in hormoneller Hinsicht erfolgreich waren. Wenn ja, dann schreiben Sie das Rezept in Ihr ganz persönliches »Siegerkochbuch«, damit Sie es immer und immer wieder »einnehmen« können, genau wie ein gutes Medikament.

Ebenso wie Ihr Auto muss auch Ihr hormoneller Verbrenner hin und wieder überprüft und neu eingestellt werden, denn wir alle reagieren unterschiedlich. Gerade das ist der Vorteil der Sears-Diät: Sie kann mit großer Genauigkeit auf jeden Menschen zugeschnitten werden, wenn man weiß, wie es geht. Im nächsten Kapitel zeige ich Ihnen, wie Sie zum »Mechanikermeister« werden.

7

Stellen Sie Ihren hormonellen Verbrenner ein

Manchen Ernährungsexperten erscheint der Gedanke, dass jeder Mensch unterschiedlich ist, als geradezu radikal. Die Sears-Diät basiert jedoch auf den persönlichen Bedürfnissen, Vorlieben und dem persönlichen Geschmack. Darüber hinaus baut sie anhand der Blöcke auf einer einfachen Rechenmethode auf, so dass sie den individuellen genetischen Bedingungen gerecht wird.

Nicht jeder Mensch ist von seinen Genen her gleich, vor allem im Hinblick auf seine Insulinproduktion als Reaktion auf die Zufuhr einer bestimmten Kohlenhydratmenge.

Die genetischen »Glückspilze« (etwa 25 Prozent der Bevölkerung) reagieren auf Kohlenhydrate mit einer nur geringen Insulinproduktion, das heißt, sie haben ein geringeres »Speichervermögen«. Diese Bevölkerungsgruppe kann bei einer Mahlzeit mehr Kohlenhydrate zu sich nehmen als der Rest der Menschen und dabei dennoch im optimalen Bereich bleiben. Auf der anderen Seite müssen diejenigen, deren Insulinproduktion nach der Zufuhr von Kohlenhydraten höher ist, die zugeführte Kohlenhydratmenge mit Argusaugen überwachen.

Diese genetischen Unterschiede bei der Insulinproduktion aufgrund von Kohlenhydraten können auch an den verschiedenen Blutgruppen festgemacht werden. Die meiste Zeit der menschlichen Evolutionsgeschichte bestand die Ernährung nicht aus hoch konzentrierten Kohlenhydraten wie Getreide.

Subtile genetische Anpassungen erfordern etwa 10 000 bis 20 000 Jahre, daher ist es nicht erstaunlich, dass Menschen mit sehr alten Blutgruppen von ihren Genen her einfach nicht dafür geschaffen sind, sich mit hoch konzentrierten Kohlenhydraten zu ernähren.

Die älteste Blutgruppe ist 0 und sie ist zum Beispiel unter den australischen Aborigines, den Ureinwohnern von Hawaii und den Indianern in Amerika weit verbreitet. Auch Menschen, deren Vorfahren aus Nordeuropa stammen, haben oft die Blutgruppe 0. Menschen mit dieser Blutgruppe reagieren oft auf kohlenhydratreiche Ernährung mit erhöhter Insulinproduktion. Wenn die Kohlenhydrate dann auch noch in Form von glutenreichem Getreide wie Weizen gegessen werden, kommt das einer hormonellen Katastrophe gleich.

Die Blutgruppen AB und B sind später entstanden, daher reagieren diese Menschen mit etwas verminderter Insulinproduktion auf Kohlenhydrate – vorausgesetzt, sie nehmen nicht zu große Mengen von Kohlenhydraten über einen längeren Zeitraum hinweg zu sich. Menschen mit der Blutgruppe A schließlich sind die oben erwähnten genetischen »Glückspilze«, die große Mengen von Kohlenhydraten vertragen können, ohne darauf mit erhöhter Insulinproduktion zu reagieren. Vielleicht werden in 20 000 Jahren alle Menschen zu dieser Gruppe gehören, aber so weit ist es noch nicht.

Um nun Ihren hormonellen Verbrenner richtig einstellen zu können, müssen Sie zunächst wissen, in welchem Zustand er wirklich optimal arbeitet. Wenn Sie ein hormonell ausgewogenes Gericht gegessen haben, werden Sie in den darauf folgenden vier bis sechs Stunden keinen Hunger verspüren, denn der Blutzuckerspiegel fällt nicht ab. Aus dem gleichen biochemischen Grund bleiben sie in dieser Zeit auch geistig rege und konzentriert. Das Beste dabei ist jedoch, dass Sie in dieser Zeit von Ihren Fettreserven als einer buchstäblich unbegrenzten Kalorienquelle zehren können.

Wenn Sie sich nach einer Mahlzeit erfolgreich im optimalen Bereich aufgehalten haben, sollten Sie sich die exakten Mengen des Rezeptes notieren, denn so können Sie die gleiche Portion immer wieder essen und damit dieselbe hormonelle Wirkung erzielen. Dieses Gericht ist sozusagen ein hormoneller Glückstreffer und sollte in Ihrem persönlichen Kochbuch einen Ehrenplatz erhalten.

Was geschieht nun, wenn der Verbrenner nicht richtig arbeitet? Das erste Warnsignal ist, wenn Sie vor Ablauf der vier bis sechs Stunden hungrig werden. Doch dieses Symptom alleine sagt Ihnen noch nicht, ob Sie bei Ihrer letzten Mahlzeit zu viel oder zu wenig Insulin produziert haben, denn in beiden Fällen stellt sich schon etwa zwei bis drei Stunden nach einer Mahlzeit das Hungergefühl ein. Ursache dafür ist, dass bei zu hoher Insulinproduktion der Blutzuckerspiegel weiter abfällt und damit auch Ihre geistige Leistungsfähigkeit. Mit anderen Worten, Sie können nicht mehr klar denken und fühlen sich schlapp und unkonzentriert. Wenn Ihr Insulinspiegel dagegen zu niedrig ist, dann tritt zu wenig Insulin in den Blutkreislauf ein, um mit dem Hypothalamus zusammen die Entstehung von *Neuropeptid Y* zu verhindern, das vermutlich der wichtigste Appetitauslöser ist. Die Ironie liegt gerade darin, dass das Gehirn mehr als ausreichend mit Blutzucker versorgt wird und daher auch hervorragend arbeiten kann, Sie aber dennoch Hunger verspüren, weil sich der Anteil von Neuropeptid Y im Gehirn erhöht.

Sie müssen also Ihrer Nahrung »auf die Spur« kommen, um den Verbrenner in Schwung zu bringen. Wenn Sie sich innerhalb von drei Stunden (oder schon früher) nach einer Mahlzeit hungrig und geistig schlapp fühlen, dann haben Sie zu viele Kohlenhydrate im Verhältnis zur Eiweißmenge zu sich genommen. Behalten Sie bei der nächsten Mahlzeit die Menge an Eiweißblöcken bei, verringern Sie jedoch die Kohlenhydratmenge um einen Block.

Wenn Sie dagegen schon nach zwei bis drei Stunden wieder hungrig sind und sich dennoch geistig fit fühlen, ist der Insulinspegel zu hoch. Nehmen Sie bei der nächsen Mahlzeit die gleiche Menge an Eiweißblöcken zu sich, erhöhen Sie jedoch die Kohlenhydratmenge um einen Block.

In Abb. 7.1 werden die Parameter für diesen Ausgleich dargestellt.

Mit Hilfe dieser einfachen Darstellung können Sie Ihren hormonellen Verbrenner immer wieder fein abstimmen. Wie auch immer Ihre letzte Mahlzeit zusammengesetzt war, denken Sie daran, dass Sie schon mit dem nächsten Gericht wieder in den optimalen Bereich kommen können, wenn Sie aus Ihrem persönlichen Kochbuch einen der hormonellen Glückstreffer auswählen.

Sie können den Prozess der Feinabstimmung als Spiel betrachten. Die meisten Menschen spielen gerne, denn es gibt feste Regeln und man weiß, wer verliert und wer gewinnt. Beim Spiel mit der Sears-Diät zeigt sich der Gewinn schon in den folgenden vier bis sechs Stunden, dann hat man wieder eine neue Chance, das Ziel zu erreichen. Das Ziel ist, sich länger innerhalb als außerhalb des optimalen Bereichs aufzuhalten.

Im Gegensatz zu den meisten anderen Spielen aber geht unser Spiel immer kontinuierlich weiter. Ganz egal, auf welchem Spielstand Sie stehen, sie können immer nur gewinnen. Ich habe einige der Grundregeln in diesem Wettbewerb zur Steigerung der Geschicklichkeit und Genauigkeit aufgelistet. Je genauer Sie sich an diese Regeln halten, desto besser ist das Ergebnis. Um das Spiel richtig spielen zu können, müssen Sie die Verantwortung für Ihre Ernährung selbst übernehmen und einen »hormonbewussten« Standpunkt einnehmen. Das sollte nicht allzu schwer sein, denn mit der Sears-Diät können Sie nicht verlieren.

Abb. 7.1: Diagnosefahrplan für die hormonelle Anpassung

Wie groß ist Ihr Hungergefühl 4 Stunden nach einer Mahlzeit?

Kein Hungergefühl	Großes Hungergefühl	
	Geistig träge	Geistig fit
Richtiges Verhältnis von Eiweiß zu Kohlenhydraten bei dieser Mahlzeit (Insulinpegel ist im optimalen Bereich)	Zu viele Kohlenhydrate im Verhältnis zum Eiweiß bei dieser Mahlzeit (Insulinpegel ist zu hoch)	Zu viel Eiweiß im Verhältnis zu Kohlenhydraten bei dieser Mahlzeit (Insulinpegel ist zu niedrig)
Die Mahlzeit war hormonell ausgewogen. Keine Anpassung erforderlich	Eiweißmenge beibehalten. Kohlenhydrate um einen Block verringern	Eiweißmenge beibehalten. Kohlenhydrate um einen Block erhöhen

Die Regeln Ihrer Großmutter (Stufe 1: Bronze)

1. Trinken Sie jeden Tag mindestens acht Gläser Wasser (ein Glas enthält 230 Gramm). (Ihr Körper besteht zu 70 Prozent aus Wasser und der Wasserhaushalt kann sehr schnell absinken.)
2. Essen Sie mehr Obst und Gemüse und dafür weniger Nudeln, Brot, Getreide und Stärke.
3. Essen Sie öfter kleine Mahlzeiten mit weniger Kalorien.
4. Essen Sie bei jeder Mahlzeit kleine Mengen von fettarmem Eiweiß.

Der Preis: Sie werden kein weiteres Fett ansetzen.

Die Achtsamkeitsregeln (Stufe 2: Silber)

1. Bestimmen Sie Ihren persönlichen täglichen Eiweißbedarf und nehmen Sie diese Menge zu sich.
2. Kontrollieren Sie das Verhältnis von Eiweiß zu Kohlenhydraten bei jeder Mahlzeit nach Augenmaß.
3. Geben Sie bei jeder Mahlzeit zusätzlich einfach ungesättigtes Fett hinzu.
4. Trinken Sie ein Glas Wasser vor dem Essen.

Der Preis: Sie fangen an, überschüssige Fettreserven abzubauen.

Die Hormonregeln (Stufe 3: Gold)

1. Nehmen Sie Kohlenhydrate hauptsächlich in Form von Obst und Gemüse zu sich. Getreide, Stärke, Nudeln und Brot werden wie eine Geschmackszugabe verwendet und sollten nicht mehr als 25 Prozent der gesamten Kohlenhydratmenge bei einer Mahlzeit ausmachen.
2. Lassen Sie zwischen zwei Mahlzeiten oder Zwischenmahlzeiten nie mehr als fünf Stunden vergehen.
3. Nehmen Sie Ihr Frühstück spätestens eine Stunde nach dem Aufwachen zu sich.
4. Essen Sie immer eine kleine Mahlzeit vor dem Zubettgehen.
5. Essen Sie immer 30 Minuten vor körperlichen Übungen eine kleine Mahlzeit.

Der Preis: Sie halten sich im optimalen Bereich der Sears-Diät auf und haben alles getan, um einen sehr guten Gesundheitszustand zu erreichen.

Wenn Sie wissen, wie Sie Ihren hormonellen Verbrenner in Schwung bringen, und sich entschieden haben, auf welcher Stufe Sie in das Spiel der Sears-Diät eintreten möchten, bestimmen Sie selbst Ihre Lebensqualität. Je mehr Lebensqualität Sie anstreben, desto mehr sollten Sie darauf achten, was Sie essen, denn man ist, was man isst. Für Ihre Großmutter war das nichts Neues, für viele moderne Menschen aber klingt das wie eine Offenbarung.

Wenn man alle Regeln in einer einfachen graphischen Darstellung zusammenfasst, erhält man die Sears-Diät-Pyramide (s. Abb. 7.2).

Abb. 7.2: Die Sears-Diät in der Lebensmittelpyramide

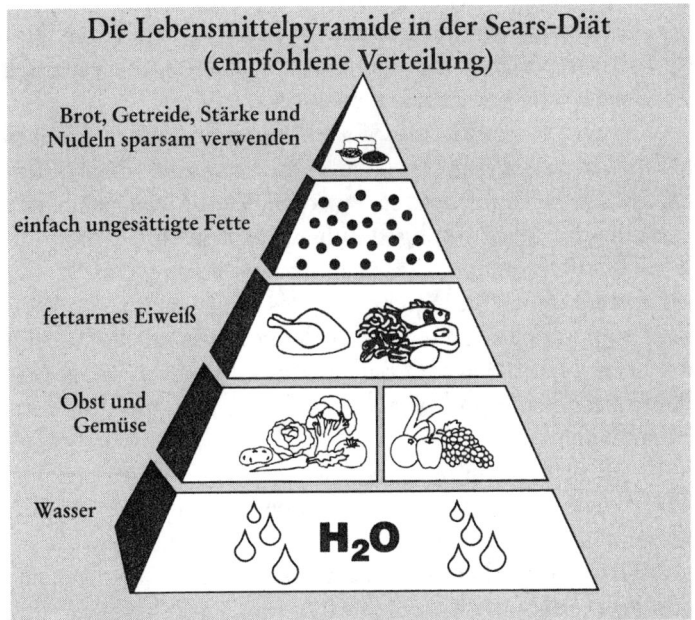

Wie Sie sehen, besteht die Grundlage der Pyramide aus Wasser. Da Ihr Körper zu 70 Prozent aus Wasser besteht, brauchen Sie jeden Tag eine große Menge Wasser, um eine angemessene Flüssigkeitsversorgung zu sichern. In der Sears-Diät ist Wasser besonders wichtig, denn hier wird gespeichertes Körperfett anstelle von zugeführten Kohlenhydraten zur Energieversorgung verbrannt. Wasser ist das billigste Nahrungsmittel, trotzdem wird meist viel zu wenig davon getrunken.

Die zweite Stufe der Pyramide enthält Obst und Gemüse (auch sie wurden schon von der Großmutter empfohlen), danach folgt fettarmes Eiweiß, also etwas Fleisch, aber vor allem andere, fettarme tierische Eiweißformen sowie Tofu und Fleischersatz. Die nächste Stufe enthält einfach ungesättigtes Fett. Dieses Fett ist in seiner hormonellen Wirkung neutral und hat keine Auswirkung auf das Insulin. An der Spitze schließlich finden wir die in Maßen zu verwendenden Lebensmittel wie Getreide, Stärke, Brot und Nudeln. Diese Dinge sind in der Sears-Diät nicht verboten, sollten aber lediglich wie ein Geschmackszusatz eingesetzt werden.

Wie steht es mit Vitaminen und Mineralien? Wie ich schon in *Das Optimum* erläutert habe, sollte Vitamin E in der Sears-Diät zusätzlich eingenommen werden. Viele Menschen halten es dennoch für notwendig, darüber hinaus noch weitere Vitamin- und Mineralienpräparate einzunehmen. Wenn Sie das möchten, können Sie täglich ein gutes Multivitamin- und Mineralpräparat zu sich nehmen. Bedenken Sie aber, dass Sie mit der Sears-Diät bereits auf dem Weg zum optimalen Gesundheitszustand sind und keine Wunderpillen aus dem Reformhaus brauchen.

Vergleichen wir nun die Sears-Diät-Pyramide mit der üblichen, in Amerika bekannten und empfohlenen Lebensmittelpyramide (Abb. 7.3).

Man kann deutlich sehen, dass es hier große Unterschiede gibt, besonders in Bezug auf Getreide, Stärke, Nudeln und

Brot. In fast jeder wichtigen Studie wurde ein enger Zusammenhang zwischen der Ernährung mit Obst und Gemüse und dem Rückgang von Herzkrankheiten und Krebs festgestellt. Dieser Zusammenhang wurde jedoch nicht bei Teigwaren, Brot oder Stärke entdeckt. Wenn Sie immer noch glauben, große Mengen von Getreide, Brot, Stärke und Nudeln wären gut für Sie, dann schlagen Sie doch einmal im Kapitel 3 nach, welcher Zusammenhang zwischen großen Mengen von Kohlenhydraten und Krebskrankheiten besteht.

Ab. 7.3: Lebensmittelpyramide in der Sears-Diät im Vergleich zur offiziellen Lebensmittelpyramide in den USA

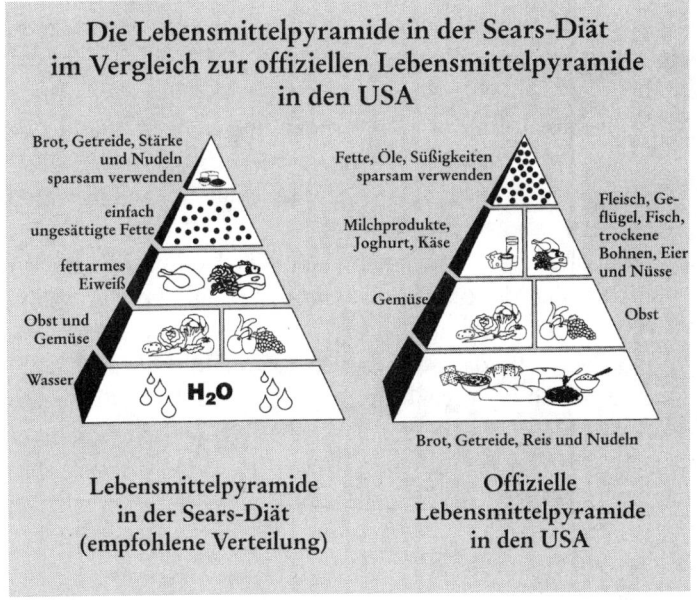

Wenn es Ihnen immer noch schwer fällt, sich an die Spielregeln der Sears-Diät zu erinnern, nehmen Sie Ihre Hände und Augen zu Hilfe.

Betrachten Sie zuerst Ihre Handfläche und befolgen Sie diese einfachen Regeln:

1. Essen Sie niemals mehr fettarmes Eiweiß, als in Ihre Handfläche passt.
2. Die Menge des fettarmen Eiweißes bestimmt auch die Menge der Kohlenhydrate, die Sie bei einer Mahlzeit zu sich nehmen. Wenn Sie ungünstige Kohlenhydrate wie Getreide, Stärke, Brot und Nudeln essen, dann sollte die gleiche Portion fettarmes Eiweiß auf dem Teller sein. Bei günstigen Kohlenhydraten wie Obst und Gemüse darf es doppelt so viel fettarmes Eiweiß sein.

Nehmen Sie nun Ihre Finger zu Hilfe und befolgen Sie diese einfachen Regeln:

1. Essen Sie fünfmal am Tag, drei Hauptmahlzeiten und zwei kleine Zwischenmahlzeiten.
2. Zwischen zwei Haupt- oder Zwischenmahlzeiten sollten nie mehr als fünf Stunden liegen.
3. Versuchen Sie, pro Hauptmahlzeit nie mehr als fünf Blöcke der Hauptnahrungsmittel (Eiweiß, Kohlenhydrate oder Fett) zu essen.
4. Beachten Sie, dass die Zahl der Kohlenhydratblöcke an einer Hand im Verhältnis zu den Eiweißblöcke an der anderen Hand bei jeder Mahlzeit und Zwischenmahlzeit gleich groß sein soll.

Weitere hilfreiche Tipps

Das Sears-Diät-Spiel ist einfach, es macht Spaß und der Sieger erhält seinen Preis sofort. Es ist ein bißchen wie in Las Vegas an den Spielautomaten. Doch anders als in Las Vegas, wo Sie vielleicht Spaß beim Spielen haben, aber meistens verlieren, können Sie bei unserem Spiel immer nur gewinnen und haben auch großen Spaß dabei. Hier noch einige Spielregeln:

1. Bestimmen Sie Ihren persönlichen Eiweißbedarf. Die Grundlage für die Zubereitung jeder Mahlzeit und Zwischenmahlzeit beginnt mit der Eiweißmenge. Sie sollten sich jeden Tag bemühen, Ihre täglich benötigte Eiweißmenge auch tatsächlich zu essen.
2. Versuchen Sie, fettarmes Eiweiß schon im Kühlschrank bereit zu haben. Das könnte Thunfischsalat, Putenbrust in Scheiben, hart gekochtes Eiweiß oder fettarmer Hüttenkäse sein. Kohlenhydrate für eine Mahlzeit finden sich leicht, aber mit ein wenig Vorbereitung haben Sie auch gleich das richtige Eiweiß zur Verfügung.
3. Unabhängig von Ihrem Eiweißbedarf sollten Sie als Erwachsener nie mehr als acht Eiweißblöcke pro Tag essen.
4. Stellen Sie fest, wie hoch Ihr persönlicher Eiweißbedarf in Eiweißblöcken ist. Ihr Eiweißbedarf sollte auf die Zeit abgestimmt sein, in der Sie aufstehen. Denken Sie bitte daran, innerhalb einer Stunde nach dem Aufwachen zu essen, damit kommt die innere Uhr in der Sears-Diät in Gang. Nun bestimmen Sie den Zeitpunkt für die nachfolgenden Mahlzeiten dieses Tages, wenn Ihr Körper wieder eine Energiezufuhr braucht. Zwischen den einzelnen Mahlzeiten sollten nicht mehr als fünf Stunden liegen, egal, ob Sie hungrig sind oder nicht. Tatsächlich ist es am besten, dann zu essen, wenn Sie nicht hungrig sind.
5. Verwenden Sie die Lebensmittelblöcke im Anhang A, um die Planung einer Mahlzeit so einfach wie möglich zu machen. Sie können Ihre Kreativität ins Spiel bringen, denn Sie haben unbegrenzte Variations- und Kombinationsmöglichkeiten, was die Gerichte angeht. Wählen Sie dieje-

nigen, die Ihnen am besten schmecken. Sie müssen nur darauf achten, dass die Anzahl der Eiweißblöcke bei einer Mahlzeit oder Zwischenmahlzeit mit der Anzahl der Kohlenhydrat- und Fettblöcke übereinstimmt.

6. Ob Sie letztendlich im optimalen Bereich sind, ist keine Frage von Prozenten, Mengen oder dem Blutzuckerindex, sondern es zeigt sich unmissverständlich in Ihrer persönlichen Reaktion auf eine Mahlzeit. Sie sollten sehr genau darauf achten, wie Sie sich nach einer Mahlzeit fühlen. Folgende Anzeichen bestimmen in den auf eine Mahlzeit folgenden vier bis sechs Stunden, ob Sie sich im optimalen Bereich aufhalten:
  • kein Hungergefühl,
  • kein Verlangen nach Kohlenhydraten,
  • geistige Klarheit und Konzentrationsvermögen,
  • gute körperliche Leistungsfähigkeit.

  All diese Anzeichen zeigen ganz deutlich, dass Sie sich im optimalen Bereich befinden. Im Allgemeinen hält dieser Zustand vier bis sechs Stunden an und wird durch den richtigen Ausgleich von Kohlenhydrat- und Fettblöcken erreicht. Ein Imbiss von einem Block hält etwa zwei bis drei Stunden bis zur nächsten Mahlzeit. Wenn Sie gleich nach einer Mahlzeit wieder Hunger haben, heißt das, dass Sie das Eiweiß-Kohlenhydrat-Verhältnis beim nächsten Mal besser abstimmen müssen.

7. Wenn Sie sich nach den ersten zwei oder drei Tagen mit der Sears-Diät in den auf eine Mahlzeit folgenden vier bis sechs Stunden nicht so fühlen, wie oben beschrieben, heißt das, dass Sie nicht im optimalen Bereich sind. Weder Sie noch die Sears-Diät haben deshalb versagt, sondern Ihr hormoneller Verbrenner braucht lediglich noch eine Feinabstimmung. Meistens liegt die Ursache nicht im Verhältnis von Eiweiß zu Kohlenhydraten, sondern im fehlenden zusätzlichen Fett.

Denken Sie daran, dass das aufgenommene Fett den Eintritt der Kohlenhydrate in die Blutbahn verzögert. Ihr Erfolg bei der Sears-Diät hängt davon ab, wie gut Sie den Eintritt sowohl der günstigen wie auch der ungünstigen Kohlenhydrate in die Blutbahn in einem Intervall von vier bis sechs Stunden regeln können. Betrachten Sie die einfach ungesättigten Fette in Ihrer Diät als Verbündete, nicht als Feinde. Wenn der gewünschte Effekt in den erwähnten vier bis sechs Stunden nicht eintritt, sollten Sie bei jeder Mahlzeit etwas mehr einfach ungesättigtes Fett zugeben. Ein Fettblock hat keine Auswirkung auf den Insulinspiegel. Denken Sie daran, nicht das Fett in der Nahrung ist für das Übergewicht verantwortlich, sondern das Insulin. Diese kleine Extraportion Fett hat deshalb keinen Einfluss darauf, wie viel Sie abnehmen.

8. Vergessen Sie nicht, wie wichtig ein Imbiss am Spätnachmittag und vor allem am späten Abend ist. Oft wird der Nachmittagsimbiss weggelassen, dadurch wird jedoch die Zeit bis zum Abendessen zu lang. Wenn Sie zum Beispiel um 16.30 Uhr einen kleinen Imbiss zu sich genommen haben und das Abendessen erst um 20.30 Uhr stattfindet, verlassen Sie den optimalen Bereich vor dem Abendessen (eine Zwischenmahlzeit von einem Block hält etwa zwei bis drei Stunden an). Es wäre also hier besser, um 18.30 Uhr einen Imbiss von einer Blockgröße einzunehmen, um bis zum Abendessen im optimalen Bereich zu bleiben, auch wenn sich dadurch die Zahl der Eiweißblöcke, die Sie tagsüber zu sich nehmen, erhöht. Wenn Sie den Imbiss weglassen und auf das Abendessen um 20.30 Uhr hoffen, haben Sie den optimalen Bereich vermutlich ganz verlassen. Dann besteht die Gefahr, dass Sie viel mehr Kohlenhydrate konsumieren, als Sie brauchen, und sich damit noch weiter vom Ziel entfernen.

9. Das Ziel ist, jeden Tag so lange wie möglich im optimalen

Bereich zu bleiben. Natürlich ist niemand vollkommen. Wenn ein Fehler passiert, kann er innerhalb von vier bis sechs Stunden durch den Wiedereintritt in den optimalen Bereich korrigiert werden. Deshalb sollten Sie kein schlechtes Gewissen haben, denn Sie wissen ja, dass Sie schon mit der nächsten Mahlzeit wieder auf den richtigen Weg kommen. Der Imbiss am späten Abend ist sehr wichtig, denn unabhängig davon, was tagsüber geschehen ist, bringt Sie diese kleine Mahlzeit nicht nur im Schlaf in den optimalen Bereich zurück, sondern reguliert Ihre Biochemie buchstäblich über Nacht.

10. Bitte versuchen Sie in den ersten zwei Wochen, in denen Sie nach der Sears-Diät essen, nur günstige Kohlenhydrate wie Obst und Gemüse zu sich zu nehmen. Nach diesen zwei Wochen können Sie auch wieder zu ungünstigen Kohlenhydraten wie Stärke, Brot und Nudeln zurückkehren, wenn Sie das möchten. Sie sollten jedoch nur in kleinen Mengen verzehrt werden, weil sie so hochkonzentriert sind. Wenn Sie langsam zu Getreide und Nudeln zurückkehren und einen Leistungsabfall in Verbindung mit mangelndem Appetit und geistiger Wachsamkeit feststellen, zeigt das ziemlich deutlich, dass Sie auf Kohlenhydrate empfindlich reagieren. Daher sollten Ihre wichtigsten Kohlenhydratlieferanten nicht aus Getreide und Stärke bestehen und idealerweise nicht mehr als 25 Prozent der gesamten Kohlenhydratmenge bei einer Mahlzeit ausmachen. Das Gleichgewicht zwischen günstigen und ungünstigen Kohlenhydraten bestimmt die Menge der Kohlenhydrate, die bei einer Mahlzeit zusammen mit der gleichen Menge Eiweiß verzehrt werden können.

11. Unabhängig davon, welcher Art die Kalorien sind, ist Ihr wichtigstes Anliegen, für vier bis sechs Stunden in dem gewünschten Zustand zu bleiben. Lernen Sie, Ihren Nahrungsmitteln »auf die Spur« zu kommen. Wenn Sie zum

Beispiel vor dem Essen nicht hungrig sind und zwei Stunden danach ein großes Bedürfnis nach Süßigkeiten und Zucker verspüren, dann haben Sie vermutlich bei Ihrer letzten Mahlzeit zu viele Kohlenhydrate der falschen Art verspeist.

12. Entwickeln Sie ein hormonelles Siegerkochbuch. Jedes Mal, wenn Sie nach einer Mahlzeit für vier bis sechs Stunden keinen Hunger verspüren und sich geistig beweglich fühlen, halten Sie fest, was Sie gegessen haben. So können Sie diese Mahlzeit in der gleichen Menge immer wieder zubereiten und auch in Zukunft den gleichen positiven hormonellen Effekt erzielen. Betrachten Sie die Mahlzeit wie eine Arznei. Bedenken Sie, dass die meisten Menschen im Allgemeinen nur etwa 20 verschiedene Nahrungsmittel und etwa zehn verschiedene Gerichte essen. Aus diesen 20 Nahrungsmitteln können Sie eine unbegrenzte Anzahl von hormonell ausgewogenen Mahlzeiten im optimalen Bereich zusammenstellen. Machen Sie Ihre zehn Lieblingsgerichte zu hormonellen Siegergerichten. Alte Hausrezepte wie der Eintopf von Tante Milli können so oft abgewandelt werden, bis sie den Erfordernissen der Sears-Diät entsprechen. So wird der Eintopf von Tante Milli zu einem hormonell ausgewogenen Superrezept. Hierzu sind die Hinweise unter Nummer 6 hilfreich.

13. Essen Sie bei einer Mahlzeit immer zuerst Ihre Eiweißportion. Eiweiß regt Glukagon an, das Hormon, das den Abbau von gespeicherten Kohlenhydraten in der Leber verursacht, um das Gehirn ausreichend zu versorgen. So wird es leichter, die Kohlenhydratzufuhr zu reduzieren. Außerdem unterdrückt Glukagon auch die Insulinsekretion, das macht Eiweiß zu einem wichtigen Werkzeug bei der Kontrolle des Insulinspiegels.

14. Trinken Sie etwa 30 Minuten vor einer Mahlzeit ein Glas Wasser (0,2 Liter). So verringert sich nicht nur der Hun-

ger, sondern es ist auch eine gute Möglichkeit, die in der Sears-Diät nötige Menge Wasser zu sich zu nehmen. Bei einer Diät, in der Fett verbrannt wird, brauchen Sie ungefähr 50 Prozent mehr Wasser als in einer kohlenhydratreichen Diät. Überschüssiges Insulin hält nicht nur gespeichertes Fett im Körper, sondern auch Wasser. Wenn Sie also den Insulinspiegel senken, müssen Sie das Wasser, das vom Körper nicht mehr zurückgehalten wird, ersetzen. Deshalb sollten Sie täglich mindestens 8 Gläser Wasser oder ein anderes geeignetes Getränk zu sich nehmen. Wasser ist das billigste Nahrungsmittel auf der Welt, doch kaum jemand trinkt genug davon.

15. Kauen Sie Ihre Nahrung langsam, bevor Sie sie runterschlucken. Hört sich das schon wieder nach Ihrer Großmutter an? Sie hatte Recht. Ein komplizierter Teil des gesamten Verdauungsvorgangs beginnt im Mund, wo im Speichel Enzyme frei werden. Nicht die Menge des Gerichts zählt, sondern die Menge, die vom Körper aufgenommen wird. Mit zunehmendem Alter lässt die Verdauungskapazität nach, deshalb sollten Sie nutzen, was vorhanden ist. Durch langsames Kauen haben die Hauptnahrungsmittel genug Zeit, im Blutkreislauf das hormonelle Sättigungssignal auszulösen.

16. Setzen Sie sich zum Essen hin, genau wie es Ihnen Ihre Großmutter immer gesagt hat, denn im Sitzen isst man langsamer. Vielleicht unterhalten Sie sich dabei auch ein wenig mit Ihrem Tischnachbarn und geben damit der Nahrung mehr Zeit, in den Blutkreislauf zu gelangen und dort das hormonelle Sättigungssignal an das Gehirn weiterzugeben.

17. Noch ein Rat für Notfälle: Wenn alles schief geht, dann lesen Sie ganz einfach *Das Optimum* noch einmal eingehend. Dieses Buch ist wie ein Diätfahrplan zu verstehen und man sollte sich Zeit dafür nehmen, denn die Prinzi-

pien der Sears-Diät sind komplex. *Das Optimum* sollte wie ein Lehrbuch verwendet werden: machen Sie Ihre Anmerkungen am Rand und markieren Sie wichtige Stellen mit einem Textmarker. Je öfter Sie dieses Buch lesen, desto einfacher wird es für Sie, das Programm für immer in Ihr Leben zu integrieren.

8
Eine Woche mit der Sears-Diät

Jetzt wissen Sie, wie ein Tag im optimalen Bereich aussieht und wie Sie Ihren hormonellen Verbrenner einstellen können. Was spricht dagegen, einmal eine ganze Woche so zu verbringen? Ich sagte bereits, dass die Sears-Diät für durchschnittliche Menschen ebenso geeignet ist wie für Elite- und Olympiasportler. Der Unterschied besteht lediglich darin, dass Spitzensportler mehr Eiweiß und damit auch mehr Kohlenhydrate und deutlich mehr Fett brauchen als der Rest der Bevölkerung. Der Weg in den optimalen Bereich ist jedoch für beide Gruppen fast identisch.

Um aufzuzeigen, wie ähnlich die Sears-Diät für beide Gruppen aussieht, wollen wir eine Woche lang die Rezepte für folgende fiktive Personen vergleichen: 1) eine durchschnittliche Frau mit einem Bedarf von drei Blöcken pro Mahlzeit, 2) einen durchschnittlichen Mann mit einem Bedarf von vier Blöcken pro Mahlzeit, 3) eine typische Olympiasportlerin mit einem Bedarf von fünf Blöcken pro Mahlzeit und 4) einen typischen Olympiasportler mit einem Bedarf von sechs Blöcken pro Mahlzeit. Zusätzlich nehmen alle noch zwei Blöcke in Form von Zwischenmahlzeiten am Spätnachmittag und am späten Abend zu sich.

Sicher wird Ihnen zunächst auffallen, dass diese Gerichte aus ganz alltäglichen Nahrungsmitteln bestehen. Zum zweiten werden Sie feststellen, dass es nicht einfach sein wird, all diese Dinge auch tatsächlich zu essen. Als Drittes wird es Sie vielleicht überraschen, dass alle Gerichte nur wenig Kalorien enthalten. Das liegt an der niedrigen Konzentration der Kohlenhydrate; eine typische Mahlzeit mit vier Blöcken enthält zum Beispiel nur 400 Kalorien.

Alle Menüs sind in Eiweiß-, Kohlenhydrat- und Fettblöcke aufgeteilt, deshalb können sie anhand der Blockübersicht im Anhang B auch durch andere Lebensmittel ersetzt werden. Wenn Sie einen persönlichen Blockbedarf haben, können Sie die Portionsmenge entsprechend angleichen. Wenn Sie zum Beispiel fünf Blöcke pro Mahlzeit brauchen, aber das Gericht mit vier Blöcken essen möchten, erhöhen Sie ganz einfach die Menge der einzelnen Zutaten um etwa ein Drittel. Auf der anderen Seite können Sie die jeweilige Menge auch um ein Drittel verringern, wenn Ihr Bedarf nur bei zwei Blöcken liegt, Ihnen aber das Rezept mit drei Blöcken zusagt.

1. Tag für eine durchschnittliche Frau (drei Blöcke pro Mahlzeit)

Frühstück – Rührei

Eiweiß:	*4 Eiweiß oder ½ Tasse Eiersatz (1 Tasse ≙ 0,22 l)*
	30 g fettfreier Käse, gerieben
Kohlenhydrate:	*1 Tasse Trauben*
	½ Scheibe Roggentoast
Fett:	*⅔ TL Olivenöl*
	½ TL Erdnussbutter

Zubereitung:
Eine beschichtete Pfanne dünn mit Olivenöl bestreichen. Eier, Käse und Olivenöl mit etwas Milch (auf Wunsch) verrühren. Rührei braten, Toast mit Erdnussbutter bestreichen.

Anmerkung: Die in den Rezepten verwendete Erdnussbutter sollte immer natürlich und ohne weitere Zusätze sein.

Mittagessen – Sandwich mit Meeresfrüchtesalat

Eiweiß:	130 g Meeresfrüchte (Garnelen, Krabbenfleisch oder Hummer)
Kohlenhydrate:	1 kleiner Salat
	1 Apfel
	½ kleines Pittabrot
Fett:	1 EL leichte Mayonnaise

Zubereitung:
Meeresfrüchte mit der Mayonnaise mischen und das Pittabrot damit füllen.

Anmerkung: Es ist empfehlenswert, das kleine Pittabrot durch einen größeren Salat aus Tomaten, grünem Paprika und Zwiebeln (siehe Anhang B, Blockeinheiten) oder durch eine weitere Frucht zu ersetzen. Dieser Ersatz kann immer verwendet werden, wenn eine Mahlzeit Roggenbrot oder ein kleines Pittabrot enthält. Sie können auch die Mayonnaise durch 1 Esslöffel Olivenöl und Essigdressing ersetzen.

Nachmittagsimbiss

> 30 g fettarmer Käse
> ½ Orange

Abendessen – Chili

Eiweiß:	130 g mageres Hackfleisch (Rindfleisch oder Pute)
	etwas fettfreien, geriebenen Käse
Kohlenhydrate:	Zwiebeln, gehackt, Champignons, klein geschnitten, grüne Paprikaschoten, klein geschnitten nach Belieben

	Chilipulver, Oregano und Pfeffer nach Belieben
	¼ Tasse Kidneybohnen
	1 Tasse Tomaten, zerdrückt
	1 Pfirsich
Fett:	*1 EL Olivenöl*

Zubereitung:
Fleisch unter häufigem Umrühren in Olivenöl mit den Zwiebeln, Pilzen, Paprikaschoten und Gewürzen braten. Bohnen und Tomaten dazugeben und alles 30 Minuten köcheln lassen, bis die Bohnen weich sind. Gelegentlich umrühren. Geriebenen Käse darüber streuen. Zum Nachtisch den Pfirsich.

Schlummerimbiss

30 g Putenbrust in Scheiben
1 Tasse Erdbeeren
6 Erdnüsse

2. Tag für eine durchschnittliche Frau

Frühstück –
Haferbrei und Frühstücksspeck nach Hausmacherart

Eiweiß:	*2 EL Eiweißpulver (ergibt 14 Gramm Eiweiß)*
	30 g Frühstücksspeck
Kohlenhydrate:	*1 Tasse trockenes Hafermehl plus 2 Tassen Wasser, Muskatnuss und Zimt nach Belieben*
Fett:	*1 EL Mandelsplitter*

Zubereitung:
Haferbrei mit Wasser kochen. Nach dem Abkühlen das Eiweißpulver und die Gewürze darunter rühren, Mandelsplitter darüber streuen. Frühstücksspeck gesondert braten.

Mittagessen – Cheeseburger

Eiweiß: 130 g mageres Hackfleisch für Hamburger (weniger als 10 Prozent Fett)
                     1 Scheibe fettfreier Käse
Kohlenhydrate: Tomatenscheibe, Kopfsalatblatt, Zwiebelring
                     1 Scheibe Roggenbrot
                     ½ Apfel
Fett: 6 Erdnüsse

Zubereitung:
Hamburger so braten, wie Sie es möchten (etwa 5 Minuten auf jeder Seite ergibt halb durchgebraten). Käse darüber geben und den Hamburger weiterbraten, bis der Käse geschmolzen ist. Dazu kommen die Tomate, das Salatblatt und der Zwiebelring. Apfel und Erdnüsse als Nachtisch.

Nachmittagsimbiss

80 g fester Tofu, gemischt mit ⅓ TL Olivenöl, darüber Suppengewürz
1½ Tassen Broccoli und grüner Paprika, klein geschnitten

Abendessen – Barbecue-Hühnchen

Eiweiß: 80 g Hühnchenbrust, enthäutet
Kohlenhydrate: Zitronenscheiben
                     Zwiebelringe

	½ TL Barbecuesoße
	1½ Tassen Blumenkohl, gekocht
	1 Spinatsalat
	(siehe Anhang A, Blockeinheiten)
	1 Tasse Erdbeeren zum Nachtisch
Fette:	1 TL Olivenöl und Essigdressing

Zubereitung:
Ofen auf 220 Grad vorheizen. Hühnchenbrust mit den Zitronenscheiben und Zwiebeln bedecken. 15 Minuten backen. Hitze auf 180 Grad reduzieren. Barbecuesoße darüber gießen und ca. 10–15 Minuten gar braten.

Schlummerimbiss

30 g fettarmer Käse
1 Pfirsich
3 Oliven

3. Tag für eine durchschnittliche Frau

Frühstück – Obstsalat

Eiweiß:	¾ Tasse fettarmer Hüttenkäse
Kohlenhydrate:	1 Tasse Erdbeeren
	¾ Tasse Netzmelone, in Würfel geschnitten
	½ Tasse Trauben
Fett:	3 Macadamianüsse, gerieben

Zubereitung:
Vermischen und genießen

Mittagessen – Chefsalat

Eiweiß:	40 g gekochter Schinken
	40 g Putenbrust
	30 g fettarmer Käse
Kohlenhydrate:	1 großer gemischter Salat
	(siehe Anhang A, Blockeinheiten)
	1 Nektarine zum Nachtisch
Fett:	1 EL Olivenöl und Essigdressing

Nachmittagsimbiss

¼ Tasse fettarmer Hüttenkäse, vermischt mit ½ Tasse Ananas, geschnitten

Abendessen – Fisch in der Folie

Eiweiß:	130 g Fischfilet Ihrer Wahl
	(zum Beispiel Flunder)
Kohlenhydrate:	frisch gemahlener Pfeffer
	1 Spritzer Zitrone
	gehackte Zwiebeln nach Belieben
	1 Tasse Spargel, gekocht
	1 gemischter Salat
	(siehe Anhang A, Blockeinheiten)
	1 Pflaume zum Nachtisch
Fett:	1 EL Olivenöl und Essigdressing
	etwas Parmesankäse zum Bestreuen

Zubereitung:
Ein großes Stück Alufolie in der Mitte dünn mit Olivenöl bestreichen. Fisch zusammen mit den Zwiebeln auf die Folie legen, Pfeffer, Zitrone und Käse darüber geben. Fisch locker in die Alufolie einwickeln, dabei die Seiten einrollen, so dass der Saft nicht auslaufen kann. Backzeit 18 Minuten bei 220 Grad. Achtung vor heißem Dampf beim Öffnen der Folie.

Schlummerimbiss

> 30 g Putenbrust in Scheiben
> ½ Tasse Trauben
> 1 Macadamianuss

4. Tag für eine durchschnittliche Frau

Frühstück – Joghurt mit Obst

Eiweiß:	1 Tasse einfacher Magerjoghurt
	30 g magerer Frühstücksspeck
Kohlenhydrate:	1 Tasse Erdbeeren
Fett:	1 EL Mandelsplitter

Zubereitung:
Joghurt mit den Obst mischen und Mandelsplitter darüber streuen. Frühstücksspeck gesondert braten.

Mittagessen – Hühnchensalat

Eiweiß:	80 g Grillhühnchen
Kohlenhydrate:	2 Tassen Romanasalat
	¼ Tasse Champignons, geschnitten
	¼ Tasse Tomaten, geschnitten
	¼ Tasse Zwiebeln, gehackt
	Zitronensaft nach Belieben
	Knoblauchpulver
	Worcestersoße
	Pfeffer nach Belieben
	Parmesankäse zum Bestreuen
	1 Orange
Fett:	1 EL Olivenöl und Essigdressing

Zubereitung:
Salat bereiten und das Dressing und den Zitronensaft darüber tröpfeln. Mit Knoblauchpulver und Worcestersoße würzen, dazu kommt frisch gemahlener Pfeffer. Alles gut vermischen. Darauf kommen das Hühnchen und der Käse. Die Orange zum Nachtisch.

Nachmittagsimbiss

> *30 g Käse*
> *½ Apfel*

Abendessen – Schweinemedaillons und Äpfel

Eiweiß:	*80 g Schweinemedaillons oder dünn geschnittene Schweinekoteletts*
Kohlenhydrate:	*½ Apfel, geschnitten*
	Rosmarin nach Belieben
	scharfer Senf nach Belieben
	½ EL Weißwein
	¼ Tasse Wasser
	1½ Tassen Broccoli, gekocht
	1 Spinatsalat
	(siehe Anhang A, Blockeinheiten)
Fett:	*1 EL Olivenöl und Essigdressing*

Zubereitung:
Das Fleisch in einer Schicht in eine Form legen. Mit Apfel, Rosmarin und Senf bedecken. Wein und Wasser um das Fleisch herum gießen. Bei 220 Grad 15 Minuten lang backen. Das Fleisch mit Bratensaft übergießen. Ofenhitze auf 180 Grad reduzieren und weitere 10–15 Minuten braten, bis das Fleisch innen nicht mehr rosa, sondern weiß ist.

Schlummerimbiss

>*30 g Weichkäse*
>*110 g Rotwein*

5. Tag für eine durchschnittliche Frau

Frühstück – Französischer Toast

Eiweiß:	4 Eiweiß oder ½ Tasse Eiersatz
	30 g besonders magerer Frühstücksspeck
Kohlenhydrate:	1 Scheibe Vollkornbrot
	1 Tasse Erdbeeren, geschnitten
Fett:	1 EL Mandelsplitter

Zubereitung:
Frühstücksspeck gesondert braten. Brot in Stücke schneiden und in das Eiweiß tunken. (Was übrig bleibt, als Rührei braten). Eine beschichtete Pfanne dünn mit Olivenöl bestreichen. Brotstücke bei mittlerer Hitze unter häufigem Wenden braten, bis Sie knusprig sind. Darüber kommen geschnittene Erdbeeren und Mandelsplitter.

Mittagessen – Hühnchensalat-Sandwich

Eiweiß:	80 g gekochte Hühnchenbrust, klein geschnitten
Kohlenhydrate:	Sellerie, klein geschnitten
	½ Tasse Trauben
	Kopfsalat
	1 Tomatenscheibe
	1 Scheibe Roggenbrot oder 1 kleines Pittabrot
Fett:	1 EL fettarme Mayonnaise

Zubereitung:
Klein geschnittene Hühnchenbrust mit der Mayonnaise, dem Sellerie und den Trauben mischen. In ein aufgeschnittenes Pittabrot füllen, dazu kommt der Salat und die Tomatenscheibe.

Nachmittagsimbiss

> ½ EL Guacomole, eingerollt in
> 30 g Putenfleisch in Scheiben
> ½ Tasse Trauben

Abendessen – Hackbraten

Eiweiß:	130 g mageres Hackfleisch (weniger als 10 Prozent Fett) oder gehacktes Putenfleisch
	2 EL Eiweiß
Kohlenhydrate:	1 EL Ketchup
	¼ Tasse Zwiebeln, gehackt
	1 TL Semmelbrösel
	Pfeffer nach Belieben
	Worcestersoße
	1½ Tassen Zucchini, gekocht
	½ Apfel
	1 gemischter Salat (siehe Anhang A, Blockeinheiten)
Fett:	1 EL Olivenöl und Essigdressing

Zubereitung:
Hackfleisch mit Eiersatz, Ketchup, Zwiebeln, Semmelbrösel, Pfeffer und Worcestersoße vermischen. Einen flachen Laib formen und in eine Backform geben. Backpapier darüber legen und im Mikrowellenherd auf Mittelstufe etwa 10–15 Mi-

nuten kochen, bis es gar ist. Die Zucchini sind Beilage, als Nachtisch der Apfel.

Schlummerimbiss

> *30 g Putenbrust in Scheiben*
> *1 Tasse Erdbeeren*
> *3 Mandeln*

6. Tag für eine durchschnittliche Frau

Frühstück – Hackpfännchen

Eiweiß:	*80 g gekochter magerer Schinken, Hühnchen- oder Rindfleisch*
Kohlenhydrate:	*⅓ Tasse Kartoffeln, gekocht, in Scheiben geschnitten*
	1 Tasse Tomaten, gehackt
	grüne Paprikaschoten, gehackt, Zwiebeln und Champignons nach Belieben
	Worcestersoße
	Salz und Pfeffer nach Belieben
	¼ Netzmelone
Fett:	*1 TL Olivenöl*

Zubereitung:
Paprikaschoten, Zwiebeln und Champignons mit dem Olivenöl in einer beschichteten Pfanne braten, bis sie gar sind. Fleisch, Kartoffeln, Tomaten und Worcestersoße dazugeben. Unter mehrmaligem Umrühren erhitzen. Die Netzmelone ist Beilage.

Mittagessen – Sandwich

Eiweiß:	60 g Frühstücksspeck, extra mager
	30 g fettfreier Käse
Kohlenhydrate:	1 Scheibe Roggenbrot
	Kopfsalat und Tomate, geschnitten
	½ Orange
Fett:	1 TL fettarme Mayonnaise
	6 Oliven

Zubereitung:
Roggenbrot mit Mayonnaise bestreichen und mit den übrigen Zutaten belegen. Oliven dazu essen. Orange als Nachtisch.

Nachmittagsimbiss

60 g fettarmer Hüttenkäse
½ Tasse Ananas in Scheiben
1 TL Mandelsplitter

Abendessen – Pute

Eiweiß:	130 g Putenbrust-Aufschnitt
Kohlenhydrate:	1½ Tassen Broccoli, gekocht
	½ Tasse Zwiebeln, gekocht und abgetropft
	½ Tasse Preiselbeeren
Fett:	1 EL Mandelsplitter (zum Broccoli)

Zubereitung:
Putenbrust in Streifen schneiden und mit den übrigen Zutaten vermischen.

Schlummerimbiss

> 30 g Putenbrust in Scheiben
> 1 Tasse Erdbeeren
> 3 Oliven

7. Tag für eine durchschnittliche Frau

Frühstück – Rührei Benedikt

Eiweiß:	30 g magerer Frühstücksspeck
	4 große Eiweiß oder ½ Tasse Eiersatz
Kohlenhydrate:	½ Muffin
	½ Grapefruit
Fett:	1 TL Olivenöl

Zubereitung:
Eiweiß mit Olivenöl und etwas Milch nach Wunsch verrühren. Eine beschichtete Pfanne dünn mit Olivenöl bestreichen und die Rühreier braten. Muffin toasten und den Frühstücksspeck braten. Auf das Muffin legen, darauf kommt das Rührei.

Mittagessen – Putentasche

Eiweiß:	130 g Putenbrust-Aufschnitt
Kohlenhydrate:	1 kleines Pittabrot
	½ grüne Paprikaschote, gehackt
	1 Pflaume
Fett:	1½ EL Guacomole

Nachmittagsimbiss

> 2 hart gekochte Eiweiß
> ½ Apfel
> 3 Mandeln

Abendessen – Gebratener Lachs

Eiweiß:	130 g Lachsfilet
Kohlenhydrate:	Rosmarin nach Belieben
	Estragon nach Belieben
	Dill nach Belieben
	Zitrone (auf Wunsch)
	1 Tasse gekochte Zucchini
	2 gebratene Tomaten in Scheiben, darüber etwas geriebenen Parmesan
	½ Apfel zum Nachtisch
Fett:	1 TL Olivenöl

Zubereitung:
Lachs mit Kräutern und Olivenöl bestreichen. Etwa 10 Minuten je nach Dicke braten, dabei einmal wenden. Auf Wunsch mit der Zitrone garnieren. Den Apfel als Nachtisch.

Schlummerimbiss

> 30 g Putenbrust in Scheiben
> 1 Tasse Erdbeeren
> ½ EL Guacomole

1. Tag für einen durchschnittlichen Mann (vier Blöcke pro Mahlzeit)

Frühstück – Rührei

Eiweiß:	*6 Eiweiß oder ¾ Tasse Eiersatz*
	30 g fettfreier Käse, gerieben
Kohlenhydrate:	*1 Tasse Trauben*
	1 Scheibe Roggentoast
Fett:	*1 TL Olivenöl*
	½ TL Erdnussbutter

Zubereitung:
Eine beschichtete Pfanne dünn mit Olivenöl bestreichen. Eier, Käse und Olivenöl mit etwas Milch (auf Wunsch) verrühren. Rührei braten. Toast mit Erdnussbutter bestreichen.

Mittagessen – Sandwich mit Meeresfrüchtesalat

Eiweiß:	*170 g Meeresfrüchte (Garnelen, Krabbenfleisch, Hummer)*
Kohlenhydrate:	*1 kleiner Salat als Beilage*
	1 Apfel
	1 Scheibe Vollkornbrot oder 1 kleines Pittabrot
Fett:	*1 EL fettarme Mayonnaise*
	3 Oliven, gehackt

Zubereitung:
Mayonnaise mit den Meeresfrüchten mischen und damit das Pittabrot füllen.

Nachmittagsimbiss

> 30 g Putenbrust
> ½ Orange
> 3 Mandeln

Abendessen – Chili

Eiweiß:	170 g mageres Hackfleisch (Rindfleisch oder Pute) etwas fettfreien, geriebenen Käse zum Bestreuen
Kohlenhydrate:	gehackte Zwiebeln, klein geschnittene Champignons, klein geschnittene grüne Paprikaschoten nach Belieben Chilipulver, Oregano und Pfeffer nach Belieben ½ Tasse Kidneybohnen 1 Tasse Tomaten, zerdrückt 1 Pfirsich
Fett:	1½ EL Olivenöl

Zubereitung:
Fleisch unter häufigem Umrühren in Olivenöl mit den Zwiebeln, Pilzen, Paprikaschoten und Gewürzen braten. Bohnen und Tomaten dazugeben und alles 30 Minuten köcheln lassen, bis die Bohnen weich sind. Gelegentlich umrühren. Geriebenen Käse darüber streuen. Zum Nachtisch Pfirsich.

Schlummerimbiss

> 30 g Putenbrust in Scheiben
> 1 Tasse Erdbeeren
> 6 Erdnüsse

2. Tag für einen durchschnittlichen Mann

Frühstück – Haferbrei und Frühstücksspeck nach Hausmacherart

Eiweiß:	*3 EL Eiweißpulver (ergibt 21 g Eiweiß)*
	30 g Frühstücksspeck
Kohlenhydrate:	*1 Tasse trockenes Hafermehl plus 2 Tassen Wasser*
	¼ Tasse ungesüßtes Apfelmus
	Muskatnuss und Zimt nach Belieben
Fett:	*4 TL Mandelsplitter*

Zubereitung:
Haferbrei mit Wasser kochen. Nach dem Abkühlen das Eiweißpulver und die Gewürze darunter rühren, Mandelsplitter darüber streuen. Frühstücksspeck gesondert braten.

Mittagessen – Cheeseburger

Eiweiß:	*170 g mageres Hackfleisch für Hamburger (weniger als 10 Prozent Fett)*
	1 Scheibe fettarmer Käse
Kohlenhydrate:	*Tomatenscheibe, Kopfsalatblatt, Zwiebelring*
	1 Scheibe Roggenbrot
	1 Apfel
Fett:	*4 Macadamianüsse*

Zubereitung:
Hamburger braten, wie Sie möchten (etwa 5 Minuten auf jeder Seite für halb durchgebraten). Käse darüber geben und den Hamburger weiterbraten, bis der Käse geschmolzen ist. Dazu kommen die Tomate, das Salatblatt und der Zwiebelring. Apfel und Nüsse als Nachtisch.

Nachmittagsimbiss

> 80 g fester Tofu, gemischt mit
> 1/3 TL Olivenöl, darüber Suppengewürz
> 1½ Tassen Broccoli und grüner Paprika,
> klein geschnitten

Abendessen – Barbecue-Hühnchen

Eiweiß:	80 g enthäutete Hühnchenbrust
Kohlenhydrate:	Zitronenscheiben
	Zwiebelringe
	½ TL Barbecuesoße
	1½ Tassen Blumenkohl, gekocht
	1½ Tassen Zucchini, gekocht
	1 gemischter Salat (siehe Anhang A, Blockeinheiten)
	1 Tasse Erdbeeren zum Nachtisch
Fette:	4 TL Olivenöl und Essigdressing

Zubereitung:
Ofen auf 220 Grad vorheizen. Hühnerbrust mit den Zitronenscheiben und Zwiebeln bedecken. 15 Minuten backen. Hitze auf 180 Grad reduzieren. Barbecuesoße darüber gießen und ca. 10–15 Minuten gar braten.

Schlummerimbiss

> 30 g fettarmer Käse
> 1 Pfirsich
> 3 Oliven

3. Tag für einen durchschnittlichen Mann

Frühstück – Obstsalat

Eiweiß:	1 Tasse fettarmer Hüttenkäse
Kohlenhydrate:	1 Tasse Erdbeeren
	¾ Tasse Netzmelone in Würfel
	1 Tasse Trauben
Fett:	4 Macadamianüsse, gerieben

Zubereitung:
Vermischen und genießen

Mittagessen – Chefsalat

Eiweiß:	40 g gekochter Schinken
	80 g Putenbrust in Scheiben
	30 g fettarmer Käse
Kohlenhydrate:	1 großer gemischter Salat (siehe Anhang A, Blockeinheiten)
	1 Nektarine und 1 Pflaume zum Nachtisch
Fett:	4 EL Olivenöl und Essigdressing

Nachmittagsimbiss

¼ Tasse fettarmer Hüttenkäse, vermischt mit ½ Tasse Ananas, geschnitten
1 TL Mandelsplitter

Abendessen – Fisch in der Folie

Eiweiß:	170 g Fischfilet Ihrer Wahl (zum Beispiel Flunder)
Kohlenhydrate:	frisch gemahlener Pfeffer als Gewürz
	1 Spritzer Zitrone

	gehackte Zwiebeln als Geschmackszugabe

	gehackte Zwiebeln als Geschmackszugabe
	2 Tassen Spargel, gekocht
	1 gemischter Salat
	(siehe Anhang A, Blockeinheiten)
	1 Tasse Erdbeeren, geschnitten, zum Nachtisch
Fett:	4 EL Olivenöl und Essigdressing
	etwas Parmesankäse zum Bestreuen

Zubereitung:
Ein großes Stück Alufolie in der Mitte dünn mit Olivenöl bestreichen. Fisch zusammen mit den Zwiebeln auf die Folie legen, Pfeffer, Zitrone und Käse darüber geben. Fisch locker in die Alufolie einwickeln, dabei die Seiten einrollen, so dass der Saft nicht auslaufen kann. Backzeit 18 Minuten bei 220 Grad. Achtung vor heißem Dampf beim Öffnen der Folie.

Schlummerimbiss

30 g Putenbrust in Scheiben
½ Tasse Trauben
1 Macadamianuss

4. Tag für einen durchschnittlichen Mann

Frühstück – Joghurt mit Obst

Eiweiß:	1½ Tassen einfacher Magerjoghurt
	30 g magerer Frühstücksspeck
Kohlenhydrate:	1 Tasse Erdbeeren
Fett:	4 TL Mandelsplitter

Zubereitung:
Joghurt mit dem Obst mischen und Mandelsplitter darüber streuen. Frühstücksspeck gesondert braten.

Mittagessen – Hühnchensalat

Eiweiß:	*110 g Grillhühnchen*
Kohlenhydrate:	*3 Tassen Kopfsalat*
	½ Tasse Champignons, geschnitten
	½ Tasse Tomaten, geschnitten
	½ Tasse Zwiebeln, gehackt
	Zitronensaft nach Belieben
	Knoblauchpulver
	Worcestersoße
	Pfeffer nach Belieben
	Parmesankäse zum Bestreuen
	1 Brotstange
	1 Apfel
Fett:	*4 EL Olivenöl und Essigdressing*

Zubereitung:
Salat vorbereiten und das Dressing und den Zitronensaft darüber tröpfeln. Mit Knoblauchpulver, Worcestersoße und mit frisch gemahlenem Pfeffer würzen. Alles gut vermischen. Darüber kommen das Hühnchen und der Käse. Apfel zum Nachtisch.

Nachmittagsimbiss

30 g fettfreier Käse
½ Apfel
6 Erdnüsse

Abendessen – Schweinemedaillons und Äpfel

Eiweiß:	*110 g Schweinemedaillons oder dünn geschnittene Schweinekoteletts*
Kohlenhydrate:	*1 Apfel, geschnitten*
	Rosmarin nach Belieben

	scharfer Senf nach Belieben
	1 EL Weißwein
	¼ Tasse Wasser
	1½ Tassen Broccoli, gekocht
	1 Spinatsalat
	(siehe Anhang A, Blockeinheiten)
Fett:	4 EL Olivenöl und Essigdressing

Zubereitung:
Das Fleisch in einer Schicht in eine Form legen. Mit Apfel, Rosmarin und Senf bedecken. Wein und Wasser um das Fleisch herum gießen. Bei 220 Grad 15 Minuten lang backen. Das Fleisch mit Bratensaft übergießen. Ofenhitze auf 180 Grad reduzieren und weitere 10–15 Minuten braten, bis das Fleisch innen nicht mehr rosa, sondern weiß ist.

Schlummerimbiss

> 30 g Weichkäse
> 110 g Rotwein

5. Tag für einen durchschnittlichen Mann

Frühstück – Französischer Toast

Eiweiß:	6 Eiweiß oder ¾ Tasse Eiersatz
	30 g besonders magerer Frühstücksspeck
Kohlenhydrate:	1 Scheibe Vollkornbrot
	1 Tasse Erdbeeren, geschnitten
	¼ Netzmelone, gewürfelt
Fett:	4 TL Mandelsplitter

Zubereitung:
Frühstücksspeck gesondert braten. Brot in Stücke schneiden

und in das Eiweiß tunken. (Was übrig bleibt als Rührei braten). Eine beschichtete Pfanne dünn mit Olivenöl bestreichen. Brotstücke bei mittlerer Hitze unter häufigem Wenden braten, bis Sie knusprig sind. Darüber kommen geschnittene Erdbeeren und Mandelsplitter. Netzmelone als Beilage.

Mittagessen – Hühnchensalat-Sandwich

Eiweiß:	*110 g gekochte Hühnchenbrust, klein geschnitten*
Kohlenhydrate:	*gehackter Sellerie*
	1 Tasse Trauben
	Kopfsalat
	Tomatenscheibe
	1 Scheibe Roggenbrot oder 1 kleines Pittabrot
Fett:	*4 TL fettarme Mayonnaise*

Zubereitung:
Klein geschnittene Hühnchenbrust mit der Mayonnaise, dem Sellerie und den Trauben mischen. In ein aufgeschnittenes Pittabrot füllen, dazu kommen der Salat und die Tomatenscheibe.

Nachmittagsimbiss

1 EL Guacomole, eingerollt in 30 g geschnittene Pute
½ Tasse Trauben

Abendessen – Hackbraten

Eiweiß:	*80 g mageres Hackfleisch (weniger als 10 Prozent Fett)*
	80 g gehacktes Putenfleisch
	2 EL Eiersatz

Kohlenhydrate:	1 EL Ketchup
	½ Tasse Zwiebeln, gehackt
	1 TL Semmelbrösel
	Pfeffer nach Belieben
	Worcestersoße
	1½ Tassen Zucchini, gekocht
	1 Apfel
	1 gemischter Salat
	(siehe Anhang A, Blockeinheiten)
Fett:	4 TL Olivenöl und Essigdressing

Zubereitung:
Hackfleisch mit Eiersatz, Ketchup, Zwiebeln, Semmelbrösel, Pfeffer und Worcestersoße vermischen. Einen flachen Laib formen und in eine Backform geben. Backpapier darüber legen und im Mikrowellenherd auf Mittelstufe etwa 10-15 Minuten kochen, bis es gar ist. Die Zucchini als Beilage, als Nachtisch der Apfel.

Schlummerimbiss

> 30 g Putenbrust in Scheiben
> 1 Tasse Erdbeeren
> 6 Erdnüsse

6. Tag für einen durchschnittlichen Mann

Frühstück – Hackpfännchen

Eiweiß:	110 g gekochter magerer Schinken,
	Huhn oder Rindfleisch
Kohlenhydrate:	⅓ Tasse Kartoffeln, gekocht, in Scheiben
	1 Tasse Tomaten, gehackt

	grüne Paprikaschoten, gehackt, Zwiebeln und Champignons nach Belieben
	Worcestersoße
	Salz und Pfeffer nach Belieben
	½ Netzmelone
Fett:	*1⅓ TL Olivenöl*

Zubereitung:
Paprikaschoten, Zwiebeln und Champignons mit dem Olivenöl in einer beschichteten Pfanne braten, bis sie gar sind. Fleisch oder Schinken, Kartoffeln, Tomaten und Worcestersoße dazugeben. Unter mehrmaligem Umrühren erhitzen. Die Netzmelone ist Beilage.

Mittagessen – Sandwich

Eiweiß:	*80 g gekochter Schinken, extra mager*
	30 g fettfreier Käse
Kohlenhydrate:	*1 Scheibe Roggenbrot*
	Kopfsalat und Tomate, geschnitten
	1 Orange
Fett:	*1 TL fettarme Mayonnaise*
	3 Macadamianüsse

Nachmittagsimbiss

60 g fettarmer Hüttenkäse
½ Tasse Ananas, geschnitten
3 gehackte Oliven

Abendessen – Pute

Eiweiß:	*170 g Putenbrust oder 110 g gebratene Putenbrust ohne Haut*
Kohlenhydrate:	*1½ Tassen gekochter Broccoli*

	1 Tasse Zwiebeln, gekocht und abgetropft
	½ Tasse Preiselbeeren
Fett:	4 TL Mandelsplitter (über den Broccoli)

Schlummerimbiss

30 g Putenbrust in Scheiben
1 Tasse Erdbeeren
6 Erdnüsse

7. Tag für einen durchschnittlichen Mann

Frühstück – Rührei Benedikt

Eiweiß:	60 g magerer Frühstücksspeck
	4 große Eiweiß oder ½ Tasse Eiersatz
Kohlenhydrate:	½ Muffin
	1 Orange
Fett:	1½ TL Olivenöl

Zubereitung:
Eiweiß mit Olivenöl und etwas Milch nach Wunsch verrühren. Eine beschichtete Pfanne dünn mit Olivenöl bestreichen und die Rühreier braten. Muffin toasten und den Frühstücksspeck braten. Auf das Muffin legen, darauf kommt das Rührei.

Mittagessen – Putentasche

Eiweiß:	170 g Putenbrust oder 110 g gebratene Putenbrust
Kohlenhydrate:	1 kleines Pittabrot
	1 grüne Paprikaschote, gehackt
	1 Tomate in Scheiben
	2 Pflaumen
Fett:	2 EL Guacomole

Nachmittagsimbiss

> 2 hartgekochte Eiweiß
> ½ Apfel
> 1 Selleriestück, gefüllt mit
> ½ TL Erdnussbutter

Abendessen – Gebratener Lachs

Eiweiß:	170 g Lachsfilet
Kohlenhydrate:	Rosmarin nach Belieben
	Estragon nach Belieben
	Dill nach Belieben
	Zitrone (auf Wunsch)
	1½ Tassen Zucchini, gekocht
	2 Tomaten in Scheiben,
	darüber etwas geriebener Parmesan
	1 Apfel zum Nachtisch
Fett:	1 TL Olivenöl

Zubereitung:
Lachs mit Kräutern und Olivenöl bestreichen. Etwa 10 Minuten je nach Dicke braten, dabei einmal wenden. Auf Wunsch mit der Zitrone garnieren. Den Apfel als Nachtisch.

Schlummerimbiss

> 30 g Putenbrust in Scheiben
> 1 Tasse Erdbeeren
> 1 TL Mandelsplitter

1. Tag für eine Olympiasportlerin (fünf Blöcke pro Mahlzeit)

Frühstück – Rührei

Eiweiß: 6 Eiweiß oder ¾ Tasse Eiersatz
60 g fettfreier Käse, gerieben
Kohlenhydrate: 1½ Tassen Trauben
1 Scheibe Roggentoast
Fett: 2 TL Olivenöl
2 TL Erdnussbutter

Zubereitung:
Eine beschichtete Pfanne dünn mit Olivenöl bestreichen. Eier, Käse und Olivenöl mit etwas Milch (auf Wunsch) verrühren. Rührei braten. Toast mit Erdnussbutter bestreichen.

Mittagessen – Sandwich mit Meeresfrüchtesalat

Eiweiß: 200 g Meeresfrüchte (Garnelen, Krabbenfleisch oder Hummer)
Kohlenhydrate: 1 kleiner Salat als Beilage
½ Apfel
1 Orange
1 Scheibe Vollkornbrot oder 1 kleines Pittabrot
Fett: 5 TL fettarme Mayonnaise
5 Macadamianüsse

Zubereitung:
Mayonnaise mit den Meeresfrüchten mischen und damit das Pittabrot füllen.

Anmerkung: Es ist empfehlenswert, das kleine Pittabrot durch einen größeren Salat aus Tomaten, grünem Paprika und Zwiebeln (siehe Anhang A, Blockeinheiten) oder durch eine weitere Frucht zu erset-

zen. Dieser Ersatz kann immer verwendet werden, wenn eine Mahlzeit Roggenbrot oder ein kleines Pittabrot enthält. Sie können auch die Mayonnaise durch 5 TL Olivenöl und Essig ersetzen.

Nachmittagsimbiss

> 30 g Putenbrust
> ½ Orange
> 12 Erdnüsse

Abendessen – Chili

Eiweiß:	170 g mageres Hackfleisch (Rindfleisch oder Pute)
	30 g fettfreier Käse, gerieben
Kohlenhydrate:	Gehackte Zwiebeln, klein geschnittene Champignons
	klein geschnittene grüne Paprikaschoten nach Belieben
	Chilipulver, Oregano und Pfeffer nach Belieben
	½ Tasse Kidneybohnen
	1 Tasse Tomaten, zerdrückt
	1 Nektarine
Fett:	3 TL Olivenöl
	3 Oliven

Zubereitung:
Fleisch unter häufigem Umrühren in Olivenöl mit den Zwiebeln, Pilzen, Paprikaschoten und Gewürzen braten. Bohnen und Tomaten dazugeben und alles 30 Minuten köcheln lassen, bis die Bohnen weich sind. Gelegentlich umrühren. Geriebenen Käse darüber streuen. Zum Nachtisch die Nektarine.

Schlummerimbiss

> 30 g Putenbrust in Scheiben
> 1 Tasse Erdbeeren
> 1 EL Guacomole

2. Tag für eine Olympiasportlerin

Frühstück – Haferbrei und Frühstücksspeck nach Hausmacherart

Eiweiß:	4 EL Eiweißpulver (ergibt 21 g Eiweiß)
	60 g Frühstücksspeck
Kohlenhydrate:	1$\frac{1}{3}$ Tassen trockenes Hafermehl plus 2$\frac{1}{2}$ Tassen Wasser
	Muskatnuss und Zimt nach Belieben
	$\frac{1}{4}$ Netzmelone
Fett:	2 EL Mandelsplitter
	1$\frac{1}{3}$ TL Olivenöl

Zubereitung:
Haferbrei mit Wasser kochen. Nach dem Abkühlen das Eiweißpulver und die Gewürze darunter rühren, Mandelsplitter darüber streuen. Frühstücksspeck gesondert braten, Netzmelone ist Beilage.

Mittagessen – Cheeseburger

Eiweiß:	200 g mageres Hackfleisch für Hamburger (weniger als 10 Prozent Fett)
	1 Scheibe fettarmer Käse
Kohlenhydrate:	Tomatenscheibe, Kopfsalatblatt, Zwiebelring
	1 Scheibe Roggenbrot

	1 Birne
	1 Kiwi
Fett:	1 TL fettarme Mayonnaise
	9 Macadamianüsse

Zubereitung:
Hamburger braten, wie Sie möchten (etwa 5 Minuten auf jeder Seite ergibt halbdurchgebraten). Käse darüber geben und den Hamburger weiterbraten, bis der Käse geschmolzen ist. Dazu kommen die Tomate, das Salatblatt und der Zwiebelring. Obst und Nüsse als Nachtisch.

Nachmittagsimbiss

80 g fester Tofu, gemischt mit ⅓ TL Olivenöl, darüber Suppengewürz
2 Tassen Broccoli und grüner Paprika, klein geschnitten

Abendessen – Barbecue-Hühnchen

Eiweiß:	*140 g enthäutete Hühnchenbrust*
Kohlenhydrate:	*Zitronenscheiben*
	Zwiebelringe
	1 TL Barbecuesoße
	1½ Tassen Blumenkohl, gekocht
	¼ Tasse Reis, gekocht
	1 gemischter Salat
	(siehe Anhang A, Blockeinheiten)
	2 Tassen Erdbeeren zum Nachtisch
Fette:	*3 EL Olivenöl und Essigdressing*
	6 Erdnüsse, gemahlen

Zubereitung:
Ofen auf 220 Grad vorheizen. Hühnerbrust mit den Zitro-

nenscheiben und Zwiebeln bedecken. 15 Minuten backen. Hitze auf 180 Grad stellen. Barbecuesoße darüber gießen und ca. 10–15 Minuten gar braten. Erdnüsse über den Salat streuen.

Schlummerimbiss

> 30 g fettarmer Käse
> 1 Pfirsich
> 6 Oliven

3. Tag für eine Olympiasportlerin

Frühstück – Obstsalat

Eiweiß:	1¼ Tassen fettarmer Hüttenkäse
Kohlenhydrate:	2 Tassen Erdbeeren
	¾ Tasse Netzmelone, gewürfelt
	1 Tasse Trauben
Fett:	10 Macadamianüsse, gerieben

Zubereitung:
Vermischen und genießen

Mittagessen – Chefsalat

Eiweiß:	80 g gekochter Schinken
	80 g Putenbrust-Aufschnitt
	30 g fettarmer Käse
Kohlenhydrate:	1 großer gemischter Salat
	(siehe Anhang A, Blockeinheiten)
	2 Nektarinen
Fett:	3 EL Olivenöl und Essigdressing
	1 TL Mandelsplitter

Zubereitung:
Zutaten zu Salat mischen und mit Öl und Essigdressing anmachen. Nektarinen zumNachtisch essen.

Nachmittagsimbiss

> 60 g fettarmer Hüttenkäse
> ½ Tasse Ananas, geschnitten
> 2 TL Mandelsplitter

Abendessen – Fisch in der Folie

Eiweiß:	200 g Fischfilet Ihrer Wahl (zum Beispiel Flunder)
Kohlenhydrate:	frisch gemahlener Pfeffer als Gewürz
	1 Spritzer Zitrone
	1 Zwiebel, gehackt
	2 Tassen Spargel, gekocht
	¼ Tasse Nudeln, gekocht
	1 gemischter Salat (siehe Anhang A, Blockeinheiten)
Fett:	3 EL Olivenöl und Essigdressing
	etwas Parmesankäse zum Bestreuen
	3 Mandeln

Zubereitung:
Ein großes Stück Alufolie in der Mitte dünn mit Olivenöl bestreichen. Fisch zusammen mit den Zwiebeln auf die Folie legen, Pfeffer, Zitrone und Käse darübergeben. Fisch locker in die Alufolie einwickeln, dabei die Seiten einrollen, so dass der Saft nicht auslaufen kann. Backzeit ist 18 Minuten bei 220 Grad. Achtung vor heißem Dampf beim Öffnen der Folie.

Schlummerimbiss

> 30 g Putenbrust in Scheiben
> ½ Tasse Trauben
> 2 Macadamianüsse

4. Tag für eine Olympiasportlerin

Frühstück – Joghurt mit Obst

Eiweiß:	Etwa 10 g Eiweißpulver (das ergibt 7 g Eiweiß)
	1½ Tassen einfacher Magerjoghurt
	60 g magerer Frühstücksspeck oder 6 Scheiben Putenspeck
Kohlenhydrate:	¾ Tasse Netzmelone, gewürfelt
	½ Tasse Heidelbeeren
Fett:	5 TL Mandelsplitter
	5 Macadamianüsse, gemahlen

Zubereitung:
Joghurt mit den Obst mischen und Mandelsplitter und Nüsse darüber streuen. Frühstücksspeck gesondert braten.

Mittagessen – Grillhühnchensalat

Eiweiß:	140 g Grillhühnchen
Kohlenhydrate:	3 Tassen Kopfsalat
	½ Tasse Champignons, geschnitten
	¾ Tasse Tomaten, geschnitten
	½ Tasse Zwiebeln, gehackt
	Zitronensaft nach Belieben
	Knoblauchpulver
	Worcestersoße

	Pfeffer nach Belieben
	1 Apfel
	½ Tasse Trauben
Fett:	*3 EL Olivenöl und Essigdressing*
	1 TL Mandelsplitter
	Parmesankäse zum Bestreuen

Zubereitung:
Salat bereiten und das Dressing und den Zitronensaft darüber tröpfeln. Mit Knoblauchpulver und Worcestersoße würzen, mit frisch gemahlenem Pfeffer würzen. Alles gut vermischen. Darüber kommen das Hühnchen, der Käse und die Mandelsplitter. Den Apfel zum Nachtisch.

Nachmittagsimbiss

30 g fettfreier Käse
½ Apfel
12 Erdnüsse

Abendessen – Schweinemedaillons und Äpfel

Eiweiß:	*140 g Schweinemedaillons oder dünn geschnittene Schweinekoteletts*
Kohlenhydrate:	*1 Apfel, geschnitten*
	Rosmarin nach Belieben
	scharfer Senf nach Belieben
	1 EL Weißwein
	¼ Tasse Wasser
	1½ Tassen gekochter Broccoli
	1 Spinatsalat
	(siehe Anhang A, Blockeinheiten)
Fett:	*3 EL Olivenöl und Essigdressing*
	6 Erdnüsse

Zubereitung:
Das Fleisch in einer Schicht in eine Form legen. Mit Apfel, Rosmarin und Senf bedecken. Wein und Wasser um das Fleisch herum gießen. Bei 220 Grad 15 Minuten lang backen. Das Fleisch mit Bratensaft übergießen. Hitze auf 180 Grad reduzieren und weitere 10–15 Minuten braten, bis das Fleisch innen nicht mehr rosa, sondern weiß ist.

Schlummerimbiss

> *30 g Weichkäse*
> *110 g Rotwein*

5. Tag für eine Olympiasportlerin

Frühstück – Französischer Toast

Eiweiß:	*6 Eiweiß oder ¾ Tasse Eiersatz*
	60 g besonders magerer Frühstücksspeck
Kohlenhydrate:	*1½ Scheiben Vollkornbrot*
	2 Tassen Erdbeeren, geschnitten
Fett:	*2 EL Mandelsplitter*
	1⅓ TL Olivenöl

Zubereitung:
Frühstücksspeck gesondert braten. Brot in Stücke schneiden und in das Eiweiß tunken. (Was übrig bleibt, als Rührei braten.) Eine beschichtete Pfanne dünn mit Olivenöl bestreichen. Brotstücke bei mittlerer Hitze unter häufigem Wenden braten, bis sie knusprig sind. Darüber kommen geschnittene Erdbeeren und Mandelsplitter.

Mittagessen – Hühnchensalat-Sandwich

Eiweiß:	*140 g gekochte Hühnchenbrust, klein geschnitten*
Kohlenhydrate:	*gehackter Sellerie*
	1 Tasse Trauben
	Kopfsalat
	Tomatenscheibe
	1 Scheibe Roggenbrot oder 1 kleines Pittabrot
	1 Pflaume
Fett:	*3 EL fettarme Mayonnaise*
	3 Mandeln

Zubereitung:
Klein geschnittene Hühnchenbrust mit der Mayonnaise, dem Sellerie und den Trauben mischen. In ein aufgeschnittenes Pittabrot füllen, dazu kommen der Salat und die Tomatenscheibe.

Nachmittagsimbiss

1 EL Guacomole, eingerollt in 30 g Putenbrust in Scheiben
½ Tasse Trauben

Abendessen – Hackbraten

Eiweiß:	*200 g mageres Hackfleisch (weniger als 10 Prozent Fett) oder gehacktes Putenfleisch*
	2 EL Eiersatz
Kohlenhydrate:	*1 EL Ketchup*
	¼ Tasse Zwiebeln, gehackt
	1 TL Semmelbrösel
	Pfeffer nach Belieben

	Worcestersoße
	2 Tassen grüne Bohnen
	1 Apfel als Nachspeise
	1 gemischter Salat
	(siehe Anhang A, Blockeinheiten)
Fett:	3 EL Olivenöl und Essigdressing
	3 gehackte Oliven

Zubereitung:
Hackfleisch mit Eiersatz, Ketchup, Zwiebeln, Semmelbrösel, Pfeffer und Worcestersoße vermischen. Einen flachen Laib formen und in eine Backform geben. Backpapier darüber legen und im Mikrowellenherd auf Mittelstufe etwa 10–15 Minuten erhitzen, bis es gar ist. Grüne Bohnen als Beilage kochen, als Nachtisch der Apfel

Schlummerimbiss

30 g Putenbrust in Scheiben
2 Tassen Erdbeeren
2 Macadamianüsse

6. Tag für eine Olympiasportlerin

Frühstück – Hackpfännchen

Eiweiß:	*140 g gekochter magerer Schinken*
Kohlenhydrate:	*½ Tasse gekochte Kartoffeln in Scheiben*
	2 Tassen gehackte Tomaten
	gehackte grüne Paprikaschoten, Zwiebeln und Champignons nach Belieben
	Worcestersoße
	Salz und Pfeffer nach Belieben
	½ Netzmelone

Fett:	*3 TL Olivenöl*
	6 Erdnüsse

Zubereitung:
Paprikaschoten, Zwiebeln und Champignons mit dem Olivenöl in einer beschichteten Pfanne braten, bis sie gar sind. Schinken, Kartoffeln, Tomaten und Worcestersoße dazugeben. Unter mehrmaligem Umrühren erhitzen. Die Netzmelone ist Beilage.

Mittagessen – Sandwich

Eiweiß:	*80 g gekochter Schinken, extra mager*
	60 g fettfreier Käse
Kohlenhydrate:	*2 Scheiben Roggenbrot*
	Kopfsalat und geschnittene Tomate
	½ Orange
Fett:	*1 TL fettarme Mayonnaise*
	3 Macadamianüsse

Nachmittagsimbiss

30 g fettarmer Hüttenkäse
½ Tasse Ananas in Scheiben
12 Erdnüsse

Abendessen – Pute

Eiweiß:	*200 g Putenbrust-Aufschnitt oder*
	140 g gekochte Putenbrust ohne Haut
Kohlenhydrate:	*3 Tassen gekochter Broccoli*
	1 Tasse Zwiebeln, gekocht und abgetropft
	¼ Tasse Preiselbeeren
	1 Tasse grüne Bohnen, gekocht
Fett:	*5 TL Mandelsplitter*

Zubereitung:
Alle Zutaten vermischen und genießen.

Schlummerimbiss

> 30 g Putenbrust in Scheiben
> 1 Tasse Erdbeeren
> 6 Oliven

7. Tag für eine Olympiasportlerin

Frühstück – Rührei Benedikt

Eiweiß:	60 g magerer Frühstücksspeck
	6 große Eiweiß oder eine ¾ Tasse Eiersatz
Kohlenhydrate:	1 Muffin
	½ Grapefruit
Fett:	2 EL Olivenöl
	3 Mandeln

Zubereitung:
Eiweiß mit Olivenöl und etwas Milch nach Wunsch verrühren. Eine beschichtete Pfanne dünn mit Olivenöl bestreichen und die Rühreier braten. Muffin toasten und den Frühstücksspeck braten. Auf das Muffin legen, darauf kommt das Rührei.

Mittagessen – Putentasche

Eiweiß:	200 g Putenbrust-Aufschnitt oder
	140 g gebratene Putenbrust
Kohlenhydrate:	1 kleines Pittabrot
	1 grüne Paprikaschote, gehackt
	1 Tomate in Scheiben
	1 Tasse Erdbeeren

	1 Orange
Fett:	5 EL Guacomole

Nachmittagsimbiss

> 2 Eiweiß, hart gekocht
> ½ Apfel
> 6 Mandeln

Abendessen – Gebratener Lachs

Eiweiß:	200 g Lachsfilet
Kohlenhydrate:	Rosmarin nach Belieben
	Estragon nach Belieben
	Dill nach Belieben
	Zitrone (auf Wunsch)
	3 Tassen gekochte Zucchini
	2 Tomaten, in Scheiben gebraten, darüber etwas geriebener Parmesan
	1 Apfel zum Nachtisch
Fett:	2 TL Olivenöl
	4 Macadamianüsse

Zubereitung:
Lachs mit Kräutern und Olivenöl bestreichen. Etwa 10 Minuten je nach Stärke braten, dabei einmal wenden. Auf Wunsch mit der Zitrone garnieren. Den Apfel als Nachtisch.

Schlummerimbiss

> 30 g Putenbrust in Scheiben
> 1 Tasse Erdbeeren
> 6 Oliven

1. Tag für einen Olympiasportler (sechs Blöcke pro Mahlzeit)

Frühstück – Rührei

Eiweiß:	*8 Eiweiß oder 1 Tasse Eiersatz*
	60 g fettfreier Käse, gerieben
	30 g magerer Frühstücksspeck
Kohlenhydrate:	*1 Netzmelone*
	1 Scheibe Roggentoast
Fett:	*3 EL Olivenöl*
	1½ TL Erdnussbutter

Zubereitung:
Eine beschichtete Pfanne dünn mit Olivenöl bestreichen. Eier, Käse und Olivenöl mit etwas Milch (auf Wunsch) verrühren. Rührei braten. Toast mit Erdnussbutter bestreichen.

Mittagessen – Sandwich mit Meeresfrüchtesalat

Eiweiß:	*250 g Meeresfrüchte (Garnelen, Krabbenfleisch oder Hummer)*
Kohlenhydrate:	*1 kleiner Salat als Beilage*
	1 Orange
	2 Scheiben Vollkornbrot oder
	½ normales Pittabrot
Fett:	*2 EL fettarme Mayonnaise*
	2 EL Olivenöl und Essigdressing

Zubereitung:
Mayonnaise mit den Meeresfrüchten mischen und damit das Pittabrot füllen.

Anmerkung: Es ist empfehlenswert, eine Scheibe Brot oder die Hälfte des Pittabrots durch einen größeren Salat aus Tomaten, grünem Paprika und Zwiebeln (siehe Anhang A, Blockeinheiten) oder durch eine weitere Frucht zu ersetzen. Dieser Ersatz kann immer verwendet werden, wenn eine Mahlzeit Roggenbrot oder ein kleines Pittabrot enthält.

Nachmittagsimbiss

> *30 g Putenbrust*
> *½ Orange*
> *2 Macadamianüsse*

Abendessen – Chili

Eiweiß:	*200 g mageres Hackfleisch (Rindfleisch oder Pute)*
	30 g fettfreier, geriebener Käse
Kohlenhydrate:	*Gehackte Zwiebeln, klein geschnittene Champignons*
	klein geschnittene grüne Paprikaschoten nach Belieben
	Chilipulver, Oregano und Pfeffer nach Belieben
	¾ Tasse Kidneybohnen
	1 Tasse Tomaten, zerdrückt
	2 Pfirsiche
Fett:	*4 TL Olivenöl*

Zubereitung:
Fleisch unter häufigem Umrühren in Olivenöl mit den Zwiebeln, Pilzen, Paprikaschoten und Gewürzen braten. Bohnen und Tomaten dazugeben und alles 30 Minuten köcheln lassen, bis die Bohnen weich sind. Gelegentlich umrühren. Geriebenen Käse darüber streuen. Zum Nachtisch Pfirsiche.

Schlummerimbiss

> 30 g Putenbrust in Scheiben
> 1 Tasse Erdbeeren
> 6 Oliven

2. Tag für einen Olympiasportler

**Frühstück –
Haferbrei und Frühstücksspeck nach Hausmacherart**

Eiweiß:	*3 EL Eiweißpulver (ergibt 21 g Eiweiß)*
	80 g Frühstücksspeck
Kohlenhydrate:	*1⅓ Tassen trockenes Hafermehl plus*
	2½ Tassen Wasser
	Muskatnuss und Zimt nach Belieben
	½ Netzmelone
Fett:	*4 EL Mandelsplitter*

Zubereitung:
Haferbrei mit Wasser kochen. Nach dem Abkühlen das Eiweißpulver und die Gewürze darunter rühren, Mandelsplitter darüber streuen. Frühstücksspeck gesondert braten, Netzmelone ist Beilage.

Mittagessen – Cheeseburger

Eiweiß:	*200 g mageres Hackfleisch für Hamburger (weniger als 10 Prozent Fett)*
	1 Scheibe fettarmer Käse
Kohlenhydrate:	*Tomatenscheibe, Kopfsalatblatt, Zwiebelring*
	2 Scheiben Roggenbrot
	1 Apfel
Fett:	*12 Macadamianüsse*

Zubereitung:
Hamburger so lange braten, wie Sie es möchten (etwa 5 Minuten auf jeder Seite für halb durchgebraten). Käse darüber geben und den Hamburger weiterbraten, bis der Käse geschmolzen ist. Dazu kommen die Tomate, das Salatblatt und der Zwiebelring. Apfel und Nüsse als Nachtisch.

Nachmittagsimbiss

> *80 g fester Tofu, gemischt mit ⅔ TL Olivenöl, darüber Suppengewürz*
> *1½ Tassen Broccoli und grüner Paprika, klein geschnitten*

Abendessen – Barbecue-Hühnchen

Eiweiß:	*170 g enthäutete Hühnchenbrust*
Kohlenhydrate:	*Zitronenscheiben*
	Zwiebelringe
	1 TL Barbecuesoße
	3 Tassen gekochter Blumenkohl
	¼ Tasse gekochter Reis
	1 gemischter Salat
	(siehe Anhang A, Blockeinheiten)
	1 Apfel
	1 Tasse Erdbeeren zum Nachtisch
Fett:	*4 EL Olivenöl und Essigdressing*

Zubereitung:
Ofen auf 220 Grad vorheizen. Hühnerbrust mit den Zitronenscheiben und Zwiebeln bedecken. 15 Minuten backen. Hitze auf 180 Grad stellen. Barbecuesoße darüber gießen und ca. 10–15 Minuten gar braten.

Schlummerimbiss

> 30 g fettarmer Käse
> 1 Pfirsich
> 6 Oliven

3. Tag für einen Olympiasportler

Frühstück – Obstsalat

Eiweiß:	1½ Tassen fettarmer Hüttenkäse
Kohlenhydrate:	1 Tasse Erdbeeren
	1 Tasse Netzmelone in Würfel
	1 Tasse Clementinen
Fett:	12 Macadamianüsse, gerieben

Zubereitung:
Vermischen und genießen.

Mittagessen – Chefsalat

Eiweiß:	80 g gekochter Schinken
	80 g Putenbrust-Aufschnitt
	60 g fettarmer Käse
Kohlenhydrate:	1 großer gemischter Salat (siehe Anhang A, Blockeinheiten)
	2 Nektarinen und 1 Pflaume zum Nachtisch
Fett:	4 EL Olivenöl und Essigdressing

Nachmittagsimbiss

> 60 g fettarmer Hüttenkäse
> ½ Tasse Ananasscheiben
> 6 Mandeln

Abendessen – Fisch in der Folie

Eiweiß:	*250 g Fischfilet Ihrer Wahl (zum Beispiel Flunder)*
Kohlenhydrate:	*frisch gemahlener Pfeffer als Gewürz*
	1 Spritzer Zitrone
	gehackte Zwiebeln als Geschmackszugabe
	2 Tassen Spargel, gekocht
	½ Tasse Nudeln, gekocht
	1 Spinatsalat (siehe Anhang A, Blockeinheiten)
	1 Mandarine
Fett:	*4 EL Olivenöl und Essigdressing*
	etwas Parmesankäse zum Bestreuen

Zubereitung:
Ein großes Stück Alufolie in der Mitte dünn mit Olivenöl bestreichen. Fisch zusammen mit den Zwiebeln auf die Folie legen, Pfeffer, Zitrone und Käse darübergeben. Fisch locker in die Alufolie wickeln, dabei die Seiten einrollen, so dass der Saft nicht auslaufen kann. Backzeit ist 18 Minuten bei 200 Grad. Achtung vor heißem Dampf beim Öffnen der Folie.

Schlummerimbiss

30 g Putenbrust in Scheiben
½ Tasse Trauben
2 Macadamianüsse

4. Tag für einen Olympiasportler

Frühstück – Joghurt mit Obst

Eiweiß:	*1½ Tassen einfacher Magerjoghurt*
	80 g magerer Frühstücksspeck
Kohlenhydrate:	*1½ Tasse Ananas in Würfel*
Fett:	*4 EL Mandelsplitter*

Zubereitung:
Joghurt mit den Obst mischen und Mandelsplitter darüber streuen. Frühstücksspeck gesondert braten.

Mittagessen – Gegrillter Hühnchensalat

Eiweiß:	*170 g Grillhühnchen*
Kohlenhydrate:	*3 Tassen Romanasalat*
	1 Tasse Champignons, geschnitten
	2 Tassen Tomaten, geschnitten
	1 Tasse Zwiebeln, gehackt
	30 g Croutons
	Zitronensaft nach Belieben
	Knoblauchpulver
	Worcestersoße
	Pfeffer nach Belieben
	1 Apfel
	1 Birne
Fett:	*4 EL Olivenöl und Essigdressing*
	Parmesankäse zum Bestreuen

Zubereitung:
Salat bereiten und das Dressing und den Zitronensaft darüber tröpfeln. Mit Knoblauchpulver und Worcestersoße würzen, darüber kommt frisch gemahlener Pfeffer. Alles gut vermischen. Über das Hühnchen Käse streuen. Obst zum Nachtisch.

Nachmittagsimbiss

> 30 g Käse
> ½ Apfel
> 6 Oliven

Abendessen – Schweinemedaillons und Äpfel

Eiweiß:	170 g Schweinemedaillons oder dünn geschnittene Schweinekoteletts
Kohlenhydrate:	1 Apfel, geschnitten Rosmarin nach Belieben scharfer Senf nach Belieben 1 EL Weißwein ¼ Tasse Wasser 1½ Tassen gekochter Broccoli 1 Spinatsalat (siehe Anhang A, Blockeinheiten)
Fett:	4 EL Olivenöl und Essigdressing

Zubereitung:
Legen Sie das Fleisch nebeneinander in eine Form. Bedecken Sie es mit dem Apfel, dem Rosmarin und Senf. Gießen Sie Wein und Wasser um das Fleisch herum. Backen Sie es bei 220 Grad 15 Minuten lang. Übergießen Sie das Fleisch mit Bratensaft. Stellen Sie die Hitze auf 180 Grad zurück und braten es weitere 10–15 Minuten, bis das Fleisch innen nicht mehr rosa, sondern weiß ist.

Schlummerimbiss

> 30 g Weichkäse
> 110 g Rotwein

5. Tag für einen Olympiasportler

Frühstück – Französischer Toast

Eiweiß:	8 Eiweiß oder 1 Tasse Eiersatz
	60 g besonders magerer Frühstücksspeck
Kohlenhydrate:	2 Scheiben Vollkornbrot
	2 Tassen Erdbeeren, geschnitten
Fett:	4 EL Mandelsplitter

Zubereitung:
Frühstücksspeck gesondert braten. Brot in Stücke schneiden und in das Eiweiß tunken. (Was übrig bleibt, als Rührei braten.) Eine beschichtete Pfanne dünn mit Olivenöl bestreichen. Brotstücke bei mittlerer Hitze unter häufigem Wenden braten, bis Sie knusprig sind. Darüber kommen geschnittene Erdbeeren und Mandelsplitter.

Mittagessen – Hühnchensalat-Sandwich

Eiweiß:	170 g gekochte Hühnchenbrust, klein geschnitten
Kohlenhydrate:	Sellerie, gehackt
	1 Tasse Trauben
	Kopfsalat
	Tomatenscheibe
	2 Scheiben Roggenbrot oder 1 kleines Pittabrot
Fett:	4 EL fettarme Mayonnaise

Zubereitung:
Klein geschnittene Hühnchenbrust mit der Mayonnaise, dem Sellerie und den Trauben mischen. In ein aufgeschnittenes Pittabrot füllen, dazu kommen der Salat und die Tomatenscheibe.

Nachmittagsimbiss

> 1 EL Guacomole, eingerollt in
> 30 g Putenbrust in Scheiben
> ½ Tasse Trauben
> 2 Macadamianüsse

Abendessen – Hackbraten

Eiweiß:	250 g mageres Hackfleisch (weniger als 10 Prozent Fett) oder gehacktes Putenfleisch
	4 EL Eiersatz
Kohlenhydrate:	1 EL Ketchup
	¼ Tasse Zwiebeln, gehackt
	1 TL Semmelbrösel
	Pfeffer nach Belieben
	Worcestersoße
	2 Tassen Zucchini, gekocht
	1 Apfel
	1 Orange
	1 gemischter Salat (siehe Anhang A, Blockeinheiten)
Fett:	4 EL Olivenöl und Essigdressing

Zubereitung:
Hackfleisch mit Eiersatz, Ketchup, Zwiebeln, Semmelbröseln, Pfeffer und Worcestersoße vermischen. Einen flachen Laib formen und in eine Backform geben. Backpapier darüber legen und im Mikrowellenherd auf Mittelstufe etwa 10–15 Minuten erhitzen, bis es gar ist. Als Nachtisch das Obst.

Schlummerimbiss

>30 g Putenbrust in Scheiben
>1 Tasse Erdbeeren
>1 EL Guacomole

6. Tag für einen Olympiasportler

Frühstück – Hackpfännchen

Eiweiß:	*170 g gekochtes mageres Fleisch (Huhn, Schinken oder Rindfleisch)*
Kohlenhydrate:	*⅔ Tasse Kartoffeln, gekocht, in Scheiben*
	2 Tassen Tomaten, gehackt
	grüne Paprikaschoten, gehackt, Zwiebeln und Champignons nach Belieben
	Worcestersoße
	Salz und Pfeffer nach Belieben
	½ Netzmelone
Fett:	*4 EL Olivenöl*

Zubereitung:
Paprikaschoten, Zwiebeln und Champignons mit dem Olivenöl in einer beschichteten Pfanne braten, bis sie gar sind. Fleisch, Kartoffeln, Tomaten und Worcestersoße dazugeben. Unter mehrmaligem Umrühren erhitzen. Die Netzmelone ist Beilage.

Mittagessen – Sandwich

Eiweiß:	*80 g Frühstücksspeck, extra mager*
	40 g Putenbrust-Aufschnitt (zum Salat)
	60 g fettfreier Käse
Kohlenhydrate:	*2 Scheiben Roggenbrot*
	Kopfsalat und Tomate, geschnitten

	1 gemischter Salat
	(siehe Anhang A, Blockeinheiten)
	½ Birne
Fett:	1 EL fettarme Mayonnaise
	3 EL Olivenöl und Essigdressing

Nachmittagsimbiss

60 g fettarmer Hüttenkäse
½ Tasse Ananas, geschnitten
6 geschnittene Oliven

Abendessen – Pute

Eiweiß:	250 g Putenbrust-Aufschnitt oder
	170 g gebratene Putenbrust ohne Haut
Kohlenhydrate:	3 Tassen gekochter Broccoli
	1 Tasse gekochte Zwiebeln, abgetropft
	¼ Tasse Preiselbeeren
	1 Nektarine zum Nachtisch
Fett:	1 TL Mandelsplitter
	9 Macadamianüsse

Zubereitung:
Alle Zutaten miteinander vermischen und genießen.

Schlummerimbiss

30 g Putenbrust in Scheiben
1 Tasse Erdbeeren
6 Mandeln

7. Tag für einen Olympiasportler

Frühstück – Rührei Benedikt

Eiweiß:	*60 g magerer Frühstücksspeck*
	8 große Eiweiß oder eine 1 Tasse Eiersatz
Kohlenhydrate:	*1 Muffin*
	½ Grapefruit
	1 Tasse Erdbeeren
Fett:	*4 EL Olivenöl*

Zubereitung:
Eiweiß mit Olivenöl und etwas Milch nach Wunsch verrühren. Eine beschichtete Pfanne dünn mit Olivenöl bestreichen und die Rühreier braten. Muffin toasten und den Frühstücksspeck braten. Auf das Muffin legen, darauf kommt das Rührei.

Mittagessen – Putentasche

Eiweiß:	*250 g Putenbrust-Aufschnitt oder*
	170 g gekochte Putenbrust
Kohlenhydrate:	*1 kleines Pittabrot*
	1 grüne Paprikaschote, gehackt
	1 Tomate in Scheiben
	1 Tasse Erdbeeren
	1 Orange
Fett:	*6 EL Guacomole*

Nachmittagsimbiss

2 Eiweiß, hart gekocht
½ Apfel
6 Mandeln

Abendessen – Gebratener Lachs

Eiweiß:	*250 g Lachsfilet*
Kohlenhydrate:	*Rosmarin nach Belieben*
	Estragon nach Belieben
	Dill nach Belieben
	Zitrone (auf Wunsch)
	1½ Tassen Zucchini, gekocht
	2 Tomaten, in Scheiben gebraten, darüber etwas geriebener Parmesan
	1 Apfel
	1 Orange
Fett:	*4 TL Olivenöl*
	Parmesankäse zum Bestreuen

Zubereitung:
Lachs mit Kräutern und Olivenöl bestreichen. Etwa 10 Minuten je nach Stärke braten, dabei einmal wenden. Auf Wunsch mit der Zitrone garnieren. Obst als Nachtisch.

Schlummerimbiss

30 g Putenbrust in Scheiben
2 Tassen Erdbeeren
2 Macadamianüsse

9
Rezepte für die Sears-Diät

Wenn Ihnen Kochen langweilig erscheint oder es für Ihren Geschmack zu viel zu Rechnen gibt, dann werden Sie bei diesem Kapitel Ihre Meinung vermutlich ändern. Es enthält mehr als einhundertfünfzig wohlschmeckende Mahlzeiten, die einfach zuzubereiten sind. Sie wurden von Scott C. Lane entwickelt und bei allen ist das Verhältnis von Eiweiß, Kohlenhydraten und Fett 1:1:1. Damit kommen Sie auf Dauer in den optimalen Bereich.

Die Rezepte der Sears-Diät müssen lecker aussehen, großartig schmecken, leicht zuzubereiten und hormonell ausgewogen sein. Sie unterscheiden sich ein wenig von den meisten anderen Rezepten, denn sie sind in Abschnitte von jeweils acht Blöcken aufgeteilt. Das heißt, dass jedes Rezept je acht Eiweiß-, Kohlenhydrat- und Fettblöcke enthält. Je nachdem, wie viele Blöcke Sie und Ihre Familie brauchen, können Sie die Rezeptgröße Ihrem Bedarf anpassen (siehe Kapitel 8 »Eine Woche mit der Sears-Diät«). Eine typische erwachsene Frau braucht zwei bis drei Blöcke pro Mahlzeit, ein typischer erwachsener Mann drei bis vier Blöcke, für ein Kind sind etwa zwei Blöcke pro Mahlzeit ausreichend. Wenn Sie nur für eine Person kochen, reduzieren Sie entweder die Menge pro Mahlzeit entsprechend oder Sie bereiten die Gesamtportion zu und frieren den Anteil, den Sie nicht brauchen, ein. Was als Mittagessen angegeben ist, kann natürlich auch abends gegessen werden.

Die Rezepte erlauben große Flexibilität. Wenn Sie einen herzhaften Salat servieren möchten, dann ziehen Sie einfach pro Salat einen Kohlenhydratblock von dem Rezept ab. Wenn Sie zum Essen ein Glas Wein oder einen Cocktail trinken möchten, ziehen Sie wiederum die dem Alkohol entsprechenden Kohlenhydratblöcke von den im Rezept angegebenen, restlichen Kohlenhydratblöcken ab (siehe Aufstellung in Anhang B). Wenn Sie Lust auf eine Nachspeise haben, wird genauso verfahren.

Wenn Sie die Kohlenhydratmenge bei Salaten, Alkohol oder Nachspeisen jeweils anpassen, wird Ihr hormoneller Verbrenner weiter ungetrübt arbeiten können.

Da diese Mahlzeiten vor allem schwach konzentrierte Kohlenhydrate wie Obst und Gemüse enthalten, fällt es vielen Menschen schwer, eine ganze Mahlzeit aufzuessen, obwohl der Kaloriengehalt einer durchschnittlichen Portion von vier Blöcken in den folgenden Rezepten jeweils unter 400 Kalorien liegt.

Betrachten Sie die Mahlzeiten nicht als Gerichte, sondern als äußerst wirkungsvolle Medikamente. Ich versichere Ihnen, dass Sie nach einer Woche in der Sears-Diät Weißbrot und Nudeln mit anderen Augen betrachten werden.

Frühstück

Mexikanisches Omelett
2 Portionen zu je vier Blöcken

Blockmenge:
2 Eiweiß	2 ganze Eier*
6 Eiweiß	12 Eiweiß
2 Kohlenhydrate	2 Tassen Zwiebeln, geschnitten
2 Kohlenhydrate	½ Tasse Kichererbsen, geschnitten
2 Kohlenhydrate	½ Tasse Kidneybohnen, geschnitten
⅔ Kohlenhydrate	1 Tasse grüne Paprikaschoten, geschnitten
⅔ Kohlenhydrate	1 Tasse rote Paprikaschoten, geschnitten
⅔ Kohlenhydrate	2 Tassen Champignons, geschnitten
8 Fette	2⅔ TL Olivenöl, getrennt
	⅛ TL schwarzer Pfeffer
	⅛ TL Tabasco (oder weniger)
	⅛ TL Senfmehl
	¼ TL Gelbwurz
	⅛ TL Chilipulver
	4 gehackte Knoblauchzehen, getrennt

*Anmerkung: in diesen Rezepten werden immer große Eier verwendet

Zubereitung:
Zwiebeln, Knoblauch, Kichererbsen, Kidneybohnen, Paprikaschoten und Champignons in ⅔ Teelöffel Öl in einer mittelgroßen beschichteten Pfanne braten, bis sie gar sind. In einer Rührschüssel Eier, Eiweiß und Gewürze verschlagen. In einer zweiten Bratpfanne 1 Teelöffel Öl erhitzen, dann Eiermischung hineingeben. Braten, bis sie fest wird und sich ein Omelett bildet. Das Omelett mit der Gemüsemischung füllen, zuklappen und servieren. Das zweite Omelett genauso zubereiten.

Gemüseallerlei
2 Portionen zu je vier Blöcken

Blockmenge:

2 Eiweiß	60 g entrahmter Mozzarella, klein geschnitten
4 Eiweiß	8 Eiweiß
2 Eiweiß	2 ganze Eier
1 Kohlenhydrat	2 Tassen Broccoli, gehackt
1 Kohlenhydrat	3 Tassen Champignons, geschnitten
2 Kohlenhydrate	3 Tassen rote Paprikaschoten, geschnitten
2 Kohlenhydrate	2 Tassen Zwiebelringe
1 Kohlenhydrat	1 Tasse gelber Kürbis, geschnitten
1 Kohlenhydrat	1 Tasse Zucchini, geschnitten
8 Fette	2½ TL Olivenöl
	⅛ TL Muskat
	¼ TL Gelbwurz
	⅛ TL schwarzer Pfeffer
	⅛ TL Selleriesalz

Zubereitung:
Gemüse in Öl in einer mittelgroßen beschichteten Bratpfanne fast gar braten. Eier, Käse, Muskat und Gelbwurz in einer Schüssel verrühren und über das Gemüse gießen. Unter Umrühren weiter braten. Wenn die Mischung zu stocken beginnt, ähnelt sie Rührei. Nach Belieben braten und auf vorgewärmten Tellern in zwei Portionen servieren. Pfeffer und Selleriesalz darüber streuen.

Obstsalat
2 Portionen zu je vier Blöcken

Blockmenge:

8 Eiweiß	2 Tassen fettarmer Hüttenkäse
1 Kohlenhydrat	½ Tasse Maraschinokirschen
1 Kohlenhydrat	1 Tasse Erdbeeren, geschnitten
2 Kohlenhydrate	1 Tasse Heidelbeeren
2 Kohlenhydrate	2 Kiwis, geschält und geschnitten
2 Kohlenhydrate	⅔ Tasse Clementinenscheiben
8 Fette	24 schwarze Oliven, klein geschnitten
	2 TL frische Minze, klein geschnitten
	⅛ TL Bananenkonzentrat
	⅛ TL Petersilie, gezupft

Zubereitung:
Alle Zutaten in einer Schüssel leicht vermengen. Auf zwei Teller häufen, Petersilie darüber streuen und sofort frisch servieren. Eine Aufbewahrung über längere Zeit ist nicht möglich.

Omelett mit Zimtäpfeln und Rosinen
2 Portionen zu je vier Blöcken

Blockmenge:

6 Eiweiß	8 Eiweiß und 2 ganze Eier
2 Eiweiß	2 Blätter geschmacksneutrale Gelatine
4 Kohlenhydrate	2 Deliciousäpfel, entkernt und geschnitten
2 Kohlenhydrate	2 EL Rosinen
2 Kohlenhydrate	⅔ Tasse Apfelmus
8 Fette	2⅔ TL Olivenöl
	½ Tasse Wasser
	½ TL und ⅛ TL Zimt
	⅛ TL Gelbwurz

Zubereitung:
Äpfel, Rosinen und Wasser in einer mittelgroßen, beschichteten Bratpfanne bei Mittelhitze 3–4 Minuten garen, bis die Äpfel etwas weich sind. Gelatine, Apfelmus, ⅔ Teelöffel Öl und ½ Teelöffel Zimt in einer Schüssel verrühren. Diese Mischung zu den Äpfeln und Rosinen geben und weitere 3–4 Minuten garen. Die Pfanne beiseite stellen und warm halten. Eiweiß, ganze Eier und Gelbwurz in einer Schüssel verrühren. 1 Teelöffel Öl in einer zweiten Bratpfanne erhitzen und die halbe Eiermischung darüber gießen. Braten, bis die Masse stockt und sich ein Omelett bildet. Während des Garens etwas Zimt darüber streuen. Dann die Hälfte der Füllung auf das Omelett geben, zuklappen und sofort servieren. Das zweite Omelett genauso zubereiten.

Italienisches Omelett
2 Portionen zu je vier Blöcken

Blockmenge:

6 Eiweiß	*8 Eiweiß und 2 ganze Eier*
2 Eiweiß	*60 g entrahmter Mozzarella*
2½ Kohlenhydrate	*3½ Tassen gekochte Zucchini, geschnitten*
1 Kohlenhydrat	*3 Tassen gekochte Champignons, geschnitten*
1½ Kohlenhydrate	*1½ Tassen Zwiebelringe, halbiert*
3 Kohlenhydrate	*1½ Tassen Tomatenpüree*
8 Fette	*2⅔ TL Olivenöl*
	⅛ TL getrockneter Majoran
	⅛ TL getrocknetes Basilikum
	⅛ TL schwarzer Pfeffer
	⅛ TL getrockneter Oregano
	⅛ TL Gelbwurz

Zubereitung:

Gemüse mit Ausnahme des Tomatenpürees in einer mittelgroßen, beschichteten Pfanne mit ⅔ Teelöffel garen, bis es fast weich ist. Tomatenpüree, Majoran, Basilikum, Pfeffer und Oregano zu dem Gemüse geben und bei schwacher Hitze 3–5 Minuten garen. Das Gemüse warm halten. Eier und Eiweiß mit Gelbwurz in einer Schüssel verquirlen. 1 Teelöffel Öl in einer zweiten Pfanne erhitzen und die halbe Eiermischung darüber gießen. Braten, bis die Masse stockt und sich ein Omelett bildet. Wenn es gar ist, die Hälfte der Gemüsefüllung auf das Omelett geben, zuklappen, Käse darüber streuen und sofort servieren. Das zweite Omelett genauso zubereiten.

Pfannkuchen mit Erdbeersoße
2 Portionen zu je vier Blöcken

Blockmenge:

2 Eiweiß	2 ganze Eier
4 Eiweiß und	
4 Kohlenhydrate	1⅓ Tassen Sojamehl
2 Eiweiß und	
2 Kohlenhydrate	2 Tassen Magermilch (1 Prozent)
2 Kohlenhydrate	2 Tassen Erdbeeren, geschnitten
8 Fette	2⅔ TL Olivenöl
	3 TL Erdbeerkonzentrat*
	2 EL Wasser

Zubereitung:
Eier, Sojamehl, Milch und 2 Teelöffel Erdbeerkonzentrat zu einem dünnen Teig verrühren. ⅔ Teelöffel Öl in einer beschichteten Pfanne erhitzen und so viel Teig in die Pfanne geben, dass kleine (ca. 5 cm) Pfannkuchen entstehen. Die Teigmenge ergibt etwa 24 Pfannkuchen, der Geschmack ähnelt Buchweizen. Goldbraun backen, auf zwei Teller geben und warm stellen. Den Teig ganz aufbrauchen. Geschnittene Erdbeeren, Wasser und 1 Teelöffel Erdbeerkonzentrat in die Pfanne geben. Langsam erhitzen, über die Pfannkuchen geben und servieren.

Anmerkung: Das Erdbeerkonzentrat ist notwendig, um dem Teig den Buchweizengeschmack zu geben und den starken Sojageschmack zu mildern.

Pfannkuchen mit Ahorn-Zimt-Soße
2 Portionen zu je vier Blöcken

Blockmenge:

2 Eiweiß	2 ganze Eier
4 Eiweiß und	
4 Kohlenhydrate	1⅓ Tassen Sojamehl
2 Eiweiß und	
2 Kohlenhydrate	2 Tassen Magermilch (1 Prozent)
2 Kohlenhydrate	⅔ Tassen ungesüßtes Apfelmus
8 Fette	2⅔ TL Olivenöl
	2 EL Erdbeerkonzentrat*
	2 EL und ⅛ TL Ahornextrakt
	2 EL Wasser
	⅛ TL Zimt

Zubereitung:
Eier, Mehl, Milch, Erdbeerkonzentrat und ⅛ Teelöffel Ahornextrakt zu einem dünnen Teig verrühren. ⅔ Teelöffel Öl in einer beschichteten Pfanne erhitzen und so viel Teig in die Pfanne geben, dass kleine (ca. 5 cm) Pfannkuchen entstehen. Die Teigmenge ergibt etwa 24 Pfannkuchen, der Geschmack ähnelt Buchweizen. Goldbraun backen, auf zwei Teller geben und warm stellen. Den Teig ganz aufbrauchen. Dann Apfelmus, Zimt, Wasser und 2 Esslöffel Ahornextrakt in die Pfanne geben. Langsam erhitzen, dann über die Pfannkuchen geben und servieren.

Anmerkung: Das Erdbeerkonzentrat ist notwendig, um dem Teig den Buchweizengeschmack zu geben und den starken Sojageschmack zu mildern.

Heidelbeerpfannkuchen
2 Portionen zu je vier Blöcken

Blockmenge:

2 Eiweiß	2 ganze Eier
4 Eiweiß und	
4 Kohlenhydrate	1⅓ Tassen Sojamehl
2 Eiweiß und	
2 Kohlenhydrate	2 Tassen Magermilch (1 Prozent)
2 Kohlenhydrate	1 Tasse Heidelbeeren
8 Fette	2⅔ TL Olivenöl
	2 TL Erdbeerkonzentrat*

Zubereitung:
Eier, Mehl, Milch, Erdbeerkonzentrat und Heidelbeeren zu einem dünnen Teig verrühren. ⅔ Teelöffel Öl in einer beschichteten Pfanne erhitzen und so viel Teig in die Pfanne geben, dass kleine (ca. 5 cm) Pfannkuchen entstehen. Die Teigmenge ergibt etwa 24 Pfannkuchen, der Geschmack ähnelt Buchweizen. Goldbraun backen, dann auf zwei Teller geben und warm stellen. Den Teig ganz verbrauchen. Pfannkuchen servieren.

Anmerkung: Das Erdbeerkonzentrat ist notwendig, um dem Teig den Buchweizengeschmack zu geben und den starken Sojageschmack zu mildern.

Sandwich mit Käse
2 Portionen zu je vier Blöcken

Blockmenge:

6 Eiweiß:	8 Eiweiß und 2 ganze Eier
2 Eiweiß	60 g entrahmter Mozzarella, klein geschnitten
1 Kohlenhydrat	2 Tassen Sellerie, geraspelt
2 Kohlenhydrate	1 Tasse Karotten, geraspelt
2 Kohlenhydrate	2 Tassen Zwiebeln, geraspelt
3 Kohlenhydrate	2 Tassen Tomaten, klein geschnitten
8 Fette	2⅔ TL Olivenöl, getrennt
	Salz und Pfeffer nach Belieben
	2 Knoblauchzehen, klein geschnitten
	⅛ TL Majoran
	⅛ TL Worcestersoße
	¼ TL Schnittlauch
	1 TL Petersilie
	⅛ TL Gelbwurz

Zubereitung:
Gemüse und Gewürze mit Ausnahme von Gelbwurz mit ⅔ Teelöffel Öl in einer mittelgroßen, beschichteten Pfanne fast gar braten und warm stellen. Eier und Gelbwurz in einer Schüssel verrühren. ½ Teelöffel Öl in einer zweiten Pfanne erhitzen und ein Viertel der Eiermischung hineingeben. Braten, bis sie fest wird und sich ein Omelett bildet. Weitere drei Omeletts genauso zubereiten. Dann je ein Omelett auf zwei Teller legen, die Gemüsemischung darüber geben und das andere Omelett wie bei einem Sandwich darauf legen. Käse darüber streuen und servieren.

Sandwich-Omelett mit Pute
2 Portionen zu je vier Blöcken

Blockmenge:

2 Eiweiß	80 g Pute, gehackt
6 Eiweiß	8 Eiweiß und 2 ganze Eier
2 Kohlenhydrate	½ Tasse Kidneybohnen, gekocht
2 Kohlenhydrate	2 Tassen Zwiebeln, gehackt
2 Kohlenhydrate	2 Tassen grüne Bohnen, geschnitten
1 Kohlenhydrat	1½ Tassen grüne Paprikaschoten, geschnitten
1 Kohlenhydrat	1½ Tassen rote Paprikaschoten, geschnitten
8 Fette	2⅔ TL Olivenöl
	1 TL Worcestersoße
	½ TL scharfe Soße
	Salz und Pfeffer nach Belieben
	3 Knoblauchzehen, gehackt
	⅛ TL Gelbwurz

Zubereitung:
Gemüse, Fleisch und Gewürze mit Ausnahme von Gelbwurz mit ⅔ Teelöffel Öl in einer mittelgroßen, beschichteten Pfanne fast gar braten und warm stellen. Eier und Gelbwurz in einer Schüssel verquirlen. ½ Teelöffel Öl in einer zweiten Pfanne erhitzen und ein Viertel der Eiermischung hineingeben. Braten, bis sie fest wird und sich ein Omelett bildet. Weitere drei Omeletts genauso zubereiten. Dann ein Omelett auf je einen Teller legen, die Gemüse-Fleisch-Mischung darüber geben und das andere Omelett wie bei einem Sandwich darauf legen. Sofort servieren.

Vegetarisches Sandwich-Omelett
2 Portionen zu je vier Blöcken

Blockmenge:

8 Eiweiß	10 Eiweiß und 2 ganze Eier
2 Kohlenhydrate	2 Tassen Zwiebeln, gehackt
2 Kohlenhydrate	2 Tassen Lauch, gehackt
2 Kohlenhydrate	1 Tasse Karotten, gehackt
2 Kohlenhydrate	6 Tassen Champignons, geschnitten
8 Fette	2⅔ TL Olivenöl
	1 EL Petersilie
	1 Knoblauchzehe, gehackt
	Salz und Pfeffer nach Belieben
	⅛ TL Gelbwurz

Zubereitung:
Gemüse und Gewürze mit Ausnahme von Gelbwurz mit ⅔ Teelöffel Öl in einer mittelgroßen, beschichteten Pfanne fast gar braten und warm stellen. Eier und Gelbwurz in einer Schüssel verrühren. ½ Teelöffel Öl in einer zweiten Pfanne erhitzen und ein Viertel der Eiermischung hineingeben. Braten, bis sie fest wird und sich ein Omelett bildet. Weitere drei Omeletts genauso zubereiten. Dann ein Omelett auf je einen Teller legen, die Gemüsemischung darüber geben und das andere Omelett wie bei einem Sandwich darauf legen. Sofort servieren.

Omelett mit Spinat
2 Portionen zu je vier Blöcken

Blockmenge:

6 Eiweiß	8 Eiweiß und 2 ganze Eier
2 Eiweiß	60 g entrahmter Mozzarella
4 Kohlenhydrate	1 Kilogramm Spinat
3½ Kohlenhydrate	3½ Tassen Zwiebeln, fein geschnitten
½ Kohlenhydrat	½ Tasse Schalotten, fein geschnitten
8 Fette	2⅔ TL schwarzer Pfeffer
	2 Knoblauchzehen, gehackt
	½ TL Muskatnuss
	⅛ TL Gelbwurz

Zubereitung:
Gemüse und Gewürze mit Ausnahme von Gelbwurz mit ⅔ Teelöffel Öl in einer mittelgroßen, beschichteten Pfanne fast gar braten und warm stellen. Eier und Gelbwurz in einer Schüssel verrühren. 1 Teelöffel Öl in einer zweiten Pfanne erhitzen, die Hälfte der Eiermischung hineingeben. Braten, bis sie fest wird und sich ein Omelett bildet. Das zweite Omelett genauso zubereiten. Die Omeletts auf Suppenteller legen und die Spinatmischung darüber geben, so dass es die Form eines Kuchens ergibt. Mit Käse bestreuen und servieren.

Frühstücksomelett mit Zucchini
2 Portionen zu je vier Blöcken

Blockmenge:

6 Eiweiß	8 Eiweiß und 2 ganze Eier
2 Eiweiß	60 g entrahmter Mozzarella
4 Kohlenhydrate	6 Tassen Zucchini, geviertelt
2 Kohlenhydrate	2 Tassen Zwiebeln in halben Ringen
2 Kohlenhydrate	3 Tassen grüne Paprikaschoten, geschnitten
8 Fette	2⅔ TL Olivenöl
	6 Knoblauchzehen, gehackt
	2 EL frischer Basilikum, gehackt
	⅛ TL getrockneter Oregano
	⅛ TL Gelbwurz

Zubereitung:
Gemüse und Gewürze mit Ausnahme von Gelbwurz mit ⅔ Teelöffel Öl in einer mittelgroßen, beschichteten Pfanne fast gar braten und warm stellen. Eier und Gelbwurz in einer Schüssel verrühren. 1 Teelöffel Öl in einer zweiten Pfanne erhitzen, die Hälfte der Eiermischung hineingeben und braten, bis sie fest wird und sich ein Omelett bildet. Das zweite Omelett genauso zubereiten. Die Omeletts auf Suppenteller legen und die Zucchinimischung darüber geben, so dass es die Form eines Kuchens ergibt. Mit Käse bestreuen und servieren.

Gemüsesoufflé
2 Portionen zu je vier Blöcken

Blockmenge:

8 Eiweiß	*12 Eiweiß und 2 ganze Eier*
1 Kohlenhydrat	*½ Tasse Karotten*
2 Kohlenhydrate	*4 Tassen Sellerie, fein gehackt*
3 Kohlenhydrate	*3 Tassen Zwiebeln, fein gehackt*
1 Kohlenhydrat	*¼ Tasse Kidneybohnen, gekocht oder aus der Dose, geschnitten*
1 Kohlenhydrat	*2 TL Zucker*
8 Fette	*2⅔ TL Olivenöl*
	⅛ TL schwarzer Pfeffer
	⅛ TL Selleriesalz
	⅛ TL getrockneter Oregano

Zubereitung:
Gemüse und Gewürze in einer mittelgroßen beschichteten Pfanne mit ⅔ Teelöffel Öl fast gar braten. Platte ausschalten und abkühlen lassen. Die geschlagenen ganzen Eier zugeben und beiseite stellen. Eiweiß und Zucker in einer Schüssel zu Eischnee schlagen. 1 Teelöffel Öl in einer zweiten Pfanne erhitzen und die Hälfte des Eischnees vorsichtig zugeben. Eischnee bei mittlerer Hitze braten, bis er die Pfanne wie ein Omelett ausfüllt. Die Hälfte der Gemüsemischung vorsichtig in die Mitte geben und weiterbraten, bis die Füllung fest wird. Die Seiten zur Mitte hin zu einem Dreieck formen und auf den Teller geben. In der Mitte einstechen, so dass die Füllung zu sehen ist. Das zweite Soufflé genauso zubereiten.

Spargelsoufflé
2 Portionen zu je vier Blöcken

Blockmenge:

8 Eiweiß	12 Eiweiß und 2 ganze Eier
2 Kohlenhydrate	2 Tassen Zwiebeln, gehackt
3 Kohlenhydrate	3 Tassen Spargel, gehackt
1 Kohlenhydrat	2¼ Tassen grüne Paprikaschoten, gehackt
2 Kohlenhydrate	4 TL Zucker
8 Fette	2⅔ TL Olivenöl
	⅛ TL getrockneter Dill
	⅛ TL getrockneter Schnittlauch
	⅛ TL Tabasco
	⅛ TL Selleriesalz

Zubereitung:
Gemüse und Gewürze in einer mittelgroßen, beschichteten Pfanne mit ⅔ Teelöffel Öl fast gar braten. Platte ausschalten und abkühlen lassen. Dann die geschlagenen ganzen Eier zugeben und beiseite stellen. Eiweiß und Zucker in einer Schüssel zu Eischnee schlagen. 1 Teelöffel Öl in einer zweiten Pfanne erhitzen und die Hälfte des Eischnees vorsichtig zugeben. Eischnee bei mittlerer Hitze braten, bis er die Pfanne wie ein Omelett ausfüllt. Die Hälfte der Gemüsemischung vorsichtig in die Mitte geben und weiterbraten, bis die Füllung fest wird. Die Seiten zur Mitte hin zu einem Dreieck formen und auf den Teller geben. In der Mitte einstechen, so dass die Füllung zu sehen ist. Das zweite Soufflé genauso zubereiten.

Kreolisches Soufflé
2 Portionen zu je vier Blöcken

Blockmenge:
8 Eiweiß: *12 Eiweiß und 2 ganze Eier*
1 Kohlenhydrat   *½ Tasse Karotten*
2 Kohlenhydrate   *4 Tassen Sellerie, fein geschnitten*
3 Kohlenhydrate   *3 Tassen Zwiebeln, fein geschnitten*
2 Kohlenhydrate   *4 TL Zucker*
8 Fette   *2⅔ TL Olivenöl*
                    ⅛ TL schwarzer Pfeffer
                    ⅛ TL Selleriesalz
                    ⅛ TL getrockneter Oregano

Zubereitung:
Gemüse und Gewürze in einer mittelgroßen beschichteten Pfanne mit ⅔ Teelöffel Öl fast gar braten. Platte ausschalten und abkühlen lassen. Dann die geschlagenen ganzen Eier zugeben und beiseite stellen. Eiweiß und Zucker in einer Schüssel zu Eischnee schlagen. 1 Teelöffel Öl in einer zweiten Pfanne erhitzen und die Hälfte des Eischnees vorsichtig zugeben. Eischnee bei mittlerer Hitze braten, bis er die Pfanne wie ein Omelett ausfüllt. Die Hälfte der Gemüsemischung vorsichtig in die Mitte geben und weiterbraten, bis die Füllung fest wird. Die Seiten zur Mitte hin zu einem Dreieck formen und auf den Teller geben. In der Mitte einstechen, so dass die Füllung zu sehen ist. Das zweite Soufflé genauso zubereiten.

Zimtapfel-Crêpe
2 Portionen zu je vier Blöcken

Blockmenge:

2 Eiweiß	2 ganze Eier
4 Eiweiß	170 g gekochter Schinken, fein geschnitten
1 Eiweiß und	
1 Kohlenhydrat	⅓ Tasse Sojamehl
1 Eiweiß und	
1 Kohlenhydrat	1 Tasse Magermilch (1 Prozent)
2 Kohlenhydrate	2 rote Deliciousäpfel, geschält und entkernt, grob geraspelt
2 Kohlenhydrate	⅔ Tassen Apfelmus
2 Kohlenhydrate	⅔ Tassen Hafermehl, gekocht
8 Fette	2⅔ TL Olivenöl
	¼ TL Zimt

Zubereitung:
Eier, Mehl und Milch in einer kleinen Schüssel verrühren, die Menge ergibt vier Crêpes. ½ Teelöffel Öl in einer beschichteten Pfanne oder Crêpepfanne erhitzen, dann ein Viertel des Teigs in die Pfanne geben. Pfanne mit einer anderen Pfanne zudecken. Auf Mittelhitze backen, bis sich der Boden gesetzt hat und nicht mehr anklebt. Beide Pfannen mit der Crêpe wenden, so dass die Crêpe nun in der anderen Pfanne ist. Die Crêpe nach dem Wenden kurz (ca. 1 Minute) anbräunen lassen, dann auf einen Teller geben und mit dem restlichen Teig drei weitere Crêpes backen. (Wenn Sie mehr Öl zum Backen brauchen, nehmen Sie etwas von der Crêpefüllung dazu.) Dann Äpfel, Apfelmus, Hafermehl, ⅔ Teelöffel Öl, Schinken und Zimt in einer anderen Pfanne bei schwacher Hitze erwärmen. Die Füllung auf die vier Crêpes verteilen, jeweils in die Mitte, dann die Crêpes zu einem Dreieck falten und sofort servieren. Je zwei Crêpes auf einen Teller.

2-Beeren-Crêpe
2 Portionen zu je vier Blöcken

Blockmenge:

2 Eiweiß	*2 ganze Eier*
4 Eiweiß	*1 Tasse fettarmer Hüttenkäse*
1 Eiweiß und	
1 Kohlenhydrat	*⅓ Tasse Sojamehl*
1 Eiweiß und	
1 Kohlenhydrat	*1 Tasse Magermilch (1 Prozent)*
3 Kohlenhydrate	*1½ Tassen Heidelbeeren*
2 Kohlenhydrate	*2 Tassen Himbeeren*
1 Kohlenhydrat	*4 TL Maisstärkemehl*
8 Fette	*2⅔ TL Olivenöl*
	1 EL Orangenkonzentrat
	¾ Tasse Wasser

Zubereitung:
Eier, Mehl und Milch in einer kleinen Schüssel verrühren, die Menge ergibt vier Crêpes. ½ Teelöffel Öl in einer beschichteten Pfanne oder Crêpepfanne erhitzen, dann ein Viertel des Teigs in die Pfanne geben. Pfanne mit einer anderen Pfanne zudecken. Auf Mittelhitze backen, bis sich der Boden gesetzt hat und nicht mehr anklebt. Beide Pfannen mit der Crêpe wenden, so dass die Crêpe nun in der anderen Pfanne ist. Die Crêpe nach dem Wenden kurz (ca. 1 Minute) bräunen lassen, dann auf den Teller geben und mit dem restlichen Teig drei weitere Crêpes backen. (Wenn Sie mehr Öl zum Backen brauchen, nehmen Sie etwas von der Crêpefüllung dazu.) Stärkemehl, Orangenkonzentrat, ⅔ Teelöffel Öl und Wasser in einer kleinen Schüssel verrühren, bis sich das Stärkemehl aufgelöst hat. Während die Crêpes backen, Füllung in eine andere beschichtete Pfanne geben und unter ständigem Rühren erhitzen, bis sich eine Soße bildet. Dann die Beeren zugeben. Die

Füllung je auf die Mitte der vier Crêpes verteilen, darauf noch ¼ Tasse Hüttenkäse, dann die Crêpes zu einem Dreieck falten und sofort servieren. Je zwei Crêpes auf einen Teller.

Clementinencrêpe
2 Portionen zu je vier Blöcken

Blockmenge:

2 Eiweiß	2 ganze Eier
1 Eiweiß und 1 Kohlenhydrat	⅓ Tasse Sojamehl
1 Eiweiß und 1 Kohlenhydrat	1 Tasse Magermilch (1 Prozent)
2 Eiweiß und 2 Kohlenhydrate	1 Tasse einfacher Magerjoghurt
2 Eiweiß	2 Blätter Gelatine ohne Geschmack
1 Kohlenhydrat	4 TL Maisstärkemehl
3 Kohlenhydrate	1 Tasse Clementinenscheiben
8 Fette	2⅔ TL Olivenöl
	2 TL Orangenkonzentrat

Zubereitung:
Eier, Mehl und Milch in einer kleinen Schüssel verrühren, die Menge ergibt vier Crêpes. ½ Teelöffel Öl in einer beschichteten Pfanne oder Crêpepfanne erhitzen, dann ein Viertel des Teigs in die Pfanne geben. Pfanne mit einer anderen Pfanne zudecken. Auf Mittelhitze backen, bis sich der Boden gesetzt hat und nicht mehr anklebt. Beide Pfannen mit der Crêpe wenden, so dass die Crêpe nun in der anderen Pfanne ist. Die Crêpe nach dem Wenden kurz (ca. 1 Minute) bräunen lassen, dann auf den Teller geben und mit dem restlichen Teig drei weitere Crêpes backen. (Wenn Sie mehr Öl zum Backen brau-

chen, nehmen Sie etwas von der Crêpefüllung dazu.) Joghurt, Stärkemehl, Orangenkonzentrat, ⅔ Teelöffel Öl und die Gelatine in einer kleinen Schüssel verrühren. Während die Crêpes backen, Füllung in eine andere beschichtete Pfanne geben und unter ständigem Rühren erhitzen, dann die Clementinen zugeben. Die Füllung je auf die Mitte der vier Crêpes verteilen, dann die Crêpes zu einem Dreieck falten und sofort servieren. Je zwei Crêpes auf einen Teller.

Kiwi-und-Ananas-Crêpe
2 Portionen zu je vier Blöcken

Blockmenge:

2 Eiweiß	*2 ganze Eier*
4 Eiweiß	*1 Tasse fettarmer Hüttenkäse*
1 Eiweiß und 1 Kohlenhydrat	*⅓ Tasse Sojamehl*
1 Eiweiß und 1 Kohlenhydrat	*1 Tasse Magermilch (1 Prozent)*
2 Kohlenhydrate	*2 Kiwis, geschält und geschnitten*
4 Kohlenhydrate	*2 Tassen Ananas*
8 Fette	*2⅔ TL Olivenöl*
	⅛ TL Zimt

Zubereitung:
Eier, Mehl und Milch in einer kleinen Schüssel verrühren, die Menge ergibt vier Crêpes. ½ Teelöffel Öl in einer beschichteten Pfanne oder Crêpepfanne erhitzen, dann ein Viertel des Teigs in die Pfanne geben. Pfanne mit einer anderen Pfanne zudecken. Auf Mittelhitze backen, bis sich der Boden gesetzt hat und nicht mehr anklebt. Beide Pfannen mit der Crêpe wenden, so dass die Crêpe nun in der anderen Pfanne ist. Die

Crêpe nach dem Wenden kurz (ca. 1 Minute) anbräunen lassen, dann auf den Teller geben und mit dem restlichen Teig drei weitere Crêpes backen. (Wenn Sie mehr Öl zum Backen brauchen, nehmen Sie etwas von der Crêpefüllung dazu.) Kiwis, Ananas, ⅔ Teelöffel Öl und Zimt in einer anderen Pfanne erhitzen, bis sie weich sind. Das noch heiße Obst, die Füllung und ¼ Tasse Hüttenkäse je auf die Mitte der vier Crêpes verteilen, dann die Crêpes zu einem Dreieck falten und sofort servieren. Je zwei Crêpes auf einen Teller.

Gemüsecrêpe
2 Portionen zu je vier Blöcken

Blockmenge:

2 Eiweiß	2 ganze Eier
4 Eiweiß	110 g entrahmter Mozzarella, klein geschnitten
1 Eiweiß und 1 Kohlenhydrat	⅓ Tasse Sojamehl
1 Eiweiß und 1 Kohlenhydrat	1 Tasse Magermilch (1 Prozent)
1 Kohlenhydrat	4 TL Maisstärkemehl
1 Kohlenhydrat	2 Tassen Broccoliröschen, fein geschnitten
1 Kohlenhydrat	3 Tassen Champignons, fein geschnitten
1 Kohlenhydrat	1 Tasse Zwiebeln, fein geschnitten
2 Kohlenhydrate	2 Tassen Erdbeeren, geschnitten
8 Fette	2⅔ TL Olivenöl
	¼ TL Gelbwurz
	2 EL Wasser
	⅛ TL Sherry

Zubereitung:
Eier, Mehl und Milch in einer kleinen Schüssel verrühren, die

Menge ergibt vier Crêpes. ½ Teelöffel Öl in einer beschichteten Pfanne oder Crêpepfanne erhitzen, dann ein Viertel des Teigs in die Pfanne geben. Pfanne mit einer anderen Pfanne zudecken. Auf Mittelhitze backen, bis sich der Boden gesetzt hat und nicht mehr anklebt. Beide Pfannen mit der Crêpe wenden, so dass die Crêpe nun in der anderen Pfanne ist. Die Crêpe nach dem Wenden kurz (ca. 1 Minute) anbräunen lassen, dann auf den Teller geben und mit dem restlichen Teig drei weitere Crêpes backen. (Wenn Sie mehr Öl zum Backen brauchen, nehmen Sie etwas von der Crêpefüllung dazu.) Gelbwurz, Maisstärkemehl, 2 Esslöffel Wasser und Sherry in einer anderen Pfanne gut verrühren, dann Käse zugeben. Mischung unter ständigem Umrühren erhitzen, bis sich eine dicke Käsesoße bildet. Vom Herd nehmen und warm halten. ⅔ Teelöffel Öl in eine andere Pfanne geben und Broccoli, Pilze und Zwiebeln gar braten. Die Füllung auf die Mitte der vier Crêpes verteilen, dann die Crêpes zu einem Dreieck falten und sofort servieren. Je zwei Crêpes auf einen Teller geben und mit etwas Käsesoße übergießen und die Teller noch mit je 1 Tasse geschnittenen Erdbeeren garnieren.

Anmerkung: Dieses Gericht eignet sich auch als leichtes Mittagessen.

Frisches Obst in feiner Soße
2 Portionen zu je vier Blöcken

Blockmenge:

8 Eiweiß	2 Tassen fettarmer Hüttenkäse
1 Kohlenhydrat	⅓ Tasse Apfelmus
2 Kohlenhydrate	2 Pfirsiche
1 Kohlenhydrat	½ Tasse Trauben
1 Kohlenhydrat	⅓ Tasse Clementinenscheiben
1 Kohlenhydrat	1 Tasse Erdbeeren, geschnitten
2 Kohlenhydrate	1 Apfel, geschnitten und entkernt
8 Fette	8 TL Mandeln, gehobelt
	¼ TL Zimt
	¼ TL Muskatnuss

Zubereitung:
Hüttenkäse, Zimt und Muskatnuss mit dem Mixer gut verrühren, bis eine glatte Mischung entsteht. Dann in eine kleine Schüssel geben und das Obst unterheben. Auf zwei Teller verteilen, Mandeln darüber streuen und servieren.

Süßsaure Pfirsiche
2 Portionen zu je vier Blöcken

Blockmenge:

2 Eiweiß	*2 Blätter Gelatine ohne Geschmack*
4 Eiweiß	*60 g Eiweißpulver (28 Gramm Eiweiß)*
2 Eiweiß und 2 Kohlenhydrate	*1 Tasse einfacher Magerjoghurt, leicht erwärmt*
5 Kohlenhydrate	*5 Pfirsiche ohne Kern, geschält und geschnitten*
1 Kohlenhydrat	*1½ TL brauner Zucker*
8 Fette	*1 TL Vanillekonzentrat*
	⅛ TL Nelken
	½ Tasse Wasser

Zubereitung:
Pfirsiche, Vanillekonzentrat, Nelken, Zucker, Gelatine und Wasser in einer Pfanne langsam erhitzen. Joghurt und Eiweißpulver in einer Schüssel verrühren, dann in zwei Schalen geben, das heiße Obst darüber verteilen und servieren.

Erdbeerfrühstück
2 Portionen zu je vier Blöcken

Blockmenge:
2 Eiweiß	2 Blätter Gelatine ohne Geschmack
2 Eiweiß	½ Tasse fettarmer Hüttenkäse
2 Eiweiß und 2 Kohlenhydrate	2 Tassen Magermilch (1 Prozent)
2 Eiweiß und 2 Kohlenhydrate	1 Tasse einfacher Magerjoghurt
4 Kohlenhydrate	4 Tassen Erbeeren, geschnitten*
8 Fette	2⅔ TL Olivenöl

Zubereitung:
Alle Zutaten in einem Mixer zu einer glatten Masse verrühren. Auf zwei große Gläser verteilen, mit Erdbeeren garnieren und servieren.

Anmerkung: Die verwendeten Erdbeeren können frisch oder gefroren sein. Bei gefrorenen Erdbeeren werden die Früchte ganz oder geschnitten, ohne Zucker oder andere Zusätze verwendet. Bei frischen Erdbeeren nur feste, dunkelrote Früchte nehmen. Frische Erdbeeren immer zugedeckt im Kühlschrank aufbewahren.

Rührei mit Gemüse
2 Portionen zu je vier Blöcken

Blockmenge:

8 Eiweiß	*12 Eiweiß und 2 ganze Eier*
1 Kohlenhydrat	*4 Tassen Spinat*
2 Kohlenhydrate	*2 Tassen grüne Bohnen*
2 Kohlenhydrate	*2 Tassen Wachsbohnen*
2 Kohlenhydrate	*½ Tasse Kidneybohnen*
1 Kohlenhydrat	*1 Tasse Zwiebeln, gehackt*
8 Fette	*2⅔ TL Olivenöl*
	¼ TL Gelbwurz

Zubereitung:
Gemüse mit ⅔ Teelöffel Öl in einer mittelgroßen beschichteten Pfanne gar braten, dann vom Herd nehmen und warm halten, bis die Rühreier fertig sind. In einer Rührschüssel Eiweiß, ganze Eier und Gelbwurz miteinander verschlagen. 2 Teelöffel Öl in einer zweiten Pfanne erhitzen, die Eiermischung hineingeben und unter ständigem Rühren zu Rührei braten. Neben dem Gemüse auf zwei vorgewärmte Teller verteilen und servieren.

Pizza-Omelett
2 Portionen zu je vier Blöcken

Blockmenge:
6 Eiweiß	8 Eiweiß und 2 ganze Eier
2 Eiweiß	60 g entrahmter Mozzarella, klein geschnitten
1 Kohlenhydrat	3 Tassen Champignons, geschnitten
1 Kohlenhydrat	1 Tasse Tomaten, geschnitten
1 Kohlenhydrat	1 Tasse Zwiebeln, gehackt
2 Kohlenhydate	½ Tasse Kichererbsen, gehackt
1 Kohlenhydrat	1 Tasse Spargel, gehackt
2 Kohlenhydrate	1 Tasse Tomatenpüree
8 Fette	2⅔ TL Olivenöl
	¼ TL Gelbwurz

Zubereitung:
Das Gemüse außer dem Tomatenpüree mit 2 Teelöffel Öl in einer mittelgroßen beschichteten Pfanne gar braten, dann vom Herd nehmen und warm halten. In einer Rührschüssel Eiweiß, ganze Eier und Gelbwurz miteinander verschlagen. ⅔ Teelöffel Öl in einer zweiten Pfanne erhitzen, die Eiermischung hineingeben und ein Omelett braten. Das Omelett in eine Auflaufform geben und die Gemüsemischung darauf häufen. Tomatenpüree in einem kleinen Topf erhitzen und über das Gemüse auf dem Omelett geben. Mit geriebenem Käse bestreuen und bei Oberhitze grillen, bis der Käse schmilzt und leicht gebräunt ist. In vier Stücke teilen und auf zwei Teller verteilen, servieren.

Eier und Pute mit Gemüse
2 Portionen zu je vier Blöcken

Blockmenge:

6 Eiweiß	*250 g gehacktes Putenfleisch*
2 Eiweiß	*2 ganze Eier*
2 Kohlenhydrate	*2 Tassen Grünkohl*
1 Kohlenhydrat	*1 Tasse Lauch, geschnitten*
1 Kohlenhydrat	*2 Tassen Broccoliröschen, gekocht*
1 Kohlenhydrat	*½ Tasse Karotten, gekocht, halbe Stifte*
1 Kohlenhydrat	*¾ Tasse rote Paprikaschoten, halbe Ringe*
1 Kohlenhydrat	*1 Tasse gelbe Bohnen, gekocht und gehackt*
1 Kohlenhydrat	*½ Apfel, geraspelt*
8 Fette	*2⅔ TL Olivenöl*
	⅛ TL Salbei
	⅛ TL Paprika
	⅛ TL Muskatnuss
	Salz und Pfeffer nach Belieben
	Wasser

Zubereitung:
Gemüse in einem Topf mit Wasser bedecken und gar kochen, aber nicht zu weich. Putenfleisch, Apfel und Gewürze in einer Schüssel verrühren, daraus zwei Küchlein formen und mit ⅔ Teelöffel Öl in einer Pfanne braten. Aus der Pfanne nehmen und beiseite stellen. In einer beschichteten Pfanne 2 Teelöffel Öl erhitzen, dann die ganzen Eier braten. Gemüse und Fleischküchlein auf zwei Tellern anrichten und je ein Ei darüber geben.

Colorado-Omelett
2 Portionen zu je vier Blöcken

Blockmenge:

6 Eiweiß	8 Eiweiß und 2 Eier
1 Eiweiß	40 g gekochter Schinken, gewürfelt
1 Eiweiß	30 g entrahmter Mozzarella, klein geschnitten
1 Kohlenhydrat	1 Tasse Zwiebel, fein geschnitten
2 Kohlenhydrate	2 Tassen Grünkohl
1 Kohlenhydrat	¼ Tasse schwarze Bohnen, gekocht
1 Kohlenhydrat	¼ Tasse Kidneybohnen, gekocht
1 Kohlenhydrat	¼ Tasse Kichererbsen, gekocht
1 Kohlenhydrat	1 Tasse Zwiebeln, fein gehackt
½ Kohlenhydrat	¾ Tasse grüne Paprikaschoten, gehackt
½ Kohlenhydrat	¾ Tasse rote Paprikaschoten, gehackt
8 Fette	2⅔ TL Olivenöl

Zubereitung:
Zwiebeln, Weißkohl, Bohnen, Kichererbsen und 1 Tasse fein geschnittene Zwiebeln mit ⅔ Teelöffel Öl in einer mittelgroßen beschichteten Pfanne braten, bis sie braun und knusprig sind. Eier, Eiweiß, Paprikaschoten und 1 Tasse fein gehackte Zwiebeln mit Schinken und Käse in einer Schüssel verrühren. 1 Teelöffel Öl in einer zweiten Pfanne erhitzen, dann die Hälfte der Eiermischung braten, bis sie zu einem festen Omelett wird. Das zweite Omelett genauso zubereiten, dann jeweils mit der Hälfte der Gemüsemischung füllen, zuklappen und servieren.

Arnold-Eier
2 Portionen zu je vier Blöcken

Blockmenge:
4 Eiweiß	*4 Eiweiß und 2 ganze Eier, getrennt*
2 Eiweiß	*60 g entrahmter Mozzarella, klein geschnitten*
2 Eiweiß	*80 g gekochter Schinken*
1½ Kohlenhydrate	*4 große Champignons ohne Stiel*
1 Kohlenhydrat	*¾ Tasse rote Paprikaschoten, dünne Streifen*
2 Kohlenhydrate	*½ Tasse Kidneybohnen, gekocht*
3 Kohlenhydrate	*3 Tassen Spargel, gehackt*
½ Kohlenhydrat	*2 TL Maisstärkemehl*
8 Fette	*2⅔ TL Olivenöl*
	3 EL Wasser
	ein Schuß Weißwein
	¼ TL Chilipulver
	⅛ TL Gelbwurz

Zubereitung:
Die Stiele von den Pilzen entfernen, dann mit ⅔ Teelöffel Öl, 1 Esslöffel Wasser und einem Schuss Weißwein leicht garen. Aus Eiweiß und ganzen Eiern getrennt verlorene Eier kochen und beiseite stellen. Paprikaschoten und Bohnen mit 2 Teelöffel Öl in einer Pfanne weich garen. Spargel in einem Topf mit Wasser bedecken und kochen. Chilipulver, Gelbwurz, Stärkemehl und 2 Esslöffel Wasser in einem kleinen Topf verrühren, bis sich das Stärkemehl aufgelöst hat. Dann Mozzarella zugeben und erhitzen, bis eine Soße entsteht. Die beiden Pilzhüte auf zwei Tellern anrichten und je die Hälfte des pochierten Eiweiß darüber geben. Obenauf den Schinken legen, daneben jeweils ein verlorenes Ei. Die Soße vorsichtig darüber geben und das Gemüse ebenfalls auf die zwei Teller verteilen.

Verlorene Eier auf Spinatbett
2 Portionen zu je vier Blöcken

Blockmenge:

6 Eiweiß:	*8 Eiweiß mit 2 ganzen Eiern*
1 Eiweiß	*¼ Tasse Hüttenkäse*
1 Eiweiß und	
1 Kohlenhydrat	*1 Tasse Magermilch (1 Prozent)*
1 Kohlenhydrat	*3 Tassen Champignons, fein geschnitten*
2 Kohlenhydrate	*2 Tassen Zwiebeln, fein geschnitten*
2 Kohlenhydrate	*8 Tassen frischer Spinat*
2 Kohlenhydrate	*4 TL Maisstärkemehl*
	¼ TL Olivenöl
	⅛ TL Nelken
	⅛ TL Chilipulver
	⅛ TL Paprika

Zubereitung:
Aus den Eiern und dem Eiweiß getrennt verlorene Eier kochen und beiseite stellen. Pilze und Zwiebeln in einer beschichteten Pfanne in 2 Teelöffeln Öl garen, dann herausnehmen und warm stellen. In einer anderen Pfanne mit den restlichen ⅔ Teelöffel Öl den Spinat dünsten, bis er zusammenfällt. Hüttenkäse, Gewürze, Milch und Stärke in einem Mixer glattrühren. Aus dem Mixer nehmen und in einem kleinen Topf auf Mittelhitze erwärmen, bis eine Soße entsteht. Auf den Tellern ein Spinatbett anrichten, jeweils die Hälfte der Pilzmischung darauf geben, dann das pochierte Eiweiß und schließlich je ein verlorenes Ei dazugeben. Mit Paprika bestreuen und servieren.

Quiche Lorraine
2 Portionen zu je vier Blöcken

Blockmenge:

4 Eiweiß	*4 Eiweiß und 2 ganze Eier*
1 Eiweiß	*40 g gekochter Schinken, gewürfelt*
2 Eiweiß	*60 g entrahmter Mozzarella, klein geschnitten*
1 Eiweiß und 1 Kohlenhydrat	*1 Tasse Magermilch (1 Prozent)*
½ Kohlenhydrat	*1½ Tasse Zwiebeln, fein geschnitten*
2 Kohlenhydrate	*2 Tassen Grünkohl*
1 Kohlenhydrat	*1 Tasse Zuccini, fein geschnitten*
1 Kohlenhydrat	*1 Tasse Lauch, fein geschnitten*
½ Kohlenhydrat	*¾ Tasse rote Paprikaschoten, fein geschnitten*
1 Kohlenhydrat	*1 Tasse Tomaten, gehackt*
8 Fette	*2⅔ TL Olivenöl*
	⅛ TL Senfmehl
	⅛ TL schwarzer Pfeffer

Zubereitung:
Das Gemüse mit dem Öl in einer Pfanne garen und abkühlen lassen. Eier und Milch in einer Schüssel verquirlen, dann Gemüse, Schinken und Käse zugeben. Die Mischung auf zwei kleine Backformen verteilen und bei ca. 200 Grad etwa 45–60 Minuten backen. Sofort servieren.

Spargelquiche
2 Portionen zu je vier Blöcken

Blockmenge:

5 Eiweiß	*6 Eiweiß und 2 ganze Eier*
2 Eiweiß	*60 g entrahmter Mozzarella, klein geschnitten*
1 Eiweiß und 1 Kohlenhydrat	*1 Tasse Magermilch (1 Prozent)*
½ Kohlenhydrat	*½ Tasse Zwiebeln, fein geschnitten*
2 Kohlenhydrate	*2 Tassen Spargel, geschnitten*
2 Kohlenhydrate	*2 Tassen Grünkohl*
½ Kohlenhydrat	*1½ Tassen Champignons, geschnitten*
1 Kohlenhydrat	*½ Tasse Karotten, geschnitten*
1 Kohlenhydrat	*1 Tasse Tomaten, gehackt*
8 Fette	*2⅔ TL Olivenöl*
	Salz und Pfeffer nach Belieben
	2 Knoblauchzehen, gehackt
	⅛ TL Chilipulver
	⅛ TL getrocknetes Basilikum
	¼ TL getrockneter Dill

Zubereitung:
Das Gemüse mit Gewürzen und Öl in einer beschichteten Pfanne weich garen und abkühlen lassen. Eier und Milch in einer Schüssel verquirlen, abgekühltes Gemüse und Käse dazugeben. Die Mischung auf zwei kleine Backformen verteilen und bei ca. 200 Grad eta 45-60 Minuten backen. Sofort servieren.

Gemüsequiche
2 Portionen zu je vier Blöcken

Blockmenge:

5 Eiweiß	*6 Eiweiß und 2 ganze Eier*
2 Eiweiß	*60 g entrahmter Mozzarella, klein geschnitten*
1 Eiweiß und 1 Kohlenhydrat	*1 Tasse Magermilch (1 Prozent)*
½ Kohlenhydrat	*½ Tasse Zwiebeln, fein geschnitten*
1 Kohlenhydrat	*4 Tassen Spinat ohne Stiele*
½ Kohlenhydrat	*1 Tasse Karotten, geraspelt*
2 Kohlenhydrate	*2 Tassen Zuckerschoten*
½ Kohlenhydrat	*1½ Tassen Gurken, geschält, entkernt, fein geschnitten*
½ Kohlenhydrat	*¾ Tasse rote Paprikaschoten, fein geschnitten*
1 Kohlenhydrat	*1 Tasse gelber Kürbis, fein geschnitten*
1 Kohlenhydrat	*½ Tasse Wasserkastanien, gehackt*
8 Fette	*2⅔ TL Olivenöl*
	¼ TL Selleriesalz
	⅛ TL scharfes Currygewürz
	4 Knoblauchzehen, gehackt

Zubereitung:
Das Gemüse mit Gewürzen und Öl in einer beschichteten Pfanne weich garen und abkühlen lassen. Eier und Milch in einer Schüssel verquirlen, abgekühltes Gemüse und Käse dazugeben. Die Mischung auf zwei kleine Backformen verteilen und bei ca. 200 Grad etwa 45–60 Minuten backen. Sofort servieren.

Dienstagsomelett
2 Portionen zu je vier Blöcken

Blockmenge:

1½ Eiweiß	70 g gekochter Schinken
6 Eiweiß	12 Eiweiß
½ Eiweiß und ½ Kohlenhydrat	¼ Tasse einfacher Magerjoghurt
1 Kohlenhydrat	1 Tasse Zwiebeln, gehackt
1 Kohlenhydrat	1¼ Tassen Spinat, gekocht
1 Kohlenhydrat	1¼ Tassen Tomaten, gehackt
½ Kohlenhydrat	1 Tasse Sellerie, gehackt
2 Kohlenhydrate	1 Apfel, entkernt und geschnitten
2 Kohlenhydrate	1 Tasse Honigmelone, gewürfelt
8 Fette	⅔ TL Olivenöl, getrennt
	Salz und Pfeffer nach Belieben
	¼ TL Gelbwurz
	¼ TL getrockneter Schnittlauch
	⅛ TL Selleriesalz
	⅛ TL Chilipulver

Zubereitung:
Schinken, Zwiebeln, Spinat, Tomaten und Sellerie in ⅔ Teelöffel Öl in einer Pfanne weich garen. Während das Gemüse gart, Eiweiß, Joghurt und Gewürze in einer Schüssel verrühren. Der Joghurt wird in Verbindung mit den Eiern wie geronnen aussehen, das ist in Ordnung. Die Eier-Joghurt-Mischung verquirlen, bis der Joghurt untergemischt ist und nicht mehr geronnen aussieht. In einer zweiten Pfanne 1 Teelöffel Öl erhitzen, dann die Hälfte der Eiermischung dazugeben und braten, bis es zu einem festen Omelett wird. Das Omelett mit der halben Gemüsemischung füllen, zuklappen und mit der Hälfte der Früchte auf dem Teller garnieren. Das zweite Omelett genauso zubereiten.

Kalifornisches Omelett
2 Portionen zu je vier Blöcken

Blockmenge:

7½ Eiweiß	15 Eiweiß
½ Eiweiß und ½ Kohlenhydrat	¼ Tasse einfacher Magerjoghurt
1 Kohlenhydrat	⅓ Tasse Pintobohnen, gekocht und gewaschen
1 Kohlenhydrat	¼ Tasse schwarze Bohnen, gekocht und gewaschen
1 Kohlenhydrat	¼ Tasse Kidneybohnen, gekocht und gewaschen
1 Kohlenhydrat	1¼ Tasse Tomaten, gehackt
1 Kohlenhydrat	1 Tasse Zwiebeln, gehackt
1 Kohlenhydrat	1 Tasse Spargelstangen, geschnitten
½ Kohlenhydrat	3 Tassen Spinat
1 Kohlenhydrat	¼ Tasse Kichererbsen
8 Fette	2⅔ TL Olivenöl, getrennt
	¼ TL getrockneter Dill
	Salz und Pfeffer nach Belieben
	¼ TL getrockneter Schnittlauch
	¼ TL Gelbwurz
	⅛ TL Chilipulver
	⅛ TL Selleriesalz

Zubereitung:
Bohnen, Zwiebeln, Spinat, Tomaten, Kichererbsen und Dill in ⅔ Teelöffel Öl in einer Pfanne garen. Während das Gemüse gart, Eiweiß, Joghurt und die anderen Gewürze in einer Schüssel verrühren. Der Joghurt wird in Verbindung mit den Eiern wie geronnen aussehen, das ist in Ordnung. Die Eier-Joghurt-Mischung verquirlen, bis der Joghurt untergemischt ist und nicht mehr geronnen aussieht. In einer zweiten Pfan-

ne 1 Teelöffel Öl erhitzen, dann die Hälfte der Eiermischung dazugeben und braten, bis es zu einem festen Omelett wird. Das Omelett mit der halben Gemüsemischung füllen, zuklappen und mit der Hälfe des Obstes auf dem Teller garnieren. Das zweite Omelett genauso zubereiten.

Mittagessen

Asiatisches Gemüse
2 Portionen zu je vier Blöcken

Blockmenge:

8 Eiweiß	*700 g fester Tofu, gewürfelt**
1 Kohlenhydrat	*2½ Tassen Sellerie, geschnitten*
1 Kohlenhydrat	*1 Tasse Zwiebeln, fein geschnitten*
1 Kohlenhydrat	*3 Tassen Weißkohl, gehackt*
1 Kohlenhydrat	*3 Tassen Champignons, dünn geschnitten*
1 Kohlenhydrat	*1½ Tassen Zucchini, in Viertelscheiben geschnitten*
1 Kohlenhydrat	*1½ Tassen Paprikaschoten, fein geschnitten*
1 Kohlenhydrat	*3 Tassen Bohnensprossen*
1 Kohlenhydrat	*4 TL Maisstärkemehl*
8 Fette	*2⅔ TL Olivenöl*
	1 Tasse kaltes Wasser
	2 EL natriumarme Sojasoße
	¼ TL scharfes Currygewürz
	½ TL Chilipulver
	eine Prise Knoblauchpulver
	Salz und Pfeffer nach Belieben

Zubereitung:
Gemüse mit Öl in einer beschichteten Pfanne fast gar braten, dann ½ Tasse Wasser zugeben, zudecken und dünsten lassen. Wasser, Sojasoße, Currygewürz, Chilipulver, Knoblauchpulver und Stärkemehl in einem Topf zu Soße verrühren. (Stärkemehl vorher in etwas Wasser auflösen). Die Soße unter ständigem Umrühren leicht köcheln lassen, dann den Tofu zugeben und erhitzen. Die Soße mit Tofu mit dem Gemüse

verrühren und 2–3 Minuten köcheln lassen. Auf zwei Teller verteilen und sofort servieren.

* *Anmerkung: Tofu enthält viel Wasser. Deshalb den Tofu im ganzen auf einen flachen Teller legen und eine halbe Stunde stehen lassen.*

Scharfer Tofu Primavera
2 Portionen zu je vier Blöcken

Blockmenge:

8 Eiweiß	*110 g extrafester Tofu, gewürfelt*
1 Kohlenhydrat	*½ Karotte, geschnitten*
1 Kohlenhydrat	*1 Tasse Zwiebeln, geschnitten*
2 Kohlenhydrate	*4½ Tassen grüne Paprikaschoten, geschnitten*
1 Kohlenhydrat	*Tassen Weißkohl, geraspelt*
2 Kohlenhydrate	*2½ Tassen Tomaten, geschnitten*
1 Kohlenhydrat	*4 TL Maisstärkemehl*
8 Fette	*2⅔ TL Olivenöl*
	1½ Tassen kaltes Wasser
	2 EL Sojasoße
	⅛ TL Chilipulver
	⅛ TL roter Pfeffer, zerstoßen
	2 Knoblauchzehen, gehackt
	Salz und Pfeffer nach Belieben

Zubereitung:
Gemüse mit Öl in einer beschichteten Pfanne fast gar braten, dann ½ Tasse Wasser zugeben, zudecken und dünsten lassen. Wasser, Sojasoße, Chilipulver, gemahlener roter Pfeffer, Knoblauch und Stärkemehl in einem Topf zu Soße verrühren. (Stärkemehl vorher in etwas Wasser auflösen). Die Soße unter ständigem Umrühren leicht köcheln lassen, dann den Tofu

zugeben und erhitzen. Mit dem Gemüse verrühren und 2–3 Minuten köcheln lassen. Auf zwei Teller verteilen und sofort servieren.

Herzhafter Gurkeneintopf
2 Portionen zu je vier Blöcken

Blockmenge:

6 Eiweiß	170 g entrahmter Mozzarella, fein geschnitten
2 Eiweiß	2 hart gekochte Eier, in Scheiben
2 Kohlenhydrate	1 Tasse Tomatenpüree
1 Kohlenhydrat	1¼ Tasse Tomaten, geschnitten
2 Kohlenhydrate	6 Tassen Gurken, geschnitten
1 Kohlenhydrat	1½ Tassen grüne Paprikaschoten, in Viertel geschnitten
2 Kohlenhydrate	2 Tassen Zwiebeln, geschnitten
8 Fette	24 schwarze Oliven, geschnitten
	weißer Pfeffer nach Belieben
	eine Prise Selleriesalz
	¼ TL Salz
	1½ TL Tabasco
	¼ TL getrockneter Dill
	1 Tasse Wasser

Zubereitung:
Alle Zutaten außer Käse und Eiern in einem großen Topf erhitzen, bis sie kochen. Dann Topf zudecken und bei Mittelhitze unter häufigem Umrühren etwa 20–25 Minuten garen lassen. Kurz vor dem Servieren den Käse unterrühren, auf zwei Suppenteller verteilen und mit den Eierscheiben garnieren.

Vegetarisches Chili
2 Portionen zu je vier Blöcken

Blockmenge:

8 Eiweiß:	700 g extrafester Tofu, klein geschnitten
4 Kohlenhydrate	1 Tasse Kidneybohnen, gekocht*
1 Kohlenhydrat	1 Tasse Zwiebeln, geschnitten
½ Kohlenhydrat	1 Tasse Sellerie, geschnitten
1½ Kohlenhydrate	1½ Tassen Dosentomaten mit Saft, geschnitten
1 Kohlenhydrat	½ Tasse Tomatenpüree
8 Fette	2⅔ TL Olilvenöl
	1 Tasse Wasser
	6 Knoblauchzehen, gehackt
	1 TL frischer Basilikum
	½ TL Tabasco
	4 EL Chilipulver (oder nach Belieben)
	Salz und Pfeffer nach Belieben

Zubereitung:
Bohnen, Zwiebeln und Sellerie in Öl in einem Topf weich garen, dann Tomaten, Wasser, Tomatenpüree, Tofu und Gewürze zugeben und alles gut erhitzen. Auf zwei Suppenteller verteilen und servieren.

* Anmerkung: Dosenbohnen bitte immer vor Gebrauch waschen.

Mexikanischer Bohneneintopf
2 Portionen zu je vier Blöcken

Blockmenge:

8 Eiweiß	*230 g enthäutete Hühnchenbrust, fein geschnitten*
4 Kohlenhydrate	*1 Tasse schwarze Bohnen, gekocht*
½ Kohlenhydrat	*½ Tasse Zwiebeln, geschnitten*
½ Kohlenhydrat	*¾ Tasse Zucchini, geschnitten*
2 Kohlenhydrate	*1 Tasse Tomatenpüree*
1 Kohlenhydrat	*½ Tasse Chilisoße*
8 Fette	*2⅔ TL Olivenöl, getrennt*
	⅔ Tasse Wasser
	Salz und Pfeffer nach Belieben
	2 EL Petersilie

Zubereitung:
Bohnen, Zwiebeln und Zucchini in 2 Teelöffel Öl in einem Topf garen, dann Tomatenpüree, Wasser, Petersilie und Chilisoße zugeben und alles gut erhitzen. Während das Gemüse gart, in einem Topf ⅔ Teelöffel Öl erhitzen und das Hühnchenfleisch unter Rühren darin braten, dann mit dem Gemüse mischen und 5 Minuten köcheln lassen. Auf zwei Suppenschüsseln verteilen und servieren.

Gebratenes Rindfleisch
2 Portionen zu je vier Blöcken

Blockmenge:

8 Eiweiß	*230 g Rindernuss, dünn geschnetzelt*
2 Kohlenhydrate	*½ Tasse Kidneybohnen, gekocht*
2 Kohlenhydrate	*2 Tassen grüne Bohnen, gehackt*
1 Kohlenhydrat	*1 Tasse Zwiebeln, geschnitten*
1 Kohlenhydrat	*2¼ Tassen rote Paprikaschoten, geschnitten*
2 Kohlenhydrate	*1 Tasse Tomatenpüree*
8 Fette	*2⅔ TL Olivenöl*
	1 TL Worcestersoße
	½ TL Tabasco
	4 Knoblauchzehen, gehackt
	1 Tasse Rinderbrühe
	Salz und Pfeffer nach Belieben

Zubereitung:
Rindfleisch mit ⅔ Teelöffel Öl in einer beschichteten Pfanne braun braten. Unterdessen in einer anderen Pfanne 2 Teelöffel Öl, Bohnen, Zwiebeln, Paprikaschoten, Worcestersoße und Knoblauch erhitzen, dann Tomatenpüree, Rinderbrühe und das gebratene Rindfleisch zugeben. Das Ganze 5 Minuten erhitzen, auf zwei Teller geben und servieren.

Kräuterrindfleisch und Bohneneintopf
2 Portionen zu je vier Blöcken

Blockmenge:
8 Eiweiß *230 g Rindernuss, dünn geschnetzelt*
4 Kohlenhydrate *1 Tasse Kidneybohnen, gekocht*
1 Kohlenhydrat *1 Tasse Zwiebeln, geschnitten*
1 Kohlenhydrfat *½ Tasse Tomatenpüree*
2 Kohlenhydrate *1 Tasse Chilisoße*
8 Fette *2⅔ TL Olivenöl, getrennt*
  ⅛ TL Worcestersoße
  ½ Tasse Rinderbrühe
  ½ TL Chilipulver
  ⅛ TL Curry
  ⅛ TL getrockneter Oregano
  Salz und Pfeffer nach Belieben

Zubereitung:
Bohnen und Zwiebeln mit 2 Teelöffel Öl in einem Topf garen, dann Tomatenpüree, Worcestersoße, Rinderbrühe, Gewürze und Chilisoße zugeben. Gemüsemischung auf Mittelstufe weiter erhitzen, unterdessen das Rindfleisch mit dem restlichen Öl in einer beschichteten Pfanne braten. Fleisch und Gemüse mischen und 5 Minuten köcheln lassen, dann auf zwei Teller verteilen und servieren.

Tofu süßsauer
2 Portionen zu je vier Blöcken

Blockmenge:
8 Eiweiß	700 g extrafester Tofu, gewürfelt
1 Kohlenhydrat	2 TL Zucker
1 Kohlenhydrat	½ Tasse Tomatenpüree
1 Kohlenhydrat	4 TL Maisstärkemehl
1 Kohlenhydrat	½ Tasse Ananas in Scheiben
4 Kohlenhydrate	2 Tassen Fruchtcocktail
8 Fette	2⅔ TL Olivenöl
	1 Tasse Wasser
	6 EL Essig
	4 TL Sojasoße
	⅛ TL Bananenkonzentrat (nach Belieben)
	Salz und Pfeffer nach Belieben

Zubereitung:
Öl in einer beschichteten Pfanne erhitzen, dann Tofu zugeben und auf allen Seiten bräunen lassen. Während der Tofu auf Mittelhitze bräunt, Wasser, Essig, Zucker, Tomatenpüree, Sojasoße, Bananenkonzentrat und Maisstärkemehl (das Stärkemehl vorher mit etwas Wasser verrühren) in einem Topf bei Mittelhitze unter ständigem Rühren erhitzen. Wenn sich eine Soße gebildet hat, Ananas und Fruchtcocktail zugeben. Probieren, ob die Soße stark nach Essig schmeckt, dann noch einige Minuten köcheln lassen, dabei entwickelt sich der süßsaure Geschmack. Wenn die Früchte heiß sind, die ganze Mischung in der Pfanne mit Tofu vorsichtig verrühren und weitere 5 Minuten köcheln lassen. Auf zwei Teller geben und sofort servieren.

Hühnchen aus der Pfanne
2 Portionen zu je vier Blöcken

Blockmenge:

8 Eiweiß	*230 g Putenschnitzel oder enthäutete Hühnchenbrust, in kleine Stücke geschnitten (ca.3 cm)*
⅔ Kohlenhydrate	*1½ Tassen rote Paprikaschoten, in kleine Würfel geschnitten (ca. 3 cm)*
⅔ Kohlenhydrate	*1½ Tassen grüne Paprikaschoten, in kleine Würfel geschnitten (ca. 3 cm)*
⅔ Kohlenhydrate	*1½ Tasse gelbe Paprikaschoten, in kleine Würfel geschnitten (ca. 3 cm)*
2 Kohlenhydrate	*3 Tassen Broccoli, Röschen oder fein geschnitten*
1 Kohlenhydrat	*3 Tassen Champignons, geschnitten*
2 Kohlenhydrate	*2½ Tassen Tomaten, fein geschnitten*
1 Kohlenhydrat	*4 TL Maisstärkemehl*
8 Fette	*2⅔ TL Olivenöl*
	2 TL Apfelessig
	⅛ TL getrockneter Basilikum
	⅛ TL getrockneter Oregano
	Salz und Pfeffer nach Belieben
	2 Knoblauchzehen, gehackt
	1 Tasse Hühnerbrühe

Zubereitung:
Hühnchen mit ⅔ Teelöffel Öl in einer beschichteten Pfanne scharf anbraten. Während das Fleisch auf Mittelhitze bräunt, 2 Teelöffel Öl, Paprikaschoten, Broccoli, Pilze, Essig, Knoblauch, Tomaten und Gewürze in einer Pfanne erhitzen, dann Hühnerbrühe, gebratenes Fleisch und Stärkemehl zugeben. (Das Stärkemehl vorher in der Hühnerbrühe verrühren, damit es sich auflöst.) Weitere 5 Minuten erhitzen, bis das Stärke-

mehl alles verdickt hat. Auf zwei Teller geben und servieren.

Anmerkung: Das Gemüse für ein Pfannengericht sollte in etwa gleich große Stücke geschnitten werden, damit es gleichzeitig gar wird.

Hühnchencurry
2 Portionen zu je vier Blöcken

Blockmenge:
6 Eiweiß	*170 g Hühnchenschnitzel*
2 Eiweiß und	
2 Kohlenhydrate	*1 Tasse einfacher Magerjoghurt*
1 Kohlenhydrat	*4 TL Maisstärkemehl*
2 Kohlenhydrate	*6 Tassen Champignons, geschnitten*
1 Kohlenhydrat	*2¼ Tassen rote Paprikaschoten, in Streifen geschnitten*
2 Kohlenhydrate	*2 Tasse Zuckerschoten, in Streifen*
8 Fette	*2⅔ TL Olivenöl*
	⅛ TL Weißwein
	½ Tasse Hühnerbrühe
	2 TL scharfes Currygewürz*
	Salz und Pfeffer nach Belieben

Zubereitung:
Hühnchenschnitzel mit ⅔ Teelöffel Öl in einer beschichteten Pfanne braun braten, dann Wein, Hühnerbrühe, Joghurt, Curry und Stärkemehl zugeben. (Das Stärkemehl vorher in der Hühnerbrühe verrühren, damit es sich auflöst.) Ständig umrühren, bis eine dicke Currysoße entsteht, dann 5 Minuten köcheln lassen. Während das Fleisch gart, in einer anderen Pfanne Champignons, Paprikaschoten und Erbsen mit 2 Teelöffel Öl garen. Zuerst das Gemüse auf zwei Teller verteilen, dann das Hühnchencurry darüber geben.

* *Anmerkung: Es werden verschiedene Currymischungen angeboten. Jede besteht aus anderen Gewürzen und ist unterschiedlich scharf. Sie können selbst herausfinden, welche Mischung Ihnen und Ihrer Familie am besten schmeckt.*

Scharfe Zuckerschoten
2 Portionen zu je vier Blöcken

Blockmenge:
2 Eiweiß	170 g extrafester Tofu
2 Eiweiß	2 ganze Eier
4 Eiweiß und 4 Kohlenhydrate	2 Tassen einfacher Magerjoghurt
3 Kohlenhydrate	3 Tassen Erbsen
1 Kohlenhydrat	4 TL Maisstärkemehl
8 Fette	2⅔ Olivenöl
	4 TL Senfmehl
	2 Knoblauchzehen, gehackt
	Paprika zum Garnieren
	Salz und Pfeffer nach Belieben

Zubereitung:
Öl und Erbsen in einer beschichteten Pfanne garen. Unterdessen Joghurt, Senfmehl, Tofu, Knoblauch und Eier in einem Topf bei Mittelhitze 5–10 Minuten erhitzen, bis der Tofu zerfällt. (Das Stärkemehl vorher in etwas Wasser verrühren.) Ständig umrühren, bis eine dicke Soße entsteht, dann die gekochten Erbsen zugeben. Weitere 2–3 Minuten köcheln lassen und auf zwei Teller verteilen, mit Paprika bestreuen und servieren.

Dilltomaten mit Soße
2 Portionen zu je vier Blöcken

Blockmenge:
2 Eiweiß	*2 ganze Eier*
2 Eiweiß	*170 g extrafester Tofu, fein geschnitten*
4 Eiweiß und	
4 Kohlenhydrate	*2 Tassen einfacher Magerjoghurt*
1 Kohlenhydrat	*4 TL Maisstärkemehl*
3 Kohlenhydrate	*3¾ Tassen Tomaten, geschnitten*
8 Fette	*24 schwarze Oliven, geschnitten*
	2 TL Senf
	2 Knoblauchzehen, gehackt
	⅛ TL Weißwein
	2 EL getrockneter Dill
	Zitronengrasgewürz
	Salz und Pfeffer nach Belieben

Zubereitung:
Joghurt, Senf, Eier, Knoblauch, Wein und Dill in einer beschichteten Pfanne 5–10 Minuten erhitzen, dann das Stärkemehl zugeben. (Das Stärkemehl vorher in etwas Wasser verrühren.) Ständig umrühren, bis eine dicke Soße entsteht, dann Tomaten, schwarze Oliven und Tofu zugeben und weitere 2–3 Minuten köcheln lassen bis die Tomaten und der Tofu zerfallen, nicht länger. Auf zwei Teller verteilen, mit Zitronengrasgewürz bestreuen und servieren.

Putenburger-Auflauf
2 Portionen zu je vier Blöcken

Blockmenge:

6 Eiweiß	*250 g gehacktes Putenfleisch*
2 Eiweiß	*2 ganze Eier*
2 Kohlenhydrate	*2 Tassen Zwiebeln, gehackt*
½ Kohlenhydrat	*2 Tassen Champignons, gehackt*
2 Kohlenhydrate	*½ Tasse Kichererbsen, gekocht*
2 Kohlenhydrate	*½ Tasse Kidneybohnen, gekocht*
½ Kohlenhydrat	*1½ Tassen grüne Paprikaschoten, geschnitten*
½ Kohlenhyrat	*1½ Tassen rote Paprikaschoten, geschnitten*
8 Fette	*2½ TL Olivenöl*
	4 Knoblauchzehen, gehackt
	⅛ TL getrockneter Basilikum
	⅛ TL getrockneter Majoran
	⅛ TL schwarzer Pfeffer
	⅛ TL Chilipulver
	⅛ TL getrockneter Oregano
	⅛ TL Paprika
	Salz nach Belieben

Zubereitung:
Fleisch, Eier, Zwiebeln, Pilze, Knoblauch, Basilikum, Majoran und schwarzen Pfeffer in einer Schüssel verrühren. Zwei rechteckige Laibe formen und in einer Backform im vorgeheizten Ofen bei ca. 200 Grad 30–35 Minuten backen. Die Masse kann sehr locker sein, wird aber während des Backens durch die Eier fester. Währenddessen Kichererbsen, Bohnen, Paprikaschoten und die übrigen Gewürze in einer beschichteten Pfanne mit Öl dünsten. Das Fleisch aus der Backform nehmen und auf je einem Teller anrichten, dazu das Gemüse verteilen und servieren.

Malaysische Suppe mit Hühnerbällchen
2 Portionen zu je vier Blöcken

Blockmenge:

8 Eiweiß	350 g Hühnchenhackfleisch
½ Kohlenhydrat	½ Tasse Zwiebeln, fein geschnitten
1½ Kohlenhydrate	1½ Tassen Zwiebeln, in halbe Ringe geschnitten
2 Kohlenhydrate	2 Tassen Lauch, halbiert und geschnitten
2 Kohlenhydrate	2 Tassen Champignons, geschnitten
2 Kohlenhydrate	8 TL Maisstärkemehl
8 Fette	2½ TL Olivenöl
	12 Tropfen Tabasco
	1 TL Petersilie
	2 EL frisch gemahlener Ingwer*
	4 Tassen Hühnerbrühe
	Salz und Pfeffer nach Belieben

Zubereitung:
Fleisch, fein geschnittene Zwiebeln, Tabasco, Petersilie und Ingwer in einer großen Schüssel verrühren und aus der Masse kleine Bällchen formen. Die Bällchen in eine mit Öl ausgestrichene Bratform legen und im vorgeheizten Backrohr bei ca. 200 Grad etwa 15 Minuten backen. Währenddessen die Hühnerbrühe in einem Topf zum Kochen bringen, Zwiebelringe, Lauch und Champignons zugeben. Das Gemüse in der Brühe weich garen, dann Stärkemehl mit etwas Wasser verrühren und zugeben. Etwa 3–5 Minuten unter ständigem Rühren köcheln und dick werden lassen. Die Fleischbällchen aus dem Backrohr nehmen und zu der Brühe geben, auf zwei Suppenteller verteilen und sofort servieren.

* Anmerkung: Wenn frischer Ingwer angegeben ist, sollte er nicht durch getrockneten ersetzt werden, weil der Geschmack sehr unterschiedlich ist.

Mexikanischer Burger
2 Portionen zu je vier Blöcken

Blockmenge:

8 Eiweiß	*350 g Rinderhackfleisch*
2 Kohlenhydrate	*1 Tasse Chilisoße*
2 Kohlenhydrate	*½ Tasse Kidneybohnen, gekocht*
2 Kohlenhydrate	*2½ Tassen grüne Paprikaschoten, geschnitten*
2 Kohlenhydrate	*1 Tasse Tomatenpüree*
8 Fette	*2⅔ TL Olivenöl*
	⅛ TL Chilipulver
	⅛ TL Tabasco
	Salz und Pfeffer nach Belieben

Zubereitung:
Hackfleisch und Chilisoße in einer mittelgroßen Schüssel vermischen, zwei rechteckige Laibe formen und im Ofen braun braten. Währenddessen Bohnen und Paprikaschoten mit Öl in einer beschichteten Pfanne garen, dann Chili, Tabasco und Tomatenpüree zugeben. 5 Minuten unter ständigem Umrühren köcheln lassen. Fleisch aus dem Ofen nehmen, auf zwei Tellern anrichten, das Gemüse verteilen und servieren.

Hamburger-Auflauf
2 Portionen zu je vier Blöcken

Blockmenge:

8 Eiweiß	350 g Rinderhackfleisch
1 Kohlenhydrat	1 Tasse Steckrüben, gekocht und zerdrückt
1 Kohlenhydrat	1 Tasse Zwiebeln, geschnitten
2 Kohlenhydrate	2 Tassen Champignons, fein geschnitten und 4 Tassen Champignons, fein geschnitten
2 Kohlenhydrate	2 Tassen grüne Bohnen, geschnitten
1 Kohlenhydrat	1¼ Tasse Tomaten, gehackt
1 Kohlenhydrat	4 TL Maisstärkemehl
8 Fette	2½ TL Olivenöl
	3 TL Worcestersoße
	¼ TL getrockneter Majoran
	¼ TL getrockneter Oregano
	⅛ TL getrockneter Thymian
	⅛ TL getrockneter Salbei
	¼ TL schwarzer Pfeffer
	2 Knoblauchzehen, gehackt
	½ Tasse Rinderbrühe
	Salz nach Belieben

Zubereitung:
Steckrüben in einem Topf mit Wasser bedecken und weich kochen. Wasser abgießen, Steckrüben mit einem Stampfer zerdrücken. ⅔ Teelöffel Öl, Hackfleisch, Worcestersoße, Zwiebeln und 2 Tassen fein geschnittene Pilze in einer beschichteten Pfanne braten, bis das Fleisch braun ist. In einer zweiten Pfanne mit dem restlichen Öl 4 Tassen fein geschnittene Pilze, grüne Bohnen, Tomaten und Gewürze weich garen. Unterdessen in einer kleinen Schüssel Rinderbrühe, Stärke-

mehl und Knoblauch verrühren, auf das Gemüse gießen und alles weiter erhitzen, bis eine Soße entsteht. Die Soße über dem Gemüse verteilen. Zwei kleine Backformen mit der Fleischmischung füllen, dann das Gemüse mit der Soße und zuletzt die zerstampften Steckrüben darüber geben. Im vorgeheizten Ofen bei ca. 200 Grad 10–15 Minuten backen, bis die Steckrüben braun sind. Auf zwei Teller verteilen und sofort servieren.

Louisiana-Garnelen
2 Portionen zu je vier Blöcken

Blockmenge:

7 Eiweiß	300 g Garnelen, gekocht (20 Stück)
1 Eiweiß und	
1 Kohlenhydrat	1 Tasse Magermilch (1 Prozent)
1½ Kohlenhydrate	3 Tassen grüne Paprikaschoten, halbe Ringe
1½ Kohlenhydrate	3 Tassen rote Paprikaschoten, halbe Ringe
2 Kohlenhydrate	2 Tassen Zwiebeln, geschnitten
1 Kohlenhydrat	1 Tasse Sellerie
1 Kohlenhydrat	4 TL Maisstärkemehl
8 Fette	2⅔ TL Olivenöl
	2 EL Apfelessig
	1 Tasse Wasser
	⅛ TL Tabasco (oder nach Belieben)
	⅛ TL Selleriesalz

Zubereitung:
Paprikaschotenringe, Zwiebeln, Sellerie und Essig mit Öl in einer beschichteten Pfanne weich garen, dann Garnelen, Milch, Wasser, Tomatenpüree, Tabasco, Gewürze und Stärkemehl zugeben. (Stärkemehl vorher in Wasser verrühren, bis es sich auflöst.) Die Mischung langsam zum Kochen bringen, dann 5–10 Minuten köcheln lassen. Auf zwei Suppenteller verteilen und servieren.

Gefüllte Paprikaschoten mit Curry
2 Portionen zu je vier Blöcken

Blockmenge:
2 *Eiweiß*	*2 ganze Eier*
6 *Eiweiß*	*500 g extrafester Tofu*
2 *Kohlenhydrate*	*2 Tassen Zwiebeln, fein geschnitten*
1 *Kohlenhydrat*	*3 Tassen Champignons, fein geschnitten*
2 *Kohlenhydrate*	*½ Tasse Kidneybohnen, gekocht und gehackt*
1 *Kohlenhydrat*	*2¼ Tassen rote Paprikaschoten, fein geschnitten*
2 *Kohlenhydrate*	*4 grüne Paprikaschoten*
8 *Fette*	*2⅔ TL Olivenöl*
	4 Knoblauchzehen, gehackt
	2 TL scharfes Currygewürz
	½ TL Senfmehl
	⅛ TL Selleriesalz
	⅛ TL Zimt
	⅛ TL schwarzer Pfeffer
	¼ TL Gelbwurz
	⅛ TL Chilipulver
	⅛ TL Tabasco (oder nach Belieben)
	Salz nach Belieben

Zubereitung:
Zwiebeln, Knoblauch, Champignons, Kidneybohnen und rote Paprikaschoten in einer beschichteten Pfanne mit Öl garen, dann vom Herd nehmen und auskühlen lassen. Gegartes Gemüse in einer Rührschüssel mit Eiern, Tofu, Gewürzen und scharfer Soße gut vermischen. Die grünen Paprikaschoten aushöhlen, wenn nötig, dazu ein wenig vom Boden abschneiden, damit sie fest stehen können. Die Schoten mit der Tofu-Gemüse-Mischung füllen und in eine Form geben, ein even-

tueller Rest kann daneben in der Form verteilt werden. Die Backform fest mit Aluminiumfolie verschließen und im vorgeheizten Backofen bei ca. 210 Grad eine Stunde backen. Dann aus dem Ofen nehmen, die beiden Paprikaschoten auf zwei Teller anrichten und sofort servieren.

Thailändisches grünes Fischcurry
2 Portionen zu je vier Blöcken

Blockmenge:

6 Eiweiß	250 g frische Fischfilets, geschnetzelt
2 Eiweiß und 2 Kohlenhydrate	1 Tasse einfacher Magerjoghurt
2 Kohlenhydrate	2 Tassen Zuckerschoten
2 Kohlenhydrate	2 Tassen Zwiebeln, gehackt
1 Kohlenhydrat	1½ Tassen scharfe Paprika in Ringen
1 Kohlenhydrat	4 TL Maisstärkemehl
8 Fette	2⅔ TL Olivenöl
	2½ Knoblauchzehen, gehackt
	4 TL Essig
	1½ Tassen Wasser
	1 TL Gelbwurz
	4 TL scharfes Currygewürz
	Salz und Pfeffer nach Belieben

Zubereitung:
Erbsen, Zwiebeln, Knoblauch, scharfe Paprika und Essig mit Öl in einer beschichteten Pfanne weich garen, dann Fisch, Joghurt, Wasser und Gewürze zugeben. Pfanne bedecken und den Fisch in der Gemüseflüssigkeit gar dünsten. Stärkemehl mit etwas Wasser verrühren und zugeben. Die Mischung zum Kochen bringen und 5–10 Minuten köcheln lassen. Auf zwei Suppenteller verteilen und servieren.

Sojawürstchen mit Bohnen
2 Portionen zu je vier Blöcken

Blockmenge:

8 Eiweiß	*8 Soja Hotdogs*
6 Kohlenhydrate	*1½ Tassen schwarze Bohnen, gekocht*
1 Kohlenhydrat	*1 Tasse Zwiebeln, fein gehackt*
1 Kohlenhydrat	*½ Tasse Tomatenpüree*
8 Fette	*2⅔ TL Olivenöl*
	2 Knoblauchzehen, gehackt
	1 TL Senfmehl
	½ Tasse Wasser

Zubereitung:
Schwarze Bohnen und Zwiebeln in Öl in einer beschichteten Pfanne erhitzen, dann Knoblauch, Senfmehl, Tomatenpüree, Wasser und Sojawürstchen zugeben. Pfanne bedecken und unter gelegentlichem Umrühren 5–10 Minuten köcheln lassen, bis die Würstchen heiß sind. Auf jeden Teller je vier Würstchen und die Bohnen verteilen und sofort servieren.

Schweinefleisch süßsauer mit Weißkraut
2 Portionen zu je vier Blöcken

Blockmenge:

8 Eiweiß	*230 g Schweineschnitzel, in kleine Würfel geschnitten*
2 Kohlenhydrate	*6 Tassen Weißkohl, geraspelt*
4 Kohlenhydrate	*1 Tasse Kichererbsen, gekocht*
2 Kohlenhydrate	*6 Tassen Champignons, geschnitten*
8 Fette	*2⅔ TL Olivenöl*
	10 EL Apfelessig
	½ Tasse Wasser
	Salz und Pfeffer nach Belieben

Zubereitung:
Schweinefleisch mit Salz und Pfeffer bestreuen und in einer beschichteten Pfanne mit ⅓ Teelöffel Öl braun braten, dann vom Herd nehmen und beiseite stellen. Weißkohl, Kichererbsen, Pilze, Essig mit 2 Teelöffel Öl in einer Pfanne etwa 10–15 Minuten fast weich garen, dann Wasser und gebratenes Fleisch zugeben. Pfanne zudecken und das Ganze 5–10 Minuten schmoren lassen, dabei gelegentlich umrühren. Auf zwei Teller verteilen und servieren.

Chopsuey mit Rindfleisch
2 Portionen zu je vier Blöcken

Blockmenge:

8 Eiweiß	230 g Rindernuss, sehr dünn geschnitten
1 Kohlenhydrat	3 Tassen Weißkohl, geraspelt
1 Kohlenhydrat	2 Tassen Sellerie, keilförmig geschnitten*
½ Kohlenhydrat	1½ Tassen Champignons, keilförmig geschnitten
½ Kohlenhydrat	1½ Tassen Bohnensprossen
1 Kohlenhyrat	½ Tasse Wasserkastanien
8 Fette	2⅔ TL Olivenöl
	2 EL Apfelessig
	1 EL Sojasoße
	½ Tasse Rinderbrühe
	2 TL Worcestersoße

Zubereitung:
Fleisch mit ⅔ Teelöffel Öl in einer beschichteten Pfanne scharf anbraten. Währenddessen in einer anderen Pfanne 2 Teelöffel Öl mit Weißkohl, Sellerie, Champignons, Bohnensprossen, Wasserkastanien, Essig und Zwiebeln erhitzen und gut umrühren, dann Sojasoße, Rinderbrühe, Rindfleisch und Worcestersoße zugeben. Pfanne zudecken und 5–10 Minuten unter gelegentlichem Umrühren weiterschmoren. Auf zwei Teller verteilen und servieren.

Anmerkung: Bei dieser Schneidetechnik wird Sellerie in Keilen, etwa im 45-Grad-Winkel, geschnitten. Hier muss nicht mit Salz gewürzt werden, weil der Sellerie einen hohen Natriumgehalt hat.

Auflauf mit vegetarischen Hotdogs
2 Portionen zu je vier Blöcken

Blockmenge:

8 Eiweiß	8 Soja-Hotdogs, geschnitten
2 Kohlenhydrate	6 Tassen Weißkohl, geraspelt
2 Kohlenhydrate	6 Tassen Champignons, geschnitten
2 Kohlenhydrate	½ Tasse Kichererbsen, gekocht und gehackt
2 Kohlenhydrate	½ Tasse Karotten, keilförmig geschnitten
8 Fette	2⅔ TL Olivenöl
	2 Knoblauchzehen, gehackt
	6 EL Apfelessig
	2 TL frische Minze, gehackt
	½ Tasse Wasser

Zubereitung:
Weißkohl, Champignons, Kichererbsen und Karotten mit Öl in einer beschichteten Pfanne gut erhitzen, dann Knoblauch, Essig, Minze, Wasser und Soja-Hotdogs zugeben. Pfanne zudecken und 5–10 Minuten köcheln lassen, bis die Hotdogs heiß sind, dabei gelegentlich umrühren. Auf zwei Teller verteilen und sofort servieren.

Kalbfleischeintopf
2 Portionen zu je vier Blöcken

Blockmenge:

8 Eiweiß	230 g Kalbfleisch, in kleine Würfel geschnitten
1 Kohlenhydrat	3 Tassen Champignonköpfe
2 Kohlenhydrate	2 Tasse Silberzwiebeln
2 Kohlenhydrate	2 Tassen Cocktailtomaten
2 Kohlenhydrate	2 Tassen Steckrüben, in kleinen Kugeln*
1 Kohlenhydrat	4 TL Maisstärkemehl
8 Fette	2⅔ TL Olivenöl
	2 Knoblauchzehen, gehackt
	1 Tasse Rinderbrühe
	6 ganze Pfefferkörner
	¼ TL getrockneter Oregano
	2 TL frischer Basilikum, gehackt
	Salz und Pfeffer nach Belieben

Zubereitung:
Den Boden einer mittelgroße Auflaufform mit Öl bestreichen. Alle Zutaten (Fleisch, Gemüse und Gewürze) in die Auflaufform legen mit Ausnahme von Stärkemehl und Basilikum. Die Auflaufform fest mit Alufolie bedecken und im vorgeheizten Backrohr bei ca. 200 Grad 20 Minuten backen. Stärkemehl und Basilikum mit etwas Wasser zu einer Paste verrühren. Den Auflauf nach 20 Minuten herausnehmen und die Paste unterrühren. Das Fleisch mit dem Gemüse gut verrühren, dann wieder zudecken und weitere 5–10 Minuten garen. Auf zwei Teller verteilen und servieren.

*Anmerkung: Verwenden Sie dafür einen Kugellöffel.

Thunfisch-Obst-Salat
2 Portionen zu je vier Blöcken

Blockmenge:
7 Eiweiß	*200 g Thunfisch, abgetropft**
1 Eiweiß und	
1 Kohlenhydrat	*½ Tasse einfacher Magerjoghurt*
2 Kohlenhydrate	*1 Tasse Heidelbeeren*
2 Kohlenhydrate	*2 Tassen Erdbeeren, geschnitten*
2 Kohlenhydrate	*⅔ Tassen Clementinen in Scheiben*
1 Kohlenhydrat	*6 Tassen Romanasalat, gehackt*
8 Fette	*8 Tassen Mandelsplitter*
	½ TL Petersilie, gezupft
	½ TL getrockneter Dill
	⅛ TL Zwiebelpulver
	⅛ TL Muskatnuss
	⅛ TL Paprikapulver
	Salz und Pfeffer nach Belieben

Zubereitung:
Thunfisch, Joghurt, Petersilie, Dill, Zwiebelpulver und Muskatnuss in einer kleinen Rührschüssel zu einem Thunfischsalat verrühren. In einer anderen Schüssel die Heidelbeeren, Erbeeren und Clementinen zu einem Obstsalat vermischen. Wenn beide Salate fertig sind, auf zwei Tellern Kopfsalat anrichten, den Thunfischsalat je zur Hälfte darauf verteilen. Dann den Obstsalat um den Thunfischsalat anrichten und mit Paprikapulver und Mandelsplittern bestreuen. Gekühlt servieren.

* Anmerkung: Verwenden Sie nur Dosenthunfisch in Wasser.

Hühnersalat Mexicana
2 Portionen zu je vier Blöcken

Blockmenge:

8 Eiweiß	230 g Putenschnitzel (oder Hühnchenbrust ohne Haut, geschnitten)
1 Kohlenhydrat	2 Tassen Sellerie, geschnitten
2 Kohlenhydrate	½ Tasse Kichererbsen, gekocht
2 Kohlenhydrate	½ Tasse Kidneybohnen, gekocht und gehackt
2 Kohlenhydrate	1 Tasse Chilisoße
1 Kohlenhydrat	6 Tassen Romanasalat
8 Fette	2⅔ TL Olivenöl
	2 Knoblauchzehen, gehackt
	⅛ TL Chilipulver
	⅛ TL Worcestersoße
	Zwiebelpulver
	Salz und Pfeffer nach Belieben

Zubereitung:
Fleisch, Sellerie, Chilipulver, Knoblauch und Worcestersoße mit Öl in einer beschichteten Pfanne braun braten, dann Kichererbsen, Bohnen und Chilisoße zugeben. 10–15 Minuten schmoren, bis die Bohnen weich sind. Die Kichererbsen sollten weich sein. Während das Fleisch und das Gemüse garen, auf zwei Tellern Salatblätter anrichten. Dann die Pfanne vom Herd nehmen und etwa 2–3 Minuten abkühlen lassen. Fleisch und Gemüse auf die Salatblätter geben, mit Zwiebelpulver bestreuen und servieren.

Thousand-Island-Salat
2 Portionen zu je vier Blöcken

Blockmenge:

2 Eiweiß	*2 hart gekochte ganze Eier, klein geschnitten*
2 Eiweiß	*60 g entrahmter Mozzarella, fein geschnitten*
1 Eiweiß	*40 g Putenbrust, geschnitten*
1 Eiweiß	*40 g gekochter Schinken, geschnitten*
2 Eiweiß und	
2 Kohlenhydrate	*1 Tasse einfacher Magerjoghurt*
2 Kohlenhydrate	*8 TL süße Mixedpickles*
1 Kohlenhydrat	*1 Kopf Eissalat*
1 Kohlenhydrat	*1 Tasse Cocktailtomaten, halbiert*
½ Kohlenhydrat	*½ Tasse Zwiebeln, fein geschnitten*
½ Kohlenhydrat	*1 Tasse Radieschen, geschnitten*
1 Kohlenhydrat	*½ Tasse Tomatenpüree*
8 Fette	*24 grüne Oliven, gehackt*
	⅛ TL Chilipulver
	⅛ TL Worcestersoße
	Salz und Pfeffer nach Belieben

Zubereitung:
Joghurt, hart gekochte Eier, Tomatenpüree, Mixedpickles, Oliven, Chilipulver und Worcestersoße in einer kleinen Schüssel mit dem Schneebesen zu Salatsoße verrühren. Dann auf zwei ovalen Platten den Salat anrichten und jeweils Tomaten, Zwiebeln, Radieschen, Käse, Putenbrust und Schinken darauf verteilen und mit Salatsoße übergießen. Mit Salz und Pfeffer bestreuen und sofort servieren.

Heißer Spinatsalat
2 Portionen zu je vier Blöcken

Blockmenge:

8 Eiweiß	350 g mageres Schweinehackfleisch
1 Kohlenhydrat	1 Tasse Zwiebeln, fein geschnitten
1 Kohlenhydrat	4 TL Maisstärkemehl
2 Kohlenhydrate	8 Tassen frischen Spinat ohne Stiel, gehackt*
4 Kohlenhydrate	1 Tasse Kichererbsen, gekocht und fein geschnitten
8 Fette	2⅔ TL Olivenöl
	8 EL Apfelessig
	2 Knoblauchzehen, gehackt
	1 Tasse Rinderbrühe
	½ TL Senfmehl
	2 EL rote Paprikaschoten, fein geschnitten
	Salz und Pfeffer nach Belieben

Zubereitung:
Schweinfleisch, Zwiebeln, Apfelessig und Knoblauch mit Öl in einer beschichteten Pfanne unter häufigem Umrühren braun braten. Rinderbrühe, Senfmehl und Stärkemehl zugeben. (Stärkemehl vorher mit Senf und etwas Wasser verrühren.) Alles unter ständigem Rühren zum Kochen bringen, bis es sämig wird. Den rohen, gewaschenen Spinat auf zwei Teller verteilen, mit dem Löffel die heiße Soße darüber geben. Mit gehackten Kichererbsen und roten Paprikaschoten bestreuen und servieren.

*Anmerkung: Frischen Blattspinat muss man sehr gründlich in Wasser legen und waschen, um ihn von Sand- und Schmutzresten zu befreien.

Garnelen mit Dreibohnensalat
2 Portionen zu je vier Blöcken

Blockmenge:

8 Eiweiß	*350 g Garnelen*
2 Kohlenhydrate	*½ Tasse Kidneybohnen, gekocht*
2 Kohlenhydrate	*½ Tasse Kichererbsen, gekocht*
2 Kohlenhydrate	*2 Tassen grüne Bohnen, schräg geschnitten*
1 Kohlenhydrat	*1 Tasse Zwiebeln, gehackt*
1 Kohlenhydrat	*6 Tassen Romanasalat, geschnitten*
8 Fette	*2⅔ TL Olivenöl*
	2 TL Apfelessig
	2 TL getrockneter Schnittlauch
	⅛ TL getrockneter Basilikum
	⅛ TL schwarzer Pfeffer
	⅛ TL Weißwein
	4 Lorbeerblätter
	⅛ TL Petersilie
	Salz nach Belieben

Zubereitung:
Öl, Essig, Schnittlauch, Basilikum, schwarzen Pfeffer, Bohnen, Kichererbsen und Zwiebeln in einer kleinen Schüssel mischen und im Kühlschrank ziehen lassen. Die Garnelen in einen Topf mit Wasser, Weißwein und Lorbeerblättern geben und gar kochen. Dann herausnehmen und auskühlen lassen. Auf zwei Tellern den Romanasalat anrichten und in die Mitte jeweils den Bohnensalat häufen. Die Garnelen daneben verteilen und mit Petersilie bestreuen. Gekühlt servieren.

Hüttenkäse mit Kräutern und Spargelsalat mit Obst
2 Portionen zu je vier Blöcken

Blockmenge:

8 Eiweiß	*2 Tassen fettarmer Hüttenkäse*
2 Kohlenhydrate	*2 Tassen Spargel, gekocht und klein geschnitten (ca. 3 cm)*
2 Kohlenhydrate	*2 Pfirsiche, geschnitten*
2 Kohlenhydrate	*⅔ Tassen Clementinenstücke*
1 Kohlenhydrat	*1 Tasse Erdbeeren*
1 Kohlenhydrat	*6 Tassen Romanasalat*
8 Fette	*2⅔ TL Olivenöl*
	⅛ TL getrockneter Oregano
	2 TL frischer Basilikum, fein geschnitten
	⅛ TL schwarzer Pfeffer
	⅛ TL Petersilie
	Salz nach Belieben

Zubereitung:
Hüttenkäse, Spargel, Öl, Oregano, Basilikum und schwarzen Pfeffer in einer kleinen Schüssel verrühren. In einer anderen Schüssel Pfirsiche, Clementinen und Erdbeeren zu einem Fruchtsalat vermischen. Auf zwei Tellern den Romanasalat anrichten, in die Mitte jeweils den Hüttenkäse häufen, den Fruchtsalat rundherum anrichten und mit Petersilie überstreuen. Gekühlt servieren.

Gefüllte Tomaten mit Hühnchen
2 Portionen zu je vier Blöcken

Blockmenge:

8 Eiweiß	350 g Hühnchenhackfleisch
2 Kohlenhydrate	4 Tomaten, halbiert, am Rand in Zacken geschnitten
2 Kohlenhydrate	2 Tassen Zwiebeln, fein geschnitten
1 Kohlenhydrat	3 Tassen Champignons, fein geschnitten
1 Kohlenhydrat	½ Tasse Karotten, fein geschnitten
2 Kohlenhydrate	½ Tasse Kichererbsen, gekocht und gehackt
8 Fette	2⅔ TL Olivenöl
	Salz und Pfeffer nach Belieben
	4 TL Petersilie
	2 Knoblauchzehen, gehackt

Zubereitung:
Tomaten mit einem scharfen Messer halbieren und am Rand eine Zickzacklinie ausschneiden, so dass sie wie kleine Kronen aussehen. Tomatenhälften vorsichtig aushöhlen und innen mit Pfeffer und Salz bestreuen. Tomatenfleisch in kleine Stücke schneiden und mit Öl, Champignons, Karotten, Kichererbsen, Petersilie, Knoblauch und Fleisch in einer beschichteten Pfanne braun braten (etwa 10 Minuten). Beiseite stellen und auskühlen lassen. Die Tomaten mit der Mischung füllen, in eine Auflaufform legen und mit Alufolie fest zudecken. Im vorgeheizten Backofen bei 180 Grad 10–15 Minuten weich werden lassen. Herausnehmen, auf Teller anrichten, mit Salz und Pfeffer bestreuen und sofort servieren.

Barbecue-Rindfleisch mit Zwiebeln
2 Portionen zu je vier Blöcken

Blockmenge:

8 Eiweiß	*230 g Rindernuss, sehr dünn geschnitten*
4 Kohlenhydrate	*2 Tassen Tomatenpüree*
4 Kohlenhydrate	*4 Tassen Zwiebeln, in halben Ringen*
8 Fette	*2⅔ TL Olivenöl*
	1 TL Worcestersoße
	1 TL Apfelessig
	½ TL Chilipulver
	⅛ TL getrockneter Oregano
	¼ TL Knoblauch, gehackt
	2 EL Rinderbrühe
	2 EL weißer Weinessig

Zubereitung:
Rindfleisch in einer beschichteten Pfanne mit ⅔ Teelöffel Öl braun braten. Dann Tomatenpüree, Worcestersoße, Apfelessig, Chilipulver, Oregano und Knoblauch zugeben. Pfanne zudecken und 5 Minuten köcheln lassen, bis sich eine Soße bildet. Währenddessen in einer anderen beschichteten Pfanne die Zwiebeln mit dem restlichen Öl glasig werden lassen. Wenn das Fleisch gar ist, Zwiebeln, Rinderbrühe und Weinessig zugeben. Pfanne wieder zudecken und 10 Minuten schmoren lassen, dabei gelegentlich umrühren, um alle Zutaten gut zu vermischen. Auf zwei flache Teller oder Suppenteller verteilen und servieren.

Kreolische Garnelen
2 Portionen zu je vier Blöcken

Blockmenge:

8 Eiweiß	*350 g Garnelen, gekocht*
1 Kohlenhydrat	*1 Tasse Zwiebeln, klein gewürfelt*
1 Kohlenhydrat	*2¼ Tassen grüne Paprikaschoten, klein gewürfelt*
1 Kohlenhydrat	*2½ Tassen Sellerie, klein gewürfelt*
3 Kohlenhydrate	*1½ Tassen Tomatenpüree*
2 Kohlenhydrate	*2 Pfirsiche*
8 Fette	*2⅔ TL Olivenöl*
	2 Knoblauchzehen, gehackt
	Tabasco nach Belieben
	½ Tasse Wasser
	⅛ TL Selleriesalz
	½ TL getrockneter Thymian, zerdrückt
	⅛ TL schwarzer Pfeffer

Zubereitung:
Paprikaschoten, Sellerie, Knoblauch, Zwiebeln und Tabasco mit Öl in einer beschichteten Pfanne weich garen, dann Garnelen, Tomatenpüree, Wasser, Selleriesalz, Thymian und schwarzen Pfeffer zugeben. Mischung zum Kochen bringen und 5–10 Minuten köcheln lassen. Auf zwei Teller verteilen und servieren. Die Pfirsiche als Nachtisch.

Schweinefleisch mit Kräutern und Bohneneintopf
2 Portionen zu je vier Blöcken

Blockmenge:

8 Eiweiß	*350 g Schweinehackfleisch*
4 Kohlenhydrate	*1 Tasse Kidneybohnen, gekocht*
2 Kohlenhydrate	*1 Tassen grüne Bohnen, schräg geschnitten*
1 Kohlenhydrat	*1 Tasse Zwiebeln, gehackt*
1 Kohlenhydrat	*4 TL Maisstärkemehl*
8 Fette	*2⅔ TL Olivenöl*
	4 Knoblauchzehen, gehackt
	2 TL Apfelessig
	2 TL Worcestersoße
	1 Tasse Hühnerbrühe
	⅛ TL getrockneter Basilikum
	½ TL getrockneter Majoran

Zubereitung:
Kidneybohnen, grüne Bohnen, Knoblauch und Zwiebeln mit 2 Teelöffel Öl in einem beschichteten Topf gar kochen, dann Essig, Worcestersoße, Hühnerbrühe, Gewürze und Maisstärkemehl zugeben. (Stärkemehl vorher mit etwas Wasser verrühren.) Bei Mittelhitze unter ständigem Umrühren weitergaren. Unterdessen in einer beschichteten Pfanne mit dem restlichen Öl das Schweinefleisch scharf anbraten, zu dem Gemüse geben und weitere 5 Minuten schmoren lassen. Auf zwei Suppenteller verteilen und servieren.

Fruchtiger Hühnchensalat
2 Portionen zu je vier Blöcken

Blockmenge:
8 Eiweiß	*230 g Putenschnitzel, gewürfelt (oder Hühnchenbrust ohne Haut, in Scheiben)*
4 Kohlenhydrate	*1 Netzmelone*
1 Kohlenhydrat	*½ Tasse Heidelbeeren*
1 Kohlenhydrat	*¾ Tasse Maraschinokirschen*
1 Kohlenhydrat	*1 Kiwi, geschält und geschnitten*
1 Kohlenhydrat	*1 Tasse Himbeeren*
8 Fette	*2⅔ TL Olivenöl*

Zubereitung:
Fleisch mit Öl in einer beschichteten Pfanne braun braten, dann aus der Pfanne nehmen und auskühlen lassen. Die Netzmelone mit einem scharfen Messer im Zickzack halbieren, so dass die beiden Hälften wie Kronen aussehen. Fruchtfleisch vorsichtig aushöhlen und zerkleinern, dabei etwa ½ cm Fruchtfleisch als Rand stehen lassen. Melonenfruchtfleisch, Blaubeeren, Kirschen, geschnittene Kiwistücke, Himbeeren und gewürfeltes Fleisch in einer Schüssel verrühren. In die beiden Melonenhälften füllen, auf zwei Teller geben und servieren.

Rindfleisch-Linseneintopf
2 Portionen zu je vier Blöcken

Blockmenge:

8 Eiweiß	230 g Rindernuss, dünn geschnitten und gewürfelt
1 Kohlenhydrat	½ Tasse Tomatenpüree
1 Kohlenhydrat	½ Tasse Karotten, fein gewürfelt
1 Kohlenhydrat	1 Tasse Zwiebeln, fein gewürfelt
1 Kohlenhydrat	2½ Tassen Sellerie, fein gewürfelt
4 Kohlenhydrate	½ Tasse rohe Linsen
8 Fette	2⅔ TL Olivenöl
	4 Pfefferkörner, zerstampft
	4 Knoblauchzehen, gehackt
	⅛ TL getrockneter Majoran
	⅛ TL getrockneter Basilikum
	1 TL Petersilie
	4 Tassen Rinderbrühe

Zubereitung:
Alle Zutaten in einem großen Topf mit Wasser zum Kochen bringen und 35–40 Minuten dünsten. Auf zwei Suppenteller verteilen und servieren.

Spanische Hühnerlinsensuppe
2 Portionen zu je vier Blöcken

Blockmenge:

8 Eiweiß	170 g Putenschnitzel, klein gewürfelt (oder Hühnchenbrust ohne Haut)
2 Eiweiß und 2 Kohlenhydrate	1 Tasse einfacher Magerjoghurt
4 Kohlenhydrate	1 Tasse Linsen, gekocht
1 Kohlenhydrat	½ Tasse Tomatenpüree
½ Kohlenhydrat	½ Tasse Zwiebeln, fein gehackt
½ Kohlenhydrat	3 Tassen frischer Spinat, klein geschnitten
8 Fette	2⅔ TL Olivenöl
	⅛ TL getrockneter Petersilie
	⅛ TL getrockneter Thymian
	⅛ TL getrockneter Basilikum
	⅛ TL getrockneter Rosmarin
	1 Tasse Hühnerbrühe

Zubereitung:
⅔ Teelöffel Öl und Fleisch in einer beschichteten großen Pfanne braun braten, dann gekochte Linsen, Tomatenpüree, Zwiebeln, Spinat, Gewürze und Hühnerbrühe zugeben. Langsam alles zum Kochen bringen und 5 Minuten ziehen lassen, vom Herd nehmen und den Joghurt unterrühren. Auf zwei Suppenteller verteilen und servieren.

Rindfleisch-Ratatouille
2 Portionen zu je vier Blöcken

Blockmenge:
8 Eiweiß	350 g mageres Rinderhackfleisch
2 Kohlenhydrate	3 Tassen Zucchini, geviertelt
2 Kohlenhydrate	2 Tassen Zwiebeln, in halben Ringen
2 Kohlenhydrate	2½ Tassen Tomaten, in halben Scheiben
2 Kohlenhydrate	4½ Tassen rote Paprikaschoten, geschnitten
8 Fette	2⅔ TL Ollivenöl
	6 Knoblauchzehen, gehackt
	2 TL getrockneter Basilikum
	⅛ TL getrockneter Oregano
	½ Tasse Rinderbrühe

Zubereitung:
⅔ Teelöffel Öl und Fleisch in einer beschichteten Pfanne braun gar braten. In einer zweiten Pfanne 2 Teelöffel Öl mit Zucchini, Zwiebeln, Tomaten, Paprikaschoten, Knoblauch, Basilikum und Oregano garen und dem gebratenen Hackfleisch zugeben. Weitere 5–10 Minuten garen lassen, dabei gelegentlich umrühren, um alle Zutaten gut zu vermischen. Auf zwei Teller verteilen und servieren.

Hühnerbällchen mit Zimt und Fruchtsoße
2 Portionen zu je vier Blöcken

Blockmenge:

8 Eiweiß	*350 g Hühnchenhackfleisch*
1 Kohlenhydrat	*1 Tasse Zwiebeln, fein geschnitten*
1 Kohlenhydrat	*2 Tassen Sellerie, fein geschnitten*
2 Kohlenhydrate	*½ Tasse Kidneybohnen, fein gehackt*
1 Kohlenhydrat	*4 TL Maisstärkemehl*
2 Kohlenhydrate	*1 Tasse Fruchtcocktail*
1 Kohlenhydrat	*¾ Tasse Maraschinokirschen, halbiert*
8 Fette	*2⅔ TL Olivenöl*
	⅛ TL schwarzer Pfeffer
	1 TL und ⅛ TL Zimt
	1½ TL Hühnerbrühe
	½ TL Orangenkonzentrat

Zubereitung:
Fleisch, Zwiebeln, 1 Tasse Sellerie, Kidneybohnen, Olivenöl, schwarzer Pfeffer und 1 Teelöffel Zimt in einer großen Schüssel vermischen und daraus ca. 32 kleine Fleischbällchen formen. Die Bällchen in einer Auflaufform im vorgeheizten Backofen bei 180 Grad 15 Minuten braten. Unterdessen in einem kleinen Topf Fruchtcocktail, Kirschen, 1 Tasse Sellerie, Hühnerbrühe, ⅛ Teelöffel Zimt, Orangenkonzentrat und Stärkemehl vermischen. (Das Stärkemehl vorher mit der Hühnerbrühe verrühren, damit es sich gut auflöst). Unter ständigem Rühren leicht köcheln lassen, bis sich eine Soße bildet. Die Fleischbällchen aus dem Backofen nehmen, in die Soße legen und vorsichtig etwas Soße darüber gießen. Auf zwei Teller verteilen und servieren.

Griechischer Hühnereintopf
2 Portionen zu je vier Blöcken

Blockmenge:

8 Eiweiß	230 g Putenschnitzel, klein gewürfelt (oder Hühnchenbrust ohne Haut)
2 Kohlenhydrate	2 Tassen Zwiebeln, dünn geschnitten
2 Kohlenhydrate	1 Tasse Tomatenpüree
2 Kohlenhydrate	2 Tassen frische grüne Bohnen, gehackt
1 Kohlenhydrat	½ Tasse Karotten, gehackt
1 Kohlenhydrat	1 Tasse Steckrüben, klein gewürfelt
8 Fette	24 entkernte schwarze Oliven, geschnitten (oder eine ähnliche Art)
	2 Knoblauchzehen, gehackt
	2 Tassen Hühnerbrühe*
	⅛ TL Rotwein
	⅛ TL Selleriesalz
	⅛ TL Pfeffer
	½ TL Zimt

Zubereitung:
Alle Zutaten mit Ausnahme der Oliven in einem großen Topf zum Kochen bringen, dann unter gelegentlichem Umrühren 30–35 Minuten dünsten, bis das Gemüse weich ist. Oliven zugeben, auf zwei Suppenteller verteilen und servieren.

Anmerkung: Wenn der Eintopf etwas flüssiger sein soll, kann eine größere Menge Hühnerbrühe zugegeben werden.

Herzhafte Minestrone
2 Portionen zu je vier Blöcken

Blockmenge:

8 Eiweiß	230 g Rindernuss, dünn geschnitten und gewürfelt
1 Kohlenhydrat	2½ Tassen Sellerie, fein geschnitten
1 Kohlenhydrat	1 Tasse Zwiebeln, fein geschnitten
1 Kohlenhydrat	3 Tassen Weißkohl, fein geschnitten
1 Kohlenhydrat	½ Tasse Tomatenpüree
1 Kohlenhydrat	⅛ Tasse schwarze Bohnen, gekocht
1 Kohlenhydrat	⅛ Tasse Kichererbsen, gekocht
1 Kohlenhydrat	¼ Tasse Makkaroni
8 Fette	⅔ TL Olivenöl
	2 Knoblauchzehen, gehackt
	3 Tassen Rinderbrühe
	Salz und Pfeffer nach Belieben
	½ TL getrockneter Basilikum

Zubereitung:
Alle Zutaten mit Ausnahme der Makkaroni in einem großen Topf zum Kochen bringen, dann 30–35 Minuten unter gelegentlichem Umrühren dünsten, bis das Gemüse weich ist. Während dessen die Makkaroni kochen, aus dem Wasser nehmen und etwas auskühlen lassen. Die Makkaroni in die Suppe geben und weitere 5 Minuten köcheln lassen. Auf zwei Suppenteller verteilen und servieren.

Rindfleisch-Gemüse-Suppe nach Hausmacherart
2 Portionen zu je vier Blöcken

Blockmenge:

8 Eiweiß	*350 g mageres Rinderhackfleisch*
1 Kohlenhydrat	*2½ Tassen Sellerie, fein geschnitten*
2 Kohlenhydrate	*1 Tasse Karotten, fein geschnitten*
2 Kohlenhydrate	*2 Tassen Zwiebeln, fein geschnitten*
2 Kohlenhydrate	*2½ Tassen Tomaten, gehackt*
1 Kohlenhydrat	*½ Tasse Tomatenpüree*
8 Fette	*2½ TL Olivenöl*
	3 Tassen Rinderbrühe
	Salz und Pfeffer nach Belieben
	4 grüne Pfefferkörner
	2 Knoblauchzehen, gehackt
	⅛ TL Majoran
	⅛ TL Worcestersoße
	¼ TL Schnittlauch
	1 TL Petersilie
	⅛ TL Oregano

Zubereitung:
Alle Zutaten in einem großen Topf vermischen, zum Kochen bringen und 35–40 Minuten dünsten, dabei gelegentlich umrühren, bis das Gemüse weich ist. Auf zwei Suppenteller verteilen und servieren.

Variationen:
Gemüsesuppe Brunoise
Das Gemüse in feine Würfel schneiden (ca. ½ cm)
Gemüsesuppe Paysanne
Suppe nach Bauernart, das Gemüse wird in grobe Würfel geschnitten (ca. 2 cm)

Dicke Bohnensuppe nach Hausmacherart
2 Portionen zu je vier Blöcken

Blockmenge:

8 Eiweiß	*8 Soja-Hotdogs, aufgeschnitten*
1 Kohlenhydrat	*2 Tassen Sellerie, fein geschnitten*
2 Kohlenhydrate	*1 Tasse Karotten, fein geschnitten*
2 Kohlenhydrate	*2 Tassen Zwiebeln, fein geschnitten*
1 Kohlenhydrat	*3 Tassen Weißkohl, geraspelt*
1 Kohlenhydrat	*3 Tassen Champignons, geschnitten*
8 Fette	*2⅔ Olivenöl*
	3 Tassen Hühnerbrühe
	⅛ TL Kümmel
	2 Knoblauchzehen, gehackt
	4 TL Apfelessig
	Salz und Pfeffer nach Belieben

Zubereitung:
Alle Zutaten in einem großen Topf zum Kochen bringen, dann 35–40 Minuten unter gelegentlichem Umrühren dünsten, bis das Gemüse weich ist. Auf zwei Suppenteller verteilen und servieren.

Gebratener Thunfisch mit Dillsoße und Früchten
2 Portionen zu je vier Blöcken

Blockmenge:

7 Eiweiß	*350 g Thunfischsteak*
1 Eiweiß und	
1 Kohlenhydrat	*½ Tasse einfacher Magerjoghurt*
½ Kohlenhydrat	*½ TL Zucker*
½ Kohlenhydrat	*2 TL Maisstärkemehl*
2 Kohlenhydrate	*1 Tasse Ananas, gewürfelt*
1 Kohlenhydrat	*½ Tasse Heidelbeeren*
2 Kohlenhydrate	*⅔ Tasse Clementinen*
1 Kohlenhydrat	*¾ Tasse Maraschinokirschen, halbiert*
8 Fette	*2⅔ TL Olivenöl*
	2 TL getrockneter Dill
	2 TL Weißwein
	Salz und Pfeffer nach Belieben

Zubereitung:
Den Boden einer Auflaufform mit Öl ausstreichen, je 170 Gramm Thunfisch darauf legen und mit 1 Teelöffel Dill bestreuen. Das Ganze fest mit Alufolie bedecken und im vorgeheizten Ofen bei 180 Grad 25–30 Minuten backen. Unterdessen in einem Topf Joghurt, Zucker, den restlichen Dill und Wein zu einer Dillsoße verrühren. Stärkemehl mit etwas Wasser verrühren und hinzugeben. Die Soße unter ständigem Rühren erhitzen, aber nicht zum Kochen bringen. In einer Schüssel Ananas, Heidelbeeren, Clementinenschnitze und Kirschen zu einem Fruchtsalat vermischen. Den Fruchtsalat auf zwei Teller verteilen, dann den Fisch aus dem Backofen nehmen und mit einem Pfannenwender aus der Auflaufform ebenfalls auf die Teller geben, mit Dillsoße übergießen und sofort verteilen.

Krabbenfleisch Maryland
2 Portionen zu je vier Blöcken

Blockmenge:

8 Eiweiß	350 g Krabbenfleisch, klein geschnitten (ca. 2 cm)
1 Kohlenhydrat	2 Tassen Sellerie, in streichholzgroße Stifte geschnitten
1 Kohlenhydrat	1 Tasse Zwiebeln, in halbe Ringe geschnitten
1 Kohlenhydrat	1 Tasse Schalotten, in dünne halbe Ringe geschnitten
2 Kohlenhydrate	1 Tasse Karotten, in streichholzgroße Stifte geschnitten
1 Kohlenhydrat	1 Tasse Tomaten, fein geschnitten
1 Kohlenhydrat	2¼ Tassen rote Paprikaschoten, dünn geschnitten
1 Kohlenhydrat	½ Tasse Tomatenpüree
8 Fette	2⅔ TL Olivenöl
	4 Knoblauchzehen, gehackt
	1 Tasse Hühnerbrühe oder Fischbrühe
	⅛ TL Rotwein
	⅛ TL getrockneter Dill
	⅛ TL schwarzer Pfeffer
	⅛ TL getrocknetes Basilikum
	Salz nach Belieben

Zubereitung:
In einer beschichteten Pfanne Sellerie, Zwiebeln, Schalotten, Karotten, geschnittene Tomaten, Knoblauch und Paprikaschoten mit 2 Teelöffel Öl weich garen, dann Tomatenpüree, Brühe, Rotwein und Gewürze zugeben und 10 Minuten weitergaren. Unterdessen in einer anderen Pfanne Krabbenfleisch in ⅔ Teelöffel Öl langsam garen, zu der Gemüsemischung ge-

ben und weitere 5 Minuten dünsten. Auf zwei Teller verteilen und sofort servieren.

Scharfes Rindfleisch nach mexikanischer Art
2 Portionen zu je vier Blöcken

Blockmenge:

8 Eiweiß	*280 g mageres Rinderhackfleisch*
1 Kohlenhydrat	*¼ Tasse Maiskörner*
2 Kohlenhydrate	*1 Tasse Chilisoße*
2 Kohlenhydrate	*½ Tasse Kidneybohnen, gekocht und gewaschen*
2 Kohlenhydrate	*½ Tasse schwarze Bohnen, gekocht und gewaschen*
1 Kohlenhydrat	*1 Tasse Tomaten, ohne Kerne, fein geschnitten*
5 Fette	*1⅔ TL Olivenöl*
3 Fette	*9 schwarze Oliven, geschnitten*
	1 EL Chilipulver
	⅛ TL Selleriesalz
	½ TL Zwiebelpulver
	⅛ TL Cayennepfeffer
	½ TL Knoblauch, gehackt

Zubereitung:
⅔ Öl in einer beschichteten Pfanne mit Hackfleisch braun braten, alle übrigen Zutaten vermischen und 10–15 Minuten schmoren. Auf zwei kleine Schüsseln verteilen und servieren.

Hühnchen Florida
2 Portionen zu je vier Blöcken

Blockmenge:

8 Eiweiß	230 g Putenschnitzel, geschnitten (oder Hühnchenbrust ohne Haut)
1 Kohlenhydrat	1 Tasse Zwiebeln, gehackt
1 Kohlenhydrat	1½ Tassen Spinat, gekocht
1 Kohlenhydrat	2 Tassen rote Paprikaschoten, geviertelt
½ Kohlenhydrat	1½ Tassen Champignons, geschnitten
½ Kohlenhydrat	1 Tasse Broccoliröschen
½ Kohlenhydrat	1½ Tassen Blumenkohlröschen
1 Kohlenhydrat	1 Tasse Spargelstangen, klein geschnitten
½ Kohlenhydrat	2 TL Maisstärkemehl
2 Kohlenhydrate	½ Tasse Rotini-Nudeln, gekocht
8 Fette	2⅔ TL Olivenöl
	½ Tasse Hühnerbrühe
	¼ TL schwarzer Pfeffer
	¼ TL Schnittlauch, getrocknet
	¼ TL Knoblauch, gehackt
	⅛ TL Estragon, getrocknet
	⅛ TL Thymian, getrocknet
	⅛ TL Chilipulver
	⅛ TL Selleriesalz

Zubereitung:
⅔ Teelöffel Öl in einer mittelgroßen beschichteten Pfanne mit Zwiebeln und Spinat garen, bis der Spinat zusammenfällt. Das restliche Öl in einer anderen Pfanne mit Fleisch, Paprikaschoten, Champignons, Broccoli, Blumenkohl und Spargel garen. In einem kleinen Topf Hühnerbrühe, Gewürze und Stärkemehl verrühren, bis sich das Stärkemehl aufgelöst hat, dann erhitzen bis sich eine Soße bildet. Spinat und Zwiebeln

auf zwei Teller verteilen und die Fleisch-Gemüse-Mischung darüber geben. Am Ende alles mit der Soße übergießen und servieren.

Abendessen

**Hühnchen Spinaci all' Italiana
(Spinathühnchen mit Zwiebeln und Knoblauch)
2 Portionen zu je vier Blöcken**

Blockmenge:

8 Eiweiß	*230 g Hühnchenbrust ohne Haut, in kleine Würfel geschnitten*
4 Kohlenhydrate	*1 Kilogramm frischer Spinat, gewaschen*
3½ Kohlenhydrate	*3½ Tassen Zwiebeln, dünn geschnitten*
½ Kohlenhydrat	*½ Tasse Schalotten, mitteldick geschnitten**
8 Fette	*2⅔ TL Olivenöl, getrennt*
	2 Knoblauchzehen, gehackt (1 TL)
	⅛ TL schwarzer Pfeffer
	½ TL Muskatnuss
	frische Petersilienblätter
	Salz nach Belieben

Zubereitung:
Spinat, Zwiebeln, Knoblauch und Schalotten mit 2 Teelöffel Öl weich garen. Kurz bevor das Gemüse gar ist, schwarzen Pfeffer und Muskatnuss zugeben, vom Herd nehmen und beiseite stellen. In einer anderen Pfanne das Fleisch mit ⅔ Teelöffel Olivenöl leicht bräunen, dann den Spinat zugeben und weiter erhitzen. Alles 3–5 Minuten köcheln lassen. Auf zwei Teller geben, mit frischer Petersilie bestreuen und servieren.

*Anmerkung: Schalotten sind in vielen Supermärkten erhältlich, sie haben eine lila-weißliche Farbe. Ihr Geschmack ist zwiebel- und knoblauchähnlich.

Hühnchen Hawaii süßsauer mit Zuckerschoten
2 Portionen zu je vier Blöcken

Blockmenge:

8 Eiweiß	230 g Hühnchenbrust ohne Haut, in kleine Würfel geschnitten
1 Kohlenhydrat	½ Tasse Tomatenpüree
1 Kohlenhydrat	2 TL Zucker
2 Kohlenhydrate	1 Tasse Ananas, gewürfelt
1 Kohlenhydrat	½ Tasse Maraschinokirschen, geviertelt
1 Kohlenhydrat	4 TL Maisstärkemehl
2 Kohlenhydrate	2 Tasse Zuckerschoten
7 Fette	2⅔ TL Olivenöl
	1 TL Mandelsplitter
	8 EL Essig
	4 EL Wasser
	2 EL Sojasoße
	1 Tasse Hühnerbrühe

Zubereitung:
Fleisch in 2 Teelöffel Öl in einer beschichteten Pfanne gar braten. Unterdessen in einer anderen beschichteten Pfanne Essig, Tomatenpüree, ⅓ Teelöffel Öl, Wasser, Sojasoße, Zucker, Ananas, Kirschen, Hühnerbrühe und Stärkemehl erhitzen. (Das Stärkemehl vorher mit der Hühnerbrühe verrühren.) Die Mischung bei Mittelhitze ständig umrühren, bis sich eine dicken Soße bildet. Das Fleisch zugeben und weitere 10 Minuten schmoren lassen. Die Soße kosten; wenn sie zu sehr nach Essig schmeckt, noch einige Minuten ziehen lassen, dann kann sich der süßsaure Geschmack bilden. Die Erbsen in einem Topf mit Wasser bedecken und weich kochen, dann neben der Hühnchenmischung auf zwei Tellern anrichten und servieren.

Hühnerfrikassee mit Gartengemüse
2 Portionen zu je vier Blöcken

Blockmenge:

6 Eiweiß	170 g Hühnchenbrust ohne Haut, in etwa 2 cm breite und 1 cm dicke Streifen geschnitten
2 Eiweiß und 2 Kohlenhydrate	1 Tasse einfacher Magerjoghurt
1 Kohlenhydrat	1 Tasse Zwiebeln, gechnitten
1 ⅓ Kohlenhydrate	4 Tassen Champignons, geviertelt
1 Kohlenhydrat	4 TL Maisstärkemehl
1 Kohlenhydrat	1½ Tassen Broccoliröschen
⅔ Kohlenhydrate	2 Tassen Champignons, geschnitten
8 Fette	8 TL Mandelsplitter
	1½ Tassen Hühnerbrühe
	⅛ TL Zitronensaft
	Salz und Pfeffer nach Belieben
	Rote Paprikaschoten, in Streifen zum garnieren (nach Belieben)

Zubereitung:
Zwiebeln, geviertelte Champignons und Fleisch in einem Topf mit der Hühnerbrühe garen. Den Topf vom Herd nehmen und Zitronensaft und Joghurt langsam unterrühren, dann das Stärkemehl zugeben. (Das Stärkemehl vorher mit etwas Wasser verrühren.) 4–5 Minuten schwach erhitzen, bis die Mischung dicker wird. In einem anderen Topf den Broccoli mit Wasser bedecken und weich kochen. Das Frikassee und den Broccoli auf zwei Teller verteilen, geschnittene Pilze und Mandelsplitter darüber streuen und mit roten Paprikaschotenstreifen garnieren.

Venusmuscheln nach Elsässer Art
2 Portionen zu je vier Blöcken

Blockmenge:
4 Eiweiß	*170 g Venusmuscheln, klein geschnitten*
2 Eiweiß	*2 ganze Eier*
2 Eiweiß und	
2 Kohlenhydrate	*1 Tasse Magerjoghurt*
2 Kohlenhydrate	*4½ Tassen grüne Paprikaschoten, gehackt*
1 Kohlenhydrat	*3 Tassen Champignons, geschnitten*
1 Kohlenhydrat	*1 Tasse Schalotten, geschnitten*
2 Kohlenhydrate	*2½ Tassen Tomaten, geschnitten*
1 Kohlenhydrat	*4 TL Maisstärkemehl*
8 Fette	*2⅔ TL Olivenöl*
	2 TL Tabasco
	¼ TL Gelbwurz
	Salz und Pfeffer nach Belieben

Zubereitung:
Das Gemüse in einer beschichteten Pfanne in heißem Öl braten (2–3 Minuten), dann die Muscheln zugeben und weiter garen, bis alles gut erhitzt ist. In einer kleinen Schüssel Joghurt, Eier, Tabasco, Gewürze und Stärkemehl vermischen. (Das Stärkemehl vorher mit etwas Wasser verrühren.) Die Joghurtmischung in die Pfanne zu den Muscheln geben, gut verrühren und alles weitere 3–5 Minuten gut erhitzen. Auf zwei Teller geben und servieren.

Hühnchen nach indonesisch-javanischer Art
2 Portionen zu je vier Blöcken

Blockmenge:

6 Eiweiß	170 g Putenschnitzel, mitteldick geschnitten (oder enthäutete Hühnchenbrust)
2 Eiweiß und 2 Kohlenhydrate	2 Tassen Magermilch (1 Prozent)
1 Kohlenhydrat	1 Tasse Zwiebeln, fein geschnitten
⅓ Kohlenhydrat	½ Tasse Jalapenopfeffer, fein gehackt
1 Kohlenhydrat	4 TL Maisstärkemehl
2 Kohlenhydrate	6 Tassen Weißkohl, geraspelt
⅔ Kohlenhydrate	2 Tassen rote Paprikaschoten, geschnitten
8 Fette	2⅔ TL Olivenöl
	6 Knoblauchzehen, gehackt
	2 TL Ingwer, gemahlen
	½ TL Gelbwurz
	1 TL Koriander
	½ TL Currygewürz
	Salz und Pfeffer nach Belieben

Zubereitung:
Zwiebeln, Japalenopfeffer, Gewürze, Milch und Fleisch in einer beschichteten Pfanne langsam gar dünsten. Stärkemehl mit etwas Wasser verrühren, dazugeben und das Ganze 3–5 Minuten ziehen lassen. In einer anderen beschichteten Pfanne Weißkohl und rote Paprikaschoten in Öl garen, auf zwei Teller verteilen, Fleisch-Gemüse-Mischung darüber geben und sofort servieren.

Hühnchen Chasseur
2 Portionen zu je vier Blöcken

Blockmenge:

8 Eiweiß	*Enthäutete Hühnchenbrustteile von 1 Kilogramm Hühnchen mit Knochen (die Knochen wiegen etwa ½ Kilogramm) oder 230 g enthäutete Hühnchenbrust)*
4 Kohlenhydrate	*5 Tassen Tomaten, geschnitten*
2 Kohlenhydrate	*6 Tassen Champignons, geschnitten*
1 Kohlenhydrat	*1 Tasse Zwiebeln, geschnitten*
1 Kohlenhydrat	*4 TL Maisstärkemehl*
8 Fette	*2⅔ TL Olivenöl*
	2 Tassen Rinderbrühe
	2 Knoblauchzehen, gehackt
	⅛ TL Weißwein
	Salz und Pfeffer nach Belieben

Zubereitung:
Hühnchenteile mit Rinderbrühe in einem Topf zugedeckt bei schwacher Hitze gar dünsten. Gemüse und Knoblauch mit Öl in einer beschichteten Pfanne bei Mittelhitze garen, dann Weißwein zugeben. Stärkemehl mit etwas Wasser verrühren, zu der Rinderbrühe mit Fleisch geben und eindicken lassen. Gemüse zugeben und Fleisch und Gemüse mit Soße bedecken. Alles 5–8 Minuten köcheln lassen, auf zwei Teller verteilen und servieren.

Hühnchen mit Rosmarin
2 Portionen zu je vier Blöcken

Blockmenge:

6 Eiweiß	*170 g enthäutete Hühnchenbrust, in kleine Streifen geschnitten (ca. 1 x 7 cm)*
2 Eiweiß und	
2 Kohlenhydrate	*1 Tasse einfacher Magerjoghurt*
1 Kohlenhydrat	*4 TL Maisstärkemehl*
1 Kohlenhydrat	*1½ Tassen Broccoliröschen*
2 Kohlenhydrate	*2½ Tassen Tomaten, geschnitten*
2 Kohlenhydrate	*1 Birne, geschnitten*
8 Fette	*2⅔ TL Olivenöl*
	2 TL getrockneter Rosmarin
	1 Tasse Hühnerbrühe
	⅛ TL Paprikapulver
	Salz und Pfeffer nach Belieben

Zubereitung:
Fleisch in einer beschichteten Pfanne mit Öl leicht anbräunen. Wenn es gar ist, Joghurt, Paprika und Rosmarin zugeben und 3 Minuten ziehen lassen. Stärkemehl mit Hühnerbrühe verrühren und zugeben, so dass sich eine dicke Soße bildet. Unterdessen Broccoli in einem Topf mit Wasser bedecken und weich kochen. Auf zwei Tellern Tomatenscheiben anrichten und den Broccoli darüber geben. Hühnchen und Soße daneben anrichten, mit Birnenstücken garnieren und servieren.

Rinderbraten Stroganoff
2 Portionen zu je vier Blöcken

Blockmenge:

6 Eiweiß	170 g Rindernuss, sehr dünn geschnitten
2 Eiweiß und 2 Kohlenhydrate	1 Tasse einfacher Magerjoghurt
2 Kohlenhydrate	6 Tassen Champignons, geschnitten
1 Kohlenhydrat	1 Tasse Zwiebeln, fein geschnitten
1 Kohlenhydrat	4 TL Maisstärkemehl
2 Kohlenhydrate	2 Tassen feine grüne Bohnen
8 Fette	2²/₃ TL Olivenöl
	⅛ TL Rotwein
	½ Tasse Rinderbrühe
	1/8 TL Worcestersoße
	2 TL rote Paprikaschoten, fein geschnitten
	Salz und Pfeffer nach Belieben

Zubereitung:
Champignons, Zwiebeln und Fleisch in heißem Öl 5–10 Minuten braten. Unterdessen in einem Topf Wein, Joghurt, Worcestersoße, Rinderbrühe und Stärkemehl vermischen. (Das Stärkemehl vorher mit der Rinderbrühe verrühren.) Diese Soße ziehen lassen, dabei gelegentlich umrühren, bis sie eingedickt ist, jedoch nicht zum Kochen bringen. Wenn die Soße heiß ist, zu den Pilzen, Zwiebeln und Fleisch geben und weitere 5 Minuten ziehen lassen. Unterdessen in einem Topf die grünen Bohnen und Paprikaschoten mit Wasser bedecken und weich kochen. Die Fleischmischung auf zwei Teller verteilen und Bohnen mit Paprikaschoten dazu anrichten. Sofort servieren.

Süßes Schweinefleisch mit Zwiebeln nach vietnamesischer Art
2 Portionen zu je vier Blöcken

Blockmenge:

8 Eiweiß	*230 g Schweinefleisch, geschnitten*
8 Kohlenhydrate	*8 Tassen Zwiebeln, mitteldick geschnitten*
8 Fette	*2⅔ TL Olivenöl*
	½ Tasse Rinderbrühe
	4 EL Apfelessig
	4 Knoblauchzehen, gehackt
	Salz und Pfeffer nach Belieben

Zubereitung:
Fleisch und Zwiebeln mit Öl in einer beschichteten Pfanne bei Mittelhitze anbraten. Wenn die Zwiebeln braun sind, Rinderbrühe, Essig und Knoblauch zugeben, zum Kochen bringen und bei geringer Hitze 30–45 Minuten ziehen lassen. Auf zwei Teller geben und servieren.

Schweizer Steak nach Gärtnerinnenart
2 Portionen zu je vier Blöcken

Blockmenge:

8 Eiweiß	*230 g Rindernuss, dünn geschnitten*
2 Kohlenhydrate	*1 Tasse Tomatenpüree*
1 Kohlenhydrat	*2 Tassen Sellerie, in streichholzgroße Stifte geschnitten*
2 Kohlenhydrate	*2 Tassen Zwiebeln, in dünne halbe Ringe geschnitten*
2 Kohlenhydrate	*1 Tasse Karotten, in streichholzgroße Stifte geschnitten*
1 Kohlenhydrat	*2¼ Tassen rote Paprikaschoten*
8 Fette	*2⅔ TL Olivenöl*
	1 Tasse Rinderbrühe
	⅛ TL Rotwein
	4 Knoblauchzehen, gehackt
	⅛ TL getrockneter Oregano
	⅛ TL schwarzer Pfeffer
	⅛ TL getrocknetes Basilikum
	Salz nach Belieben

Zubereitung:
⅔ Teelöffel Olivenöl und Fleisch in einer beschichteten Pfanne braten. Rinderbrühe, Tomatenpüree und Rotwein zugeben und weiter garen, bis alles heiß ist und sich eine Soße bildet. In einer zweiten beschichteten Pfanne 2 Teelöffel Öl mit dem Gemüse garen, das Gemüse mit Gewürzen bestreuen und unter ständigem Umrühren weich garen. Das Fleisch zu dem Gemüse geben und beides weitere 5 Minuten ziehen lassen. Auf zwei Teller verteilen und servieren.

Schweinefleisch süßsauer
2 Portionen zu je vier Blöcken

Blockmenge:

8 Eiweiß	*230 g Schweinefleisch, geschnitten*
1 Kohlenhydrat	*2 TL Zucker*
1 Kohlenhydrat	*½ Tasse Tomatenpüree*
1 Kohlenhydrat	*4 TL Maisstärkemehl*
3 Kohlenhydrate	*1½ Tassen Ananas, geschnitten*
2 Kohlenhydrate	*1 Tasse Fruchtcocktail, in Wasser*
8 Fette	*2⅔ TL Olivenöl*
	1 Tasse Hühnerbrühe
	8 EL Essig
	4 EL Wasser
	2 EL Sojasoße
	4–6 Zuckerschoten zum Garnieren (nach Belieben)
	Salz und Pfeffer nach Belieben

Zubereitung:
Fleisch in heißem Öl leicht anbraten. Unterdessen in einem Topf Hühnerbrühe, Essig, Sojasoße, Zucker, Tomatenpüree und Stärkemehl vermischen. (Das Stärkemehl vorher mit der Hühnerbrühe verrühren.) Alles unter ständigem Rühren ziehen lassen, bis sich die Soße verdickt hat und heiß ist, jedoch nicht zum Kochen bringen. Die Soße kosten, wenn sie zu sehr nach Essig schmeckt, noch einige Minuten ziehen lassen, damit sich der süßsaure Geschmack entwickeln kann. Wenn der Geschmack stimmt, Fleisch und Obst zugeben und weitere 10–15 Minuten ziehen lassen, damit das Fleisch durch den Essig zart wird und sich das Aroma bilden kann. Auf zwei Teller verteilen, nach Belieben mit Erbsen garnieren und servieren.

Hühnchenkebab
2 Portionen zu je vier Blöcken

Blockmenge:

8 Eiweiß	*230 g Putenschnitzel, geschnetzelt (oder enthäutete Hühnchenbrust)*
2 Kohlenhydrate	*4½ Tassen rote Paprikaschoten, gewürfelt (ca. 3 cm)*
2 Kohlenhydrate	*3 Tassen Broccoliröschen*
2 Kohlenhydrte	*6 Tassen Champignons, halbiert*
8 Fette	*2⅔ TL Olivenöl*
	2 Tassen Hühnerbrühe
	2 EL Apfelessig
	⅛ TL getrockneter Basilikum
	⅛ TL getrockneter Oregano
	2 Knoblauchzehen, gehackt
	Salz und Pfeffer nach Belieben

Zubereitung:
In einer Auflaufform Öl, Hühnerbrühe, Essig, Basilikum, Oregano und Knoblauch zu einer Marinade vermischen. Acht Kebabspieße mit Fleisch, Paprikaschoten, Broccoli, Pilzen und Tomaten zubereiten, dabei die ganze Menge verwenden. Die Spieße in die Auflaufform geben und mit Marinade übergießen, dann die Form mit Alufolie fest verschließen. Im vorgeheizten Backofen bei 180 Grad 30 Minuten backen, auf zwei Teller verteilen und servieren.

Anmerkung: Wenn das Kebab gegrillt wird und Holzspieße verwendet werden, sollten sie vorher 1 Stunde in Wasser eingeweicht werden, damit sie durch die starke Hitze nicht verkohlen.

Hühnchen Marsala nach Jägerart
2 Portionen zu je vier Blöcken

Blockmenge:

8 Eiweiß	230 g enthäutete Hühnchenbrust, geschnitten
1 Kohlenhydrat	1 Tasse Zwiebeln, geschnitten und halbiert
4 Kohlenhydrate	12 Tassen Champignons, geschnitten
2 Kohlenhydrate	4 Zitronen, Saft und Fruchtfleisch
1 Kohlenhydrat	4 TL Maisstärkemehl
8 Fette	2⅔ TL Olivenöl
	½ Tasse Hühnerbrühe
	2 EL frischer Basilikum, gehackt
	⅛ TL Marsala
	Salz und Pfeffer nach Belieben

Zubereitung:
Fleisch, Zwiebeln und Pilze mit Öl in einer beschichteten Pfanne garen, dann Zitronensaft und Fruchtfleisch, Hühnerbrühe, Basilikum, Wein und Stärkemehl zugeben. (Das Stärkemehl vorher mit der Hühnerbrühe verrühren.) Alles 5–10 Minuten ziehen lassen, dann auf zwei Teller verteilen und servieren.

Feinschmeckerhühnchen à l'Orange
2 Portionen zu je vier Blöcken

Blockmenge:

8 Eiweiß	1 Hühnchen, etwa 2 Kilogramm schwer (dabei etwa 1 Kilogramm Knochen)
1 Kohlenhydrat	3 Tassen Champignons, fein geschnitten
2 Kohlenhydrate	2 Tassen Zwiebeln, fein geschnitten
2 Kohlenhydrate	⅔ Tassen Clementinenscheiben
½ Kohlenhydrat	2 TL Maisstärkemehl
1 Kohlenhydrat	1½ Tassen Broccolisröschen
1½ Kohlenhydrate	3 Tassen rote Paprikaschoten, geschnitten
8 Fette	2⅔ TL Olivenöl, getrennt
	4 Knoblauchzehen, gehackt
	2 TL Petersilie
	½ TL Paprika, getrennt
	½ Tasse Hühnerbrühe
	⅛ TL Weißwein
	½ TL Orangenkonzentrat
	Salz und Pfeffer nach Belieben

Zubereitung:
Das Huhn mit einem scharfen Messer am Rückenknochen halbieren, dann die Haut und die Innereien entfernen. ⅔ Teelöffel Öl mit Pilzen, Knoblauch, Petersilie und Zwiebeln in einer Pfanne etwa 10 Minuten garen, bis die Mischung klar wird. (Diese Mischung wird als Duxell bezeichnet. Eine Duxell besteht aus fein gegartem Gemüse, das für eine Füllung verwendet wird.) Wenn alles gar ist, Pfanne vom Herd nehmen und beiseite stellen. Die beiden Hälften mit ¼ Teelöffel Paprika bestreuen und mit dem restlichen Öl bestreichen. In eine Auflaufform zwei Soßenhäufchen geben, die beiden Hühnchenhälften darauf legen und leicht hinein drücken. Die Form mit Alufolie fest verschließen und im vorgeheizten

Backofen bei 200 Grad 45 Minuten braten. Unterdessen Hühnerbrühe, Wein, Orangenkonzentrat und Clementinenscheiben in einen kleinen Topf geben, das Stärkemehl mit etwas Wasser verrühren und ebenfalls dazugeben. Das Ganze bei Mittelhitze kochen, bis sich eine dicke Soße bildet. In einem anderen Topf Broccoli und Paprikaschoten mit Wasser bedecken und weich kochen. Die Auflaufform aus dem Backofen nehmen und den Saft abgießen. Mit einem langen Spatel die Duxell und die Hühnerhälften herausheben und auf zwei Teller anrichten. Clementinensoße darüber gießen und das Gemüse hinzugeben, sofort servieren.

Chinesische gebratene Garnelen mit Tomaten
2 Portionen zu je vier Blöcken

Blockmenge:

8 Eiweiß	*350 g große Garnelen, geputzt, geschält und halbiert (ca. 20 Teile)*
1 Kohlenhydrat	*2½ Tassen rote Paprikaschoten, in Viertelringe geschnitten*
2 Kohlenhydrate	*2 Tassen Zuckerschoten, in Drittel geschnitten*
1 Kohlenhydrat	*3 Tassen Bohnensprossen*
2 Kohlenhydrate	*2 Tassen Frühlingszwiebeln, gehackt*
2 Kohlenhydrate	*1 Tasse Tomatenpüree*
8 Fette	*2⅔ TL Olivenöl*
	4 TL Ingwer, fein geschnitten
	⅛ TL Weißwein
	4 EL Wasser
	2 TL Apfelessig
	⅛ TL Tabasco
	Salz und Pfeffer nach Belieben

Zubereitung:
Paprikaschoten, Erbsen und Bohnensprossen in einem Topf mit Wasser bedecken und weich kochen. Währenddessen Garnelen und Frühlingszwiebeln mit Öl in einer beschichteten Pfanne garen, dann Tomatenpüree, Ingwer, Wein, 4 Esslöffel Wasser, Essig und Tabasco zugeben und 5 Minuten ziehen lassen. Auf zwei Tellern Bohnensprossen, Erbsen und Paprikaschoten anrichten, die Garnelenmischung darauf geben, mit Soße übergießen und servieren.

Hühnchen-Apfel-Quiche
2 Portionen zu je vier Blöcken

Blockmenge:

8 Eiweiß	*230 g Putenschnitzel, geklopft (oder enthäutete Hühnchenbrust)*
4 Kohlenhydrate	*1½ Tassen Apfelmus*
2 Kohlenhydrate	*1 Tasse Fruchtcocktail, in Wasser*
2 Kohlenhydrate	*6 Tassen Champignons, geschnitten*
8 Fette	*2⅔ TL Olivenöl*
	6 EL Apfelessig
	½ TL Zimt
	⅛ TL Petersilie
	⅛ TL Paprika
	Salz und Pfeffer nach Belieben

Zubereitung:
Fleisch mit ⅔ Teelöffel Öl und 4 Esslöffel Essig in einer beschichteten Pfanne anbräunen, dann Apfelmus, Fruchtcocktail und Zimt zugeben. 5–10 Minuten ziehen lassen, damit sich das Aroma entwickeln kann. In einer zweiten beschichteten Pfanne 2 Teelöffel Öl, 2 Esslöffel Essig und Champignons garen und auf 2 Tellern anrichten. Das Fleisch darüber geben, mit Petersilie und Paprika bestreuen und servieren.

Gebackener Lachs
2 Portionen zu je vier Blöcken

Blockmenge:

8 Eiweiß	*350 g frischer Lachs*
2 Kohlenhydrate	*2 Tassen Zwiebeln, in Ringe geschnitten*
3 Kohlenhydrate	*3 Tassen Spargelstangen*
1 Kohlenhydrat	*2¼ Tassen rote Paprikaschoten, in Ringe geschnitten*
2 Kohlenhydrate	*½ Tasse Kichererbsen, gekocht und gehackt*
8 Fette	*2⅔ TL Olivenöl*
	getrockneter Dill
	Knoblauchpulver
	1 Tasse Wasser
	ein Spritzer Tabasco (nach Belieben)
	getrockneter Schnittlauch
	schwarzer Pfeffer
	Selleriesalz

Zubereitung:
Eine Auflaufform mit Öl bestreichen und mit Zwiebelringen, Spargel, Paprikaschoten und Kichererbsen belegen. Je 110 Gramm Lachs auf das Gemüse in der Auflaufform geben. Den Lachs leicht mit Dill und Knoblauchpulver bestreuen, dann Wasser und Tabasco in die Auflaufform geben, mit Alufolie bedecken und fest verschließen. Im vorgeheizten Backofen bei 180 Grad 35 Minuten backen, Auflaufform herausnehmen und Flüssigkeit abgießen. Gemüse und Lachs mit einem langen Spatel aus der Form nehmen, auf zwei Teller verteilen, mit Schnittlauch, schwarzem Pfeffer und Selleriesalz bestreuen und servieren.

Anmerkung: Der Spargel wird im Backofen weich. Nach Belieben kann er auch separat gekocht werden.

Rindsroulade
2 Portionen zu je vier Blöcken

Blockmenge:

8 Eiweiß	230 g Rindernuss, sehr dünn geschnitten
1 Kohlenhydrat	1 Tasse Zwiebeln, fein geschnitten
1 Kohlenhydrat	½ Tasse Karotten, fein geschnitten
⅔ Kohlenhydrate	2 Tassen Champignons, fein geschnitten
1 Kohlenhydrat	1½ Tassen Broccoliröschen
1⅓ Kohlenhydrate	4 Tassen Champignons, geschnitten
2 Kohlenhydrate	1 Tasse Tomatenpüree
1 Kohlenhydrat	4 TL Maisstärkemehl
8 Fette	2⅔ TL Olivenöl
	1½ Tassen Rinderbrühe
	Salz und Pfeffer nach Belieben

Zubereitung:
Fleisch mit Plastikfolie bedecken und mit einem Fleischklopfer oder einem kleinen Topf weich klopfen. Zwiebeln, Karotten und 2 Tasen fein geschnittene Champignons in einer beschichteten Pfanne mit Öl braten. Wenn die Mischung (oder Duxell) gar ist, beiseite stellen und auskühlen lassen, dann auf das Fleisch geben und zu Rouladen rollen. Die Rouladen mit Zahnstochern sichern, zusammen mit Fleichbrühe, Broccoli, geschnittenen Champignons, Tomatenpüree und dem restlichen Duxell in eine mittelgroße Pfanne geben und mit einem dicht schließenden Deckel zudecken. Fleisch und Gemüse in der Flüssigkeit etwa 10–15 Minuten leicht schmoren. Das Stärkemehl mit Wasser verrühren und untermischen. Alles gut erhitzen, bis sich eine Soße bildet. Rouladen auf zwei Teller anrichten und Gemüse und Soße darüber geben.

Fischbällchen mit venezianischer Soße
2 Portionen zu je vier Blöcken

Blockmenge:

2 Eiweiß	*4 Eiweiß*
6 Eiweiß	*250 g Weißfisch, geschnitten, ohne Knochen*
2 Kohlenhydrate	*2½ Tassen Tomaten, geschnitten*
2 Kohlenhydrate	*2 Tassen Zwiebeln, geschnitten*
1 Kohlenhydrat	*4 TL Maisstärkemehl*
1 Kohlenhydrat	*1½ Tassen Broccoliröschen*
2 Kohlenhydrate	*⅔ Tassen Apfelmus*
8 Fette	*2⅔ TL Olivenöl*
	⅛ TL Muskatnuss
	1 Tasse Wasser
	1 Tasse Weißweinessig
	2 EL getrockneter Estragon
	⅛ TL Paprika
	Salz und Pfeffer nach Belieben

Zubereitung:
Für dieses Rezept benötigen Sie eine Küchenmaschine oder ein Mixer. Den Boden der Auflaufform mit Öl bedecken, mit geschnittenen Tomaten und Zwiebeln belegen und beiseite stellen. Eiweiß, geschnittenen rohen Fisch und Muskatnuss in einer Küchenmaschine zu einer Paste zerkleinern. Aus der Fischpaste mit einem Teelöffel kleine Bällchen formen und in einen Topf mit siedendem Wasser geben. Dabei den Teelöffel etwa 2–3 Minuten in das Wasser halten, bis das Bällchen hineingleitet. Die ganze Fischpaste so verarbeiten, die Bällchen jeweils etwa 4–5 Minuten ziehen lassen, aus dem Wasser nehmen und in die Auflaufform geben. In einem Topf Wasser, Essig und Estragon mischen. Stärkemehl mit etwas Wasser verrühren, dann ebenfalls untermischen. Alle Zutaten im Topf

3–5 Minuten ziehen lassen, bis sich die venezianische Soße bildet; diese dann über die Fischbällchen in der Auflaufform gießen. Die Form dicht schließend bedecken und im vorgeheizten Ofen 15–20 Minuten backen. Währenddessen den Broccoli in einem Topf mit Wasser bedecken und weich kochen. Die Auflaufform aus dem Ofen nehmen, die Fischbällchen und die Soße mit dem Löffel herausheben und auf zwei Teller geben. Broccoli und Apfelmus zugeben, mit Paprika bestreuen und servieren.

Hühnchen mit Weintrauben
2 Portionen zu je vier Blöcken

Blockmenge:

8 Eiweiß	*230 g Putenschnitzel, geklopft (oder enthäutete Hühnchenbrust)*
2 Kohlenhydrate	*1½ Tassen rote kernlose Trauben*
2 Kohlenhydrate	*1½ Tassen grüne kernlose Trauben*
2 Kohlenhydrate	*⅔ Tassen Apfelmus*
1 Kohlenhydrate	*4 TL Maisstärkemehl*
1 Kohlenhydrate	*3 Tassen Champignons, geschnitten*
8 Fette	*2⅔ TL Olivenöl*
	4 EL Apfelessig
	2 Tassen plus 4 EL Wasser
	2 TL Orangenkonzentrat
	⅛ TL getrockneter Dill
	½ TL plus ⅛ TL Zimt
	eine Prise Nelken
	Salz und Pfeffer nach Belieben

Zubereitung:
2 Esslöffel Essig, 2 Esslöffel Wasser und Fleisch mit ⅔ Teelöffel Öl in einer beschichteten Pfanne garen. Weintrauben und Apfelmus in 2 Tassen Wasser in einem Topf weich dünsten. Stärkemehl mit 2 Esslöffel Wasser, Orangenkonzentrat, Dill, ½ Teelöffel Zimt und Nelken zu einer dicken, würzigen Flüssigkeit verrühren, dann in den Topf zu den Trauben geben und erhitzen, bis sich eine dicke Soße bildet. Die Soße zu dem Hühnchen geben und 5–10 Minuten ziehen lassen, damit sich der Geschmack entwickeln kann. 2 Esslöffel Essig, ⅛ Teelöffel Zimt und Champignons mit 2 Teelöffel Öl in einer zweiten beschichteten Pfanne weich garen. Auf zwei Tellern zuerst die Champignons anrichten, das Hühnchen und die Weintraubenmischung darübergeben und servieren.

Hühnchen Cacciatore
2 Portionen zu je vier Blöcken

Blockmenge:

8 Eiweiß	1 Kilogramm enthäutete Hühnchenbrustteile mit Knochen (die Knochen wiegen etwa die Hälfte)
2 Kohlenhydrate	2½ Tassen Tomaten, geschnitten
1 Kohlenhydrat	2¼ Tassen grüne Paprikaschoten, geschnitten
1 Kohlenhydrat	3 Tassen Champignons, geschnitten
1 Kohlenhydrat	1 Tasse Zwiebeln, geschnitten
2 Kohlenhydrate	1 Tasse Tomatenpüree
1 Kohlenhydrat	4 TL Maisstärkemehl
8 Fette	2⅔ TL Olivenöl
	4 Knoblauchzehen, gehackt
	1 Tasse Hühnerbrühe
	⅛ TL Rotwein
	1 TL getrocknetes Basilikum
	1 TL getrockneter Oregano
	Salz und Pfeffer nach Belieben

Zubereitung:
Hühnchenteile in ⅔ Teelöffel Öl in einer beschichteten Pfanne leicht anbräunen, vom Herd nehmen und das Fleisch in eine Auflaufform geben. In die gleiche Pfanne restliches Öl, Knoblauch und Gemüse außer dem Tomatenpüree zugeben und bei Mittelhitze garen. In einem Topf Tomatenpüree, Hühnerbrühe, Wein, Gewürze und Stärkemehl verrühren. (Das Stärkemehl vorher mit etwas Wasser anrühren.) Die Mischung bei Mittelhitze zu einer dicken Soße erhitzen und Gemüse zugeben. Die Cacciatore 5 Minuten ziehen lassen und über das Hühnchen in der Auflaufform geben. Die Form mit Alufolie fest verschließen und im vorgeheizten Backofen

bei 200 Grad 20 Minuten backen. Die Auflaufform herausnehmen und das Hühnchen mit der Cacciatore auf zwei Teller verteilen.

Rindfleisch Pariser Art
2 Portionen zu je vier Blöcken

Blockmenge:

8 Eiweiß	230 g Rindernuss, sehr dünn geschnitten
1 Kohlenhydrat	3 Tassen Champignonköpfe
2 Kohlenhydrate	2 Tassen Silberzwiebeln
2 Kohlenhydrate	2 Tassen Cocktailtomaten
2 Kohlenhydrate	2 Tassen Steckrüben, Pariser Art*
1 Kohlenhydrat	4 TL Maisstärkemehl
8 Fette	2⅔ TL Olivenöl
	2 Knoblauchzehen, gehackt
	1 Tasse Rinderbrühe
	6 ganze Pfefferkörner
	¼ TL getrockneter Oregano
	2 TL frisches Basilikum, gehackt
	Salz und Pfeffer nach Belieben

Zubereitung:
Eine mittelgroße Auflaufform mit Öl bestreichen und alle Zutaten (Fleisch, Gemüse und Gewürze) außer dem Basilikum und Stärkemehl hineingeben. Die Form fest mit Alufolie verschließen und im vorgeheizten Ofen bei 200 Grad 20 Minuten backen. Stärkemehl und Basilikum mit etwas Wasser zu einer Paste verrühren. Die Auflaufform nach 20 Minuten aus dem Backofen nehmen und die Stärkemehlpaste unterrühren. Fleisch und Gemüse gut verrühren, bis alles bedeckt ist. Die Form wieder zudecken und weitere 5–10 Minuten backen. Aus dem Ofen nehmen und den Inhalt auf zwei Teller verteilen, das Gemüse und die Soße darüber geben und servieren.

Anmerkung: Die Steckrüben mit einem Kugelausstecher zu kleinen Bällchen formen.

Chinesisches Rindfleisch, gebraten, mit Sellerie
2 Portionen zu je vier Blöcken

Blockmenge:
8 Eiweiß	*230 g Rindernuss, fein geschnitten*
4 Kohlenhydrate	*8 Tassen Sellerie, keilförmig geschnitten**
1 Kohlenhydrat	*4 TL Maisstärkemehl*
1 Kohlenhydrat	*1 Kiwi, geschnitten*
2 Kohlenhydrate	*⅔ Tassen Clementinenscheiben*
8 Fette	*2⅔ TL Olivenöl*
	1 Tasse Rinderbrühe
	2 TL Rotwein
	2 EL natriumarme Sojasoße
	2 TL Ingwer, fein gemahlen

Zubereitung:
⅔ Teelöffel Öl und Fleisch in einer beschichteten Pfanne bräunen, vom Herd nehmen und beiseite stellen. In der gleichen Pfanne mit dem restlichen Öl Sellerie bei Mittelhitze weich garen. Unterdessen in einem Topf Rinderbrühe, Wein, Sojasoße, Ingwer und Stärkemehl verrühren. (Das Stärkemehl vorher in kalter Rinderbrühe auflösen.) Die Zutaten gut verrühren und leicht köcheln lassen, damit sich die Soße bildet. Fleisch und Soße zu dem Sellerie in die Pfanne geben und unter ständigem Rühren 5–10 Minuten ziehen lassen, bis alles mit Soße bedeckt ist. Auf zwei Teller verteilen, mit Kiwis und Clementinen garnieren und sofort servieren.

* Anmerkung: Bei dieser Schneidetechnik wird der Sellerie in Keilen im 45-Grad-Winkel geschnitten. Hier muss nicht mit Salz gewürzt werden, weil der Sellerie einen hohen Natriumgehalt hat.

Schellfisch mit Pizza
2 Portionen zu je vier Blöcken

Blockmenge:
8 Eiweiß   *350 g Schellfisch*
4 Kohlenhydrate   *2 Tassen Chilisoße*
4 Kohlenhydrate   *4 Tassen feine grüne Bohnen**
8 Fette   *2²/₃ TL Olivenöl*

Zubereitung:
Den Boden einer Auflaufform mit Öl bestreichen, den Schellfisch in zwei Teilen hineinlegen und mit je einer Tasse Chilisoße übergießen. Die Form fest verschließen und im vorgeheizten Backofen bei 180 Grad 25–30 Minuten backen. Unterdessen grüne Bohnen in einem Topf mit Wasser bedecken und weich kochen, dann auf zwei Teller verteilen. Die Form aus dem Backrohr holen, den Fisch mit einem langen Spatel herausnehmen, auf die grünen Bohnen geben und servieren.

*Anmerkung: Sie können die grünen Bohnen nach Belieben durch Zuckerschoten ersetzen.

Lachs mit Dillsoße
2 Portionen zu je vier Blöcken

Blockmenge:

7 Eiweiß	*300 g Lachs, in zwei Teilen*
1 Eiweiß und	
1 Kohlenhydrat	*½ Tasse einfacher Magerjoghurt*
½ Kohlenhydrat	*½ TL Zucker*
½ Kohlenhydrat	*2 TL Maisstärkemehl*
3 Kohlenhydrate	*1½ Tassen Ananas, gewürfelt*
2 Kohlenhydrate	*1½ Tassen Netzmelone, gewürfelt*
1 Kohlenhydrat	*¾ Tassen Maraschinokirschen, halbiert*
8 Fette	*2⅔ TL Olivenöl*
	3 TL getrockneter Dill
	2 TL Weißwein
	Salz und Pfeffer nach Belieben

Zubereitung:
Den Boden einer Auflaufform mit Öl bestreichen, den Fisch hineinlegen, mit Dill bestreuen und die Form gut verschließen. Im vorgeheizten Backofen bei 180 Grad 25–30 Minuten backen. Unterdessen in einem Topf Joghurt, Zucker, 2 Teelöffel Dill und Wein zu einer Dillsoße verrühren. Das Stärkemehl mit etwas Wasser verrühren und zugeben. Die Soße unter ständigem Rühren erhitzen, aber nicht kochen lassen. In einer Rührschüssel Ananas, Netzmelone und Kirschen zu einem Fruchtsalat vermischen und auf zwei Teller verteilen. Den Fisch aus dem Backofen nehmen und mit einem langen Spatel ebenfalls auf die Teller geben. Mit Dillsoße übergießen und sofort servieren.

Kammmuscheln Mornay
2 Portionen zu je vier Blöcken

Blockmenge:

6 Eiweiß	250 g Kammmuscheln*
2 Eiweiß und	
2 Kohlenhydrate	1 Tasse einfacher Magerjoghurt
3 Kohlenhydrate	3 Tassen grüne Bohnen
1½ Kohlenhydrate	3 Zitronen, Saft und Fruchtfleisch
½ Kohlenhydrat	½ Tasse Zwiebeln, gehackt
1 Kohlenhydrat	4 TL Maisstärkemehl
8 Fette	2⅔ TL Olivenöl
	⅛ TL Worcestersoße
	2 TL Senfmehl
	⅛ TL Weißwein
	2 Knoblauchzehen, gehackt
	Paprika zum Garnieren
	Salz und Pfeffer nach Belieben

Zubereitung:
Öl und grüne Bohnen in einer beschichteten Pfanne weich garen. Unterdessen in einer anderen beschichteten Pfanne Kammmuscheln in Zitronensaft mit Fruchtfleisch, Worcestersoße, Zwiebeln, Senf, Wein, Knoblauch und Joghurt 5–10 Minuten dünsten, je nach Größe auch etwas länger. Das Stärkemehl mit etwas Wasser verrühren, zu den Muscheln geben und alles 2–3 Minuten ziehen lassen, bis sich eine dicke Soße bildet. Dabei ständig umrühren. Grüne Bohnen auf zwei Teller verteilen, mit einem langen Spatel die Muscheln mit Soße aus der Pfanne nehmen und neben den grünen Bohnen anrichten. Sofort servieren.

Anmerkung: Kleine Kammmuscheln sind am besten geeignet. Wenn nur große erhältlich sind, kann man sie in kleine Stücke schneiden.

Hühnchen mit Ingwer und Pfirsichen
2 Portionen zu je vier Blöcken

Blockmenge:

8 Eiweiß	230 g Putenschnitzel, geklopft (oder enthäutete Hühnchenbrust)
4 Kohlenhydrate	2 Tassen Pfirsiche, geschnitten
1 Kohlenhydrat	½ Tasse Wasserkastanien, geschnitten
1 Kohlenhydrat	4 TL Maisstärkemehl
2 Kohlenhydrate	2 Tassen Zuckerschoten
8 Fette	2⅔ TL Olivenöl
	4 EL Apfelessig
	2 TL Ingwer, gemahlen*
	⅛ TL Zimt, zusätzlich noch etwas zum Bestreuen
	2 TL Orangenkonzentrat
	⅛ TL getrockneter Dill
	⅛ TL Nelken (knapp)
	1½ Tassen plus 4 EL Wasser

Zubereitung:
Das Fleisch in ⅔ Teelöffel Öl, 2 Esslöffel Essig und 2 Esslöffel Wasser Fleisch in einer beschichteten Pfanne bräunen. In einem Topf Pfirsiche, Ingwer und Wasserkastanien und 1 ½ Tassen Wasser mit Zimt bestreuen und weich dünsten. Stärkemehl mit 2 Esslöffeln Wasser verrühren. Orangenkonzentrat, Dill, ⅛ Teelöffel Zimt und Nelken zugeben, zu einem dicken würzigen Soßenverdicker vermischen und zu den Pfirsichen geben. Das Ganze erhitzen bis sich eine cremige Pfirsich-Ingwer-Soße bildet. Dann zu dem Hühnchen geben und 5–10 Minuten ziehen lassen, so dass sich das Aroma entwickelt und auf das Fleisch übergeht. In einer anderen beschichteten Pfanne die Zuckerschoten in 2 Teelöffel Öl weich garen und auf zwei Tellern anrichten. Auf den Erbsen das Pfirsich-Ingwer-Hühnchen anrichten und servieren.

Anmerkung: Die zugegebene Ingwermenge kann nach Geschmack variiert werden.

Antipasto-Salat
2 Portionen zu je vier Blöcken

Blockmenge:

2 Eiweiß	60 g Thunfisch aus der Dose (im eigenen Saft)
2 Eiweiß	60 g entrahmter Mozzarella, klein geschnitten
2 Eiweiß	80 g Putenschinken, in Streifen geschnitten
2 Eiweiß	80 g gekochter Schinken, in Streifen geschnitten
1 Kohlenhydrat	1 Kopf Eissalat, geraspelt
1 Kohlenhydrat	2 Tassen Sellerie, geschnitten
1 Kohlenhydrat	½ Tasse Karotten, dünn geschnitten
1 Kohlenhydrat	3 Tassen Champignons, geschnitten
1 Kohlenhydrat	1 Tasse Zwiebeln, in halben Ringen
2 Kohlenhydrate	½ Tasse Kichererbsen, gekocht
1 Kohlenhydrat	2¼ Tassen rote Paprikaschoten, in halben Ringen
8 Fette	2⅔ TL Olivenöl, extra-nativ
	2 EL Weißweinessig
	⅛ TL Worcestersoße
	2 Knoblauchzehen, gehackt
	2 EL Wasser
	⅛ TL getrockneter Majoran
	⅛ TL schwarzer Pfeffer
	⅛ TL getrockneter Oregano
	⅛ TL getrockneter Basilikum

Zubereitung:
Öl, Essig, Worcestersoße, Knoblauch, Wasser und Gewürze in einer kleinen Schüssel mit einem Schneebesen verquirlen. Auf zwei ovalen Platten den Eisbergsalat häufen, dann in Streifen von rechts nach links Sellerie, Karotten, Pilze, Zwiebeln, Kichererbsen darauf anrichten und Thunfisch, Käse, Putenschinken und gekochten Schinken ebenfalls dazugeben. Die Abschnitte mit Streifen roter Paprikaschoten unterteilen. Das Kräuterdressing noch einmal verquirlen und über den Antipasto-Salat gießen.

Gebratenes Rindfleisch mit Champignonsoße
2 Portionen zu je vier Blöcken

Blockmenge:

8 Eiweiß	230 g Rindernuss, sehr dünn geschnitten
3 Kohlenhydrate	9 Tassen Champignons, geschnitten
1 Kohlenhydrat	4 TL Maisstärkemehl
3 Kohlenhydrate	3 Tassen Spargelstangen, gekocht
1 Kohlenhydrat	2¼ Tassen rote Paprikaschoten, in halbe Ringe geschnitten
8 Fette	2⅔ TL Olivenöl
	1 Tasse Rinderbrühe
	⅛ TL Rotwein
	frisches Basilikum, gehackt

Zubereitung:
Pilze in ⅔ Teelöffel Öl in einer beschichteten Pfanne weich garen. Unterdessen in einer zweiten beschichteten Pfanne das Rindfleisch mit dem restlichen Öl anbräunen und Pilze, Rinderbrühe, Rotwein, Knoblauch, Basilikum und Stärkemehl zugeben. (Das Stärkemehl vorher mit der Rinderbrühe verrühren.) Unter häufigem Umrühren ziehen lassen, bis sich eine Soße bildet, die das Fleisch bedeckt. In einem Topf Spargel und rote Paprikaschoten mit Wasser bedecken und weich kochen. Fleisch und Gemüse auf zwei Teller verteilen, mit Basilikum bestreuen und servieren.

Kalbsgulasch
2 Portionen zu je vier Blöcken

Blockmenge:

8 Eiweiß	*230 g Kalbfleisch, in Würfel geschnitten (ca. 1 cm)*
3 Kohlenhydrate	*3 Tassen Zwiebeln, fein geschnitten*
4 Kohlenhydrate	*2 Tassen Tomatenpüree*
1 Kohlenhydrat	*4 TL Maisstärkemehl*
8 Fette	*2⅔ TL Olivenöl*
	6 Knoblauchzehen, gehackt
	2 Tassen Rinderbrühe
	¼ TL Kümmel
	8 TL Paprika
	4 TL Worcestersoße
	½ TL Selleriesalz
	Pfeffer nach Belieben
	Frischer Basilikum, grob gehackt

Zubereitung:
Den Boden einer Auflaufform mit Öl bestreichen und alle Zutaten (Kalbfleisch, Gemüse und Gewürze) in die Form geben, mit Ausnahme von Basilikum und Stärkemehl. Die Form fest mit Alufolie verschließen und im vorgeheizten Backofen bei 200 Grad 20 Minuten backen. Stärkemehl und Basilikum mit etwas Wasser zu einer Paste verrühren, dann die Auflaufform aus dem Ofen nehmen und die Paste unterrühren. Fleisch und Gemüse gut vermischen, bis alles mit Soße bedeckt ist. Die Form wieder verschließen und weitere 5–10 Minuten backen. Dann herausnehmen, Fleisch auf zwei Teller verteilen, Gemüse und Soße darüber geben und servieren.

Hühnchen nach Mittelmeerart
2 Portionen zu je vier Blöcken

Blockmenge:

8 Eiweiß	*230 g Putenschnitzel, geklopft (oder enthäutete Hühnchenbrust)*
4 Kohlenhydrate	*5 Tassen Tomaten, geschnitten*
4 Kohlenhydrate	*6 Tassen Auberginen*
2 Fette	*⅔ TL Olivenöl*
6 Fette	*18 schwarze Oliven, geschnitten*
	8 Knoblauchzehen, gehackt
	2 TL getrockneter Basilikum
	1 TL getrockneter Oregano
	4 EL Wasser
	2 EL Rotwein

Zubereitung:
Fleisch mit ⅔ Teelöffel Öl in einer beschichteten Pfanne leicht anbraten, dann geschnittene Tomaten, Knoblauch, Basilikum, Oregano, Oliven, Wasser und Rotwein zugeben. Pfanne zudecken und etwa zehn Minuten ziehen lassen, bis fast die ganze Flüssigkeit verdampft ist. Unterdessen die Auberginen in ½ cm dünne Scheiben schneiden und 10 Minuten in Salzwasser weich kochen. Die Auberginen auf zwei Teller anrichten, die Hühnchen-Tomaten-Mischung darüber geben und sofort servieren.

Japanische Garnelen süßsauer mit Mandarinen
2 Portionen zu je vier Blöcken

Blockmenge:

8 Eiweiß	*350 g gekochte Garnelen*
1 Kohlenhydrat	*2½ Tassen Sellerie,*
	keilförmig geschnitten
2 Kohlenhydrate	*2 Tassen Zwiebeln,*
	in halbe Ringe geschnitten
1 Kohlenhydrat	*3 Tassen Gurken, geschält,*
	der Länge nach halbiert und geschnitten
1 Kohlenhydrat	*½ Tasse Ananas, fein geschnitten*
1 Kohlenhydrat	*4 TL Maisstärkemehl*
2 Kohlenhydrate	*⅔ Tassen Clementinenscheiben*
8 Fette	*2⅔ TL Olivenöl*
	8 EL Essig
	2 EL Sojasoße
	1 Tasse Hühnerbrühe
	schwarzer Pfeffer nach Belieben

Zubereitung:
Sellerie und Zwiebeln mit 2 Teelöffel Öl in einer beschichteten Pfanne garen, bis sie fast weich sind, dann Gurken zugeben und alles fertig garen. Unterdessen in einem kleinen Topf Essig, Sojasoße, Hühnerbrühe, Garnelen, Ananas, ⅔ Teelöffel Öl und Stärkemehl zu einer süßsauren Soße vermischen. (Das Stärkemehl vorher mit etwas Wasser verrühren.) Die Soße umrühren, bis sie eingedickt ist, dann das gegarte Gemüse untermischen, weitere 2–3 Minuten ziehen lassen und anschließend die Clementinenscheiben zugeben. Die Mischung auf zwei Teller verteilen und sofort servieren.

Kalbfleisch mit Mozzarella und italienischem Gemüse
2 Portionen zu je vier Blöcken

Blockmenge:

6 Eiweiß	170 g Kalbsschnitzel
2 Eiweiß	60 g entrahmter Mozzarella, klein geschnitten
2 Kohlenhydrate	3 Tassen Auberginen, in kleine Würfel (ca. 1½ cm) geschnitten
2 Kohlenhydrate	3 Tassen Zucchini, in kleine Würfel (ca. 1½ cm) geschnitten
2 Kohlenhydrate	2 Tassen Tomaten, in kleine Würfel (ca. 1½ cm) geschnitten
1 Kohlenhydrat	1 Tasse Zwiebeln, in halbe Ringe geschnitten
1 Kohlenhydrat	½ Tasse Tomatenpüree
8 Fette	⅔ TL Olivenöl
	2 EL plus ⅛ TL getrockneter Basilikum
	⅛ TL getrockneter Rosmarin
	½ TL getrockneter Majoran
	⅛ TL getrockneter Salbei
	⅛ TL Zwiebelpulver
	⅛ TL Salz
	⅛ TL Pfeffer
	½ TL getrockneter Oregano
	4 Knoblauchzehen, gehackt
	½ Tasse plus 2 EL Wasser

Zubereitung:
Gewürze und Gemüse außer dem Tomatenpüree mit 2 Teelöffeln Öl in einer Pfanne garen, kurz vorher das Tomatenpüree zugeben. Unterdessen in einer zweiten Pfanne das Fleisch mit ⅔ Teelöffel Öl und 2 Esslöffel Wasser bräunen, dabei mit Zwiebelpulver, Salz, Pfeffer und Basilikum bestreu-

en. Wenn das Fleisch weich ist, auf zwei Teller verteilen, mit Mozzarella bestreichen und sofort servieren.

Gefüllte Schweinekoteletts mit Gemüsesoße
2 Portionen zu je vier Blöcken

Blockmenge:

8 Eiweiß	*2 Schweinekoteletts ohne Knochen (je 110 g), zugeschnitten*
½ Kohlenhydrat	*1½ Tassen Champignons, fein geschnitten*
2 Kohlenhydrate	*½ Tasse Kichererbsen, gekocht und gehackt*
½ Kohlenhydrat	*½ Tasse Zwiebeln, fein geschnitten*
1 Kohlenhydrat	*2 Tassen Sellerie, geschnitten*
1 Kohlenhydrat	*1½ Tassen Broccoliröschen*
1 Kohlenhydrat	*2 Tassen Blumenkohlröschen*
1 Kohlenhydrat	*2¼ Tassen rote Paprikaschoten, mitteldick geschnitten*
1 Kohlenhydrat	*4 TL Maisstärkemehl*
8 Fette	*2⅔ TL Olivenöl*
	⅛ TL schwarzer Pfeffer
	⅛ TL Worcestersoße
	⅛ TL getrockneter Majoran
	3 Tassen Hühnerbrühe
	⅛ TL getrocknetes Basilikum
	⅛ TL Zimt
	⅛ TL Chilipulver
	⅛ TL Muskatnuss
	Salz nach Belieben

Zubereitung:
Champignons, Kichererbsen, schwarzer Pfeffer, Worcester-

soße, Majoran und Zwiebeln mit ⅔ Teelöffel Öl in einer Pfanne glasig garen (etwa 10 Minuten). Anschließend beiseite stellen und auskühlen lassen. In jedes Kotelett eine Tasche schneiden und mit der ausgekühlten Mischung füllen. Mit Zahnstochern sichern, so dass nichts herausfallen kann. Eventuelle Reste in die Auflaufform geben und die Schweinekoteletts darauf legen. Die Auflaufform gut verschließen und im vorgeheizten Ofen 20–25 Minuten backen. Unterdessen in einem Topf Hühnerbrühe, Sellerie, Broccoli, Blumenkohl, Paprikaschoten, Basilikum, Zimt, Chilipulver und Muskatnuss verrühren, zum Kochen bringen und 10 Minuten köcheln lassen, bis das Gemüse weich ist. Das Stärkemehl mit etwas Wasser verrühren und zugeben. Die Herdplatte herunterschalten und alles 5 Minuten ziehen lassen, bis sich eine Soße bildet. Die Auflaufform aus dem Ofen holen und die Zahnstocher vorsichtig aus dem Fleisch nehmen. Das Fleisch auf zwei Teller verteilen, Gemüse und Soße zugeben und servieren.

Belgische Schweinekoteletts
2 Portionen zu je vier Blöcken

Blockmenge:

8 Eiweiß	230 g magere Schweinekoteletts ohne Knochen, dünn geschnitten
4 Kohlenhydrate	4 Tassen Rosenkohl*
3 Kohlenhydrate	3 Tassen Zwiebelringe, halbiert
1 Kohlenhydrat	4 TL Maisstärkemehl
8 Fette	2⅔ TL Olivenöl
	2 EL Apfelessig
	2 EL Bier
	1 Tasse Hühnerbrühe

Zubereitung:
Rosenkohl in einem Topf mit Wasser bedecken und weich kochen. Unterdessen Zwiebeln und Schweinekoteletts mit Öl in einer Pfanne fast gar braten, kurz vorher 2 Teelöffel Essig zugeben. In einer zweiten Pfanne Bier, Hühnerbrühe und Stärkemehl zu einer Soße erhitzen. (Das Stärkemehl vorher mit der kalten Brühe verrühren.) Wenn die Soße eingedickt ist, das Fleisch mit den Zwiebeln zugeben und weitere 5–10 Minuten ziehen lassen. Gemüse und Fleisch auf zwei Teller verteilen und sofort servieren.

Anmerkung: Die Stiele des Rosenkohls kreuzförmig einschneiden, dann fällt er beim Kochen nicht auseinander.

Geröstete Lammkoteletts mit grünen Basilikumbohnen
2 Portionen zu je vier Blöcken

Blockmenge:

8 Eiweiß	350 g Lammkoteletts (davon wiegen die Knochen etwa 110 g)
4 Kohlenhydrate	1⅓ Tassen ungesüßtes Apfelmus
3 Kohlenhydrate	3 Tassen grüne Bohnen
1 Kohlenhydrat	2¼ Tassen rote Paprikaschoten, in Viertelringe geschnitten
8 Fette	2⅔ TL Olivenöl
	Selleriesalz
	Zwiebelpulver
	Knoblauchpulver
	schwarzer Pfeffer nach Belieben
	1 TL frische Minze, gehackt
	2 Knoblauchzehen, gehackt
	¼ TL getrocknetes Basilikum
	2 TL rote Paprikaschoten, fein geschnitten

Zubereitung:
Die Koteletts mit Selleriesalz, Zwiebelpulver, Knoblauchpulver und schwarzem Pfeffer bestreuen und mit etwas Wasser in einer tiefen Form etwa 5 Minuten im Backofen rösten (nicht verkochen lassen). Unterdessen das Apfelmus in einem kleinen Topf mit Minze erhitzen. In einer beschichteten Pfanne grüne Bohnen mit geviertelten Paprikaschoten, Basilikum und Knoblauch in Öl weich garen und mit fein geschnittenen Paprikaschoten garnieren. Das Lamm aus dem Backofen nehmen und auf zwei Teller verteilen, Apfelmus und Gemüse daneben anrichten und servieren.

Geschmortes Lamm nach bretonischer Art
2 Portionen zu je vier Blöcken

Blockmenge:

8 Eiweiß	230 g Lammmedaillons, dünn geschnitten (ca. $1/2$ cm)
4 Kohlenhydrate	1 Tasse schwarze Bohnen, gekocht
2 Kohlenhydrate	1 Tasse Tomatenpüree
$1/2$ Kohlenhydrat	1 Tasse Sellerie
$1 1/2$ Kohlenhydrate	$1 1/2$ Tassen Zwiebeln, fein gehackt
8 Fette	$2 2/3$ TL Olivenöl
	2 Knoblauchzehen, gehackt
	$1/8$ TL Worcestersoße
	1 Tasse Rinderbrühe
	$1/8$ TL Weißwein
	$1/8$ TL getrocknetes Basilikum
	Salz und Pfeffer nach Belieben

Zubereitung:
Lamm mit allen anderen Zutaten in einem großen Topf etwa 20–30 Minuten köcheln lassen, auf zwei Teller verteilen und servieren.

Schweinefleischbällchen mit Tomaten-Estragon-Soße
2 Portionen zu je vier Blöcken

Blockmenge:

8 Eiweiß	350 g mageres Schweinehackfleisch
4 Kohlenhydrate	1 Tasse Linsen, gekocht
1 Kohlenhydrat	1 Tasse Zwiebeln, fein geschnitten
1 Kohlenhydrat	1½ Tassen Broccoli, gedünstet
2 Kohlenhydrate	1 Tasse Tomatenpüree
8 Fette	2⅔ TL Olivenöl
	¼ TL Chilipulver
	⅛ TL getrocknetes Basilikum
	⅛ TL getrockneter Estragon
	⅛ TL schwarzer Pfeffer
	⅛ TL getrockneter Majoran
	½ Tasse Rinderbrühe

Zubereitung:
Linsen, Fleisch, Zwiebeln, Chilipulver, Basilikum, eine Prise Estragon, Pfeffer und eine Prise Majoran in einer großen Schüssel verrühren, daraus etwa 16 kleine (ca. 3 cm) Bällchen formen und in eine mit Öl bestrichene Auflaufform geben. Bei 180 Grad im vorgeheizten Backofen 15 Minuten backen. Währenddessen in einem Topf Broccoli mit Wasser bedecken und nicht zu weich kochen. In einem anderen Topf Tomatenpüree, eine Prise Estragon und Majoran, Rinderbrühe und Essig 3–4 Minuten erhitzen. Die Fleischbällchen aus dem Ofen nehmen und die Soße vorsichtig darüber löffeln. Fleisch mit Soße und Broccoli auf zwei Teller verteilen und servieren.

Hackbraten mit italienischer Soße
2 Portionen zu je vier Blöcken

Blockmenge:

8 Eiweiß	350 g gehackte Hühnchenbrust
1 Kohlenhydrat	½ Tasse Karotten, fein geschnitten
1 Kohlenhydrat	2 Tassen Sellerie, fein geschnitten
3 Kohlenhydrate	1½ Tassen Tomatenpüree, getrennt
1 Kohlenhydrat	4 TL Maisstärkemehl
8 Fette	2⅔ TL Olivenöl
	4 Knoblauchzehen, gehackt
	1 TL getrocknetes Basilikum
	1 TL getrockneter Oregano
	getrockneter Thymian
	1 Tasse Rinderbrühe
	⅛ TL Zwiebelpulver

Zubereitung:
Fleisch, Karotten, Sellerie, ½ Tasse Tomatenpüree, 2 Knoblauchzehen, ½ Teelöffel Basilikum, ½ Teelöffel Oregano, Thymian und Majoran in einer mittelgroßen Schüssel vermischen, daraus zwei ovale Fleischlaibe formen und in eine Auflaufform geben. Im vorgeheizten Backofen bei 180 Grad 30–35 Minuten backen. Unterdessen in einem kleinen Topf Öl, Rinderbrühe, 1 Tasse Püree, ½ Teelöffel Basilikum, ½ Teelöffel Oregano, 2 Knoblauchzehen, Zwiebelpulver und Maisstärkemehl zu einer Soße mischen. (Das Stärkemehl vorher mit kalter Rinderbrühe verrühren.) Die Soße leicht köcheln lassen, bis sie sich eindickt. Fleisch vorsichtig mit einem langen Spatel aus der Form nehmen, damit es nicht zerfällt. Auf zwei Teller anrichten, mit der italienischen Soße übergießen und servieren.

Moo Goo Gai Pan
2 Portionen zu je vier Blöcken

Blockmenge:

8 Eiweiß	500 g Hühnchen, enthäutete Brustteile mit Knochen (davon wiegen die Knochen etwa die Hälfte) (oder 230 g enthäutetes Brustfleisch)
1 Kohlenhydrat	3 Tassen Champignons, geschnitten
1 Kohlenhydrat	1 Tasse Frühlingszwiebeln, geschnitten
1 Kohlenhydrat	½ Tasse Wasserkastanien, geschnitten
4 Kohlenhydrate	4 Tassen Zuckerschoten
1 Kohlenhydrat	4 TL Maisstärkemehl
8 Fette	2⅔ TL Olivenöl
	Salz
	schwarzer Pfeffer
	3 Tassen Hühnerbrühe
	2 EL Wasser
	½ TL Ingwer, fein geschnitten
	2 EL natriumarme Sojasoße
	2 Knoblauchzehen, gehackt

Zubereitung:
Fleisch mit Salz und Pfeffer bestreuen, mit 2 Teelöffel Öl in einer beschichteten Pfanne leicht anbraten, in eine Backform geben und im vorgeheizten Backofen bei 180 Grad 15–20 Minuten backen. Unterdessen in der vorher benutzten Pfanne Champignons und Frühlingszwiebeln mit dem restlichen Öl fast weich garen, dann Hühnerbrühe, Wasser, Wasserkastanien, Erbsen, Ingwer, Sojasoße, Knoblauch und Stärkemehl zugeben. (Das Stärkemehl vorher mit etwas Wasser verrühren.) Die Mischung im Topf unter gelegentlichem Umrühren erhitzen, bis sie eingedickt ist. Das Fleisch aus dem Backofen nehmen, unter die Pilzsoße rühren und weitere 3–5 Minuten ziehen lassen. Auf zwei Teller verteilen und servieren.

Nordafrikanisches Hühnchen
2 Portionen zu je vier Blöcken

Blockmenge:

8 Eiweiß	500 g Hühnchen, enthäutete Brustteile mit Knochen (davon wiegen die Knochen etwa die Hälfte) (oder 230 g enthäutetes Brustfleisch)
2 Kohlenhydrate	2½ Tassen Grünkohl
1 Kohlenhydrat	1½ TL Honig
1 Kohlenhydrat	4 TL Maisstärkemehl
4 Kohlenhydrat	1⅓ Tassen Clementinenscheiben
8 Fette	2⅔ TL Olivenöl
	Salz und Pfeffer nach Belieben
	2 TL Apfelessig
	3 Tassen Hühnerbrühe
	⅛ TL Rotwein
	¼ TL Ingwer, gemahlen
	½ TL Orangenkonzentrat

Zubereitung:
Fleisch mit Salz und Pfeffer bestreuen, in beschichteter Pfanne mit 2 Teelöffel Olivenöl leicht anbraten und in einer Auflaufform im vorgeheizten Backofen bei 180 Grad 15–20 Minuten backen. Unterdessen in der vorher benutzten Pfanne Grünkohl und Essig mit ⅔ Teelöffel fast weich garen. In einem kleinen Topf Hühnerbrühe, Honig, Wein, Ingwer, Orangenkonzentrat und Stärkemehl vermischen. (Das Stärkemehl vorher mit etwas Wasser verrühren.) Soße unter gelegentlichem Umrühren erhitzen und eindicken lassen. Hühnchen aus dem Ofen nehmen und mit den Clementinenscheiben vorsichtig unter die Soße mischen, damit die Früchte nicht zerfallen. Weitere 3–5 Minuten ziehen lassen, Grünkohl auf zwei Teller verteilen, Hühnchen darüber geben und servieren.

Senfhühnchen
2 Portionen zu je vier Blöcken

Blockmenge:

6 Eiweiß	350 g Hühnchen, enthäutete Brustteile mit Knochen (davon wiegen die Knochen etwa die Hälfte)
2 Eiweiß und 2 Kohlenhydrate	1 Tasse einfacher Magerjoghurt
1 Kohlenhydrat	3 Tassen Champignons, geschnitten
4 Kohlenhydrate	5 Tassen Grünkohl, gekocht, grob geraspelt
1 Kohlenhydrat	4 TL Maisstärkemehl
8 Fette	2⅔ TL Olivenöl
	Salz und Pfeffer nach Belieben
	1 TL Senfmehl
	⅛ TL Weißwein
	½ Tasse Hühnerbrühe

Zubereitung:
Fleisch mit Salz und Pfeffer bestreuen, in 2 Teelöffel Öl in einer beschichteten Pfanne leicht anbraten lassen, in eine Backform geben und im vorgeheizten Backofen bei 180 Grad 15–20 Minuten backen. Unterdessen in der vorher benutzten Pfanne Champignons und Grünkohl mit ⅔ Teelöffel Öl fast weich garen. In einem kleinen Topf Joghurt, Senfmehl, Wein, Hühnerbrühe und Stärkemehl unter gelegentlichem Umrühren zu einer dicken Soße erhitzen. (Das Stärkemehl vorher mit etwas Wasser verrühren.) Das Hühnchen aus dem Backofen nehmen und unter die Senfsoße rühren. Weitere 3–5 Minuten ziehen lassen, anschließend Pilze und Grünkohl auf zwei Tellern anrichten, Hühnchen und Soße darüber geben und servieren.

Scharf gebratenes Hühnchen mit Spargel
2 Portionen zu je vier Blöcken

Blockmenge:

8 Eiweiß	*500 g Hühnchen, enthäutete Brustteile mit Knochen (davon wiegen die Knochen etwa die Hälfte)*
	(oder 230 g enthäutetes Brustfleisch)
2 Kohlenhydrate	*½ Tasse Tomatenpüree*
1 Kohlenhydrat	*4 TL Maisstärkemehl*
2 Kohlenhydrate	*2 Tassen Silberzwiebeln, gekocht*
3 Kohlenhydrate	*3 Tassen Spargel, gekocht*
8 Fette	*2⅔ TL Olivenöl*
	⅛ TL Paprika
	⅛ TL getrocknetes Basilikum
	⅛ TL Zwiebelpulver
	⅛ TL Knoblauchpulver
	⅛ TL getrocknetes Oregano
	Salz und Pfeffer nach Belieben
	2 Knoblauchzehen, gehackt
	1 Tasse Hühnerbrühe
	½ TL scharfes Currypulver
	¼ TL weißer Pfeffer
	Wasser

Zubereitung:
Fleisch mit Paprika, Basilikum, Zwiebelpulver, Knoblauchpulver, Oregano, Salz und Pfeffer bestreuen und in einer beschichteten Pfanne in 2 Teelöffel Olivenöl kurz anbraten. Dann in einer Auflaufform im vorgeheiztem Backofen bei 180 Grad 15–20 Minuten backen. Unterdessen in der vorher benutzten Pfanne Tomatenpüree, gehackten Knoblauch, Hühnerbrühe, Currypulver, Pfeffer und Stärkemehl mit ⅔ Teelöffel Öl 5–10 Minuten erhitzen, bis sich eine Soße bildet. (Das

Stärkemehl vorher mit etwas Wasser verrühren.) Die Silberzwiebeln zugeben. In einem Topf Spargel mit Wasser bedecken und weich kochen, aber nicht verkochen. Hühnchen aus dem Backrohr nehmen, unter die Soße in der Pfanne rühren und weitere 5 Minuten ziehen lassen. Spargel, Hühnchen und Soße auf zwei Teller verteilen und servieren.

Geschmortes Schweinefleisch mit Weißkohl
2 Portionen mit je vier Blöcken

Blockmenge:

8 Eiweiß	*350 g Schweinehackfleisch*
3 Kohlenhydrate	*9 Tassen Weißkohl, geraspelt*
2 Kohlenhydrate	*½ Tasse Kichererbsen, gehackt*
1 Kohlenhydrat	*3 Tassen Champignons, geschnitten*
2 Kohlenhydrate	*4 TL granulierter Zucker*
8 Fette	*2⅔ TL Olivenöl*
	¼ TL schwarzer Pfeffer
	⅛ TL Selleriesalz
	8 EL Apfelessig
	1 Tasse Hühnerbrühe
	¼ TL Majoran
	⅛ TL Kümmel
	Paprika

Zubereitung:
Fleisch in einer kleinen Schüssel mit Pfeffer und Selleriesalz bestreuen und gut vermischen. In einer mittelgroßen beschichteten Pfanne das Fleisch mit ⅔ Teelöffel Öl bei Mittelhitze anbräunen. Unterdessen in einer zweiten beschichteten Pfanne restliches Öl, Weißkohl, Kichererbsen, Champignons, Essig, Zucker und andere Gewürze 10–15 Minuten erhitzen, bis das Gemüse fast gar ist, dann Brühe und Hackfleisch zugeben. Weitere 5–10 Minuten schmoren lassen, bis es gut erhitzt ist. Alles auf zwei Teller verteilen, mit Paprika bestreuen und servieren.

Kreolisches Hühnchen Gumbo
2 Portionen zu je vier Blöcken

Blockmenge:

8 Eiweiß	230 g Putenschnitzel, geschnitten (oder enthäutete Hühnchenbrust)
1 Kohlenhydrat	2 Tassen Sellerie, fein geschnitten
2 Kohlenhydrate	2 Tassen Zwiebeln, fein geschnitten
1 Kohlenhydrat	1¼ Tassen Tomaten, fein geschnitten
1 Kohlenhydrat	2¼ Tassen grüne Paprikaschoten, fein geschnitten
1 Kohlenhydrat	1 Tasse Okra, in 1½ cm breite Scheiben geschnitten
2 Kohlenhydrate	⅖ Tassen Langkornreis, gekocht*
8 Fette	2⅔ TL Olivenöl
	¼ TL Tabasco
	2 Knoblauchzehen, gehackt
	3 Tassen Hühnerbrühe**

Zubereitung:
Fleisch mit allen Zutaten in einer Rührschüssel vorsichtig vermischen und in einen großen Topf geben. Den Topf zudecken und alles bei Mittelhitze 25–30 Minuten köcheln lassen. Auf zwei Suppenteller verteilen und servieren.

Anmerkung: Eine ⅖ Tasse liegt zwischen ⅓ und ½ Tasse.

**Anmerkung: Wenn die Suppe dünner sein soll, kann man noch 2 Tassen Brühe zugeben.*

Gebratenes Rindfleisch mit Gemüse
2 Portionen zu je vier Blöcken

Blockmenge:

8 Eiweiß	350 g mageres Rinderhackfleisch
2 Kohlenhydrate	2 Tassen Zwiebeln, geschnitten und halbiert
3 Kohlenhydrate	¾ Tassen Kichererbsen, gewaschen und gehackt
1 Kohlenhydrat	1½ Tassen rote Paprikaschoten, geschnitten und geviertelt
1 Kohlenhydrat	3 Tassen Weißkohl, geraspelt
1 Kohlenhydrat	3 Tassen Champignons, geschnitten
8 Fette	2⅔ TL Olivenöl
	2 EL Apfelessig
	¼ TL Worcestersoße
	Salz und Pfeffer nach Belieben
	1 EL natriumarme Sojasoße

Zubereitung:
Hackfleisch und Zwiebeln mit ⅔ Teelöffel Öl in einer beschichteten Pfanne anbräunen. In einer zweiten beschichteten Pfanne die restlichen Zutaten mit 2 Teelöffel Öl garen, bis der Weißkohl zart ist. Fleisch und Zwiebeln mit dem Weißkohl mischen und alles weitere 10–15 Minuten köcheln lassen. Auf zwei Teller verteilen und servieren.

Bohnensalat mit Hühnchen
2 Portionen zu je vier Blöcken

Blockmenge:

8 Eiweiß	230 g Putenschnitzel, geschnitten (oder enthäutete Hühnchenbrust)
1 Kohlenhydrat	1 Tasse frische grüne Bohnen, in 2 cm große Stücke geschnitten
1 Kohlenhydrat	¼ Tasse gekochte Kidneybohnen, gewaschen
1 Kohlenhydrat	1 Tasse Zwiebeln, fein geschnitten
1 Kohlenhydrat	¼ Tasse Kichererbsen, gewaschen
½ Kohlenhydrat	½ Kopfsalat, klein geschnitten
1 Kohlenhydrat	1¼ Tassen Tomaten, geschnitten
½ Kohlenhydrat	1½ Tassen frische Champignons, geschnitten
1 Kohlenhydrat	1 Gurke, geschält, entkernt und geschnitten
1 Kohlenhydrat	6 Tassen Spinat
8 Fette	2⅔ TL Olivenöl
	¼ Tasse Wasser
	¼ Tasse Apfelessig
	⅛ TL Senfmehl
	⅛ TL Chilipulver
	⅛ TL Currypulver (Madras-Art)
	¼ TL Selleriesalz

Zubereitung:
Hühnchen, grüne Bohnen, Kidneybohnen, Kichererbsen und Zwiebeln mit 2 Teelöffel Öl in einer mittelgroßen Pfanne bei Mittelhitze 10–15 Minuten braten, bis das Hühnchen gar und das Gemüse knusprig ist. Unterdessen in einem Topf ⅔ Teelöffel Öl, Wasser, Essig und Gewürze erhitzen. Wenn die Mischung kocht, zu Hühnchen und Gemüse geben. Auf zwei

großen Tellern Kopfsalat mit Tomaten, Champignons, Gurken und Spinat als Salat anrichten, Hühnchenmischung darauf geben und servieren.

Zwischenmahlzeiten und Nachspeisen

Obstsalat in Gelatine mit Walnüssen
4 Portionen zu je einem Block

Blockmenge:

4 Eiweiß	4 Gelatineblätter ohne Geschmack
1 Kohlenhydrat	1 Kiwi, geschält und geschnitten
1 Kohlenhydrat	1 Tasse Himbeeren
1 Kohlenhydrat	½ Tasse kernlose rote Trauben, halbiert
4 Fette	4 TL Walnüsse, gehackt
	2 Tassen Wasser
	1 EL Bananenkonzentrat
	1 EL Orangenkonzentrat
	½ TL Erdbeerkonzentrat
	Minzblätter

Zubereitung:
Gelatine mit Wasser in einem Topf auflösen, Früchte und Fruchtkonzentrate zugeben. Alles erhitzen, bis es leicht köchelt, 10 Minuten lang vorsichtig verrühren, bis sich die Himbeeren aufgelöst haben. Die Flüssigkeit in eine große Schale gießen und erkalten lassen. Wenn sie fest ist, auf vier Schälchen verteilen, mit Minzblättern garnieren und mit Walnüssen bestreuen.

Anmerkung: Die Beeren sollten nicht zu weich, etwa mittelgroß und von gleicher Farbe sein. Achten Sie darauf, dass sie keine Flüssigkeit verlieren.

Orangen-Joghurt-Nachspeise
4 Portionen zu je einem Block

Blockmenge:
1 Eiweiß	*1 Blatt Gelatine ohne Geschmack*
1 Eiweiß	*80 g extrafester Tofu, zerstampft*
2 Eiweiß und	
2 Kohlenhydrate	*1 Tasse einfacher Magerjoghurt*
2 Kohlenhydrate	*⅔ Tassen Clementinenscheiben*
4 Fette	*1⅓ TL Olivenöl*
	1 TL Orangenkonzentrat
	¼ TL Zimt
	Minzblätter

Zubereitung:
Gelatine, Joghurt, Tofu und Öl in einem Topf verrühren, bis sich die Gelatine aufgelöst hat, dann Clementinen, Orangenkonzentrat und Minzblätter zugeben. Alles unter vorsichtigem Umrühren köcheln lassen und weitere 10 Minuten erhitzen, bis die Clementinenscheiben zerfallen. Alles in eine große Schale gießen und erkalten lassen. Wenn es fest ist, in Würfel schneiden und auf vier Schälchen verteilen. Vor dem Servieren mit Zimt bestreuen.

Anmerkung: Wenn in einem Rezept Joghurt verwendet wird, sollte man die Zutaten nicht zum Kochen bringen, der Joghurt fängt sonst an zu stocken. Dies kann auch durch zu langes Umrühren verursacht werden.

Apfel-Zimt-Würfel
4 Portionen zu je einem Block

Blockmenge:
4 Eiweiß	*4 Blätter Gelatine ohne Geschmack*
4 Kohlenhydrate	*1⅓ Tassen Apfelmus*
4 Fette	*1⅓ TL Olivenöl*
	2 Tassen Wasser
	⅛ TL Muskatnuss
	1 TL Zimt

Zubereitung:
In einem Topf 2 Tassen Wasser, Gelatine und Öl verrühren, bis sich die Gelatine aufgelöst hat, dann Apfelmus, Muskat und Zimt zugeben. Köcheln lassen und 10 Minuten vorsichtig umrühren, in eine große Schale gießen und erkalten lassen. Wenn die Masse fest ist, in vier Würfel schneiden und in vier Schälchen servieren.

Melonen-Schinken-Röllchen
4 Portionen zu je einem Block

Blockmenge:

4 Eiweiß	170 g roher Schinken, in Streifen geschnitten
4 Kohlenhydrate	1 Netzmelone, geviertelt und gewürfelt
4 Fette	12 schwarze Oliven

Zubereitung:
Die Schinkenstreifen um die Melonenwürfel wickeln und mit einem Zahnstocher befestigen. Auf Schälchen verteilen und mit Oliven garnieren.

Omelettdessert
8 Portionen zu je einem Block

Blockmenge:

8 Eiweiß	*14 Eiweiß plus 2 Eigelb (Eiweiß und Eigelb trennen)*
2 Kohlenhydrate	*4 TL Zucker*
3 Kohlenhydrate	*3 Tassen Erdbeeren, geschnitten*
3 Kohlenhydrate	*1 Tasse Clementinenscheiben*
8 Fette	*2⅔ TL Olivenöl*
	Eine Prise Salz

Zubereitung:
Eiweiß in einer mittelgroßen Rührschüssel zu Eischnee verquirlen. In einer anderen Schüssel Eigelb, Zucker und eine Prise Salz verrühren und das Eigelb vorsichtig unter den Eischnee heben, bis alles eine einheitliche Farbe hat. Öl in einer mittelgroßen Pfanne erhitzen, die Eiermischung hineingeben und glatt streichen. Bei Mittelhitze braten, bis die Ränder fest und das Innere cremig ist. Das Omelett am Rand etwas anheben, um die Farbe zu prüfen; sie sollte goldbraun sein. Die Pfanne von der Platte nehmen und unter einen Bratrost legen, bis das Innere des Omletts fest ist. Pfanne sofort vom Rost entfernen und die Erdbeeren in einer Mittellinie darauf löffeln. Die restlichen Erdbeeren und Clementinenscheiben auf das Omelett legen und dieses umklappen. Omelett aus der Pfanne nehmen und auf einen Teller legen, in acht Portionen zerschneiden und auf Desserttellern servieren.

Gefrorener Pfirsichjoghurt
8 Portionen zu je einem Block

Blockmenge:
3 Eiweiß   *3 Blätter Gelatine ohne Geschmack*
1 Eiweiß   *2 Eiweiß*
4 Eiweiß und
 4 Kohlenhydrate *2 Tassen einfacher Magerjoghurt*
3 Kohlenhydrate   *3 Pfirsiche, halbiert, entsteint und*
                      klein geschnitten
1 Kohlenhydrat   *2 TL Zucker*
8 Fette   *8 TL Mandelsplitter*
                     2 TL Vanillekonzentrat
                     ⅛ TL Ingwer
                     Eine Prise Nelkenpfeffer

Zubereitung:
Joghurt, Gelatine, Obst, Gewürze und Konzentrat in einem Topf auf kleiner Stufe leicht erhitzen, bis etwa 100 Grad, dann beiseite stellen und auskühlen lassen. Eiweiß in einer Rührschüssel steif schlagen und mit der gekühlten Mischung aus dem Topf und den Mandelsplittern vermischen. Das Ganze im Tiefkühlfach gefrieren lassen oder in einer Eismaschine mischen. Wenn es fest gefroren ist, auf acht kleine Schälchen verteilen.

Gefrorener Erdbeerjoghurt
8 Portionen zu je einem Block

Blockmenge:
3 Eiweiß   *3 Blätter Gelatine ohne Geschmack*
1 Eiweiß   *2 Eiweiß*
4 Eiweiß und
 4 Kohlenhydrate *2 Tassen einfacher Magerjoghurt*
3 Kohlenhydrate   *3 Tassen Erdbeeren, fein geschnitten*
1 Kohlenhydrat   *2 TL Zucker*
8 Fette   *8 TL Mandeln, fein gehackt*
                    2 TL Erdbeerkonzentrat

Zubereitung:
Joghurt, Gelatine, Obst und Konzentrat in einem Topf auf kleiner Stufe leicht erhitzen, bis etwa 100 Grad, beiseite stellen und auskühlen lassen. Eiweiß in einer Rührschüssel steif schlagen und mit der gekühlten Mischung aus dem Topf und mit den Mandeln vermischen. Im Tiefkühlfach gefrieren lassen oder in einer Eismaschine mischen. Wenn es fest gefroren ist, auf acht kleine Schälchen verteilen.

Gefrorene Orangencreme
8 Portionen zu je einem Block

Blockmenge:

3 Eiweiß	*3 Blätter Gelatine ohne Geschmack*
1 Eiweiß	*2 Eiweiß*
4 Eiweiß und	
4 Kohlenhydrate	*2 Tassen einfacher Magerjoghurt*
3 Kohlenhydrate	*3 Tassen Clementinenscheiben*
1 Kohlenhydrat	*2 TL Zucker*
8 Fette	*8 TL Mandeln, fein gehackt*
	⅛ TL Zimt
	2 TL Orangenkonzentrat

Zubereitung:
Joghurt, Gelatine, Obst, Zimt und Konzentrat in einem Topf auf kleiner Stufe leicht erhitzen, bis etwa 100 Grad, dann beiseite stellen und auskühlen lassen. Eiweiß in einer Rührschüssel steif schlagen und mit der gekühlten Mischung aus dem Topf und den Mandeln vermischen. Im Tiefkühlfach gefrieren lassen. Wenn es fest gefroren ist, auf acht kleine Schälchen verteilen.

Hüttenkäsepudding
8 Portionen zu je vier Blöcken

Blockmenge:

1 Eiweiß	1 Blatt Gelatine ohne Geschmack
1 ½ Eiweiß	1 Ei plus 1 Eiweiß
4 Eiweiß	1 Tasse fettarmer Hüttenkäse
½ Eiweiß und ½ Kohlenhydrat	¼ Tasse einfacher Magerjoghurt
1 Eiweiß und 1 Kohlenhydrat	1 Tasse Magermilch (1 Prozent)
1 Kohlenhydrat	2 TL Zucker
1 Kohlenhydrat	¾ Tasse Maraschinokirschen
4 ½ Kohlenhydrate	2 ¼ Tassen Fruchtcocktail
8 Fette	8 TL Mandelsplitter

Zubereitung:
Gelatine, Joghurt, Milch, Eier und Eiweiß in einem Topf unter ständigem Rühren erhitzen und fast bis zum Kochen bringen. Vom Herd nehmen und 5 Minuten auskühlen lassen, bevor die anderen Zutaten untergemischt werden. Auf acht Dessertschalen verteilen und fest werden lassen.

Erdbeersoufflé
4 Portionen zu je einem Block

Blockmenge:

1 Eiweiß	*1 Blatt Gelatine ohne Geschmack*
3 Eiweiß	*6 Eiweiß*
2 Kohlenhydrate	*2 Tassen Erdbeeren, püriert**
	(entspricht 1 Tasse Püree)
1 Kohlenhydrat	*1 Zitrone, Saft und Fruchtfleisch*
1 Kohlenhydrat	*2 TL Zucker*
4 Fette	*1½ TL Olivenöl*

Zubereitung:
Eiweiß in einer mittelgroßen Rührschüssel zu Eischnee schlagen, beiseite stellen und die Füllung zubereiten. Erdbeeren, Gelatine, Zitrone und Zucker in einem Topf erhitzen und dann 5 Minuten auskühlen lassen. Das Püree vorsichtig unter den Eischnee mischen, bis eine einheitliche Farbe entsteht. Die Masse in vier Souffléformen geben, die mit 1⅓ Teelöffel Öl ausgepinselt sind. (Sie können die Mischung auch in eine größere Auflaufform geben und nach dem Backen in vier Portionen teilen. Einzelne Soufflés sind jedoch ansehnlicher.) Die Formen so füllen, dass am Rand ca. 1 cm frei bleibt, damit die Soufflés richtig aufgehen können. Die Masse glatt streichen und im vorgeheizten Backofen bei 180 Grad 20 Minuten backen, bis die Soufflés aufgegangen und leicht gebräunt sind. Sofort servieren.

*Anmerkung: Die Erdbeeren können durch andere Beeren je nach Jahreszeit ersetzt werden.

Obstsalat
4 Portionen zu je einem Block

Blockmenge:

4 Eiweiß	1 Tasse fettarmer Hüttenkäse
1 Kohlenhydrat	⅓ Tasse Clementinenscheiben*
1 Kohlenhydrat	½ Apfel, geschält, entkernt und klein geschnitten
1 Kohlenhydrat	1 Kiwi, geschält und klein geschnitten*
1 Kohlenhydrat	1 Tasse Himbeeren*
4 Fette	4 Macadamianüsse, zerstampft
	frisch gemahlener schwarzer Pfeffer nach Belieben
	Zimt

Zubereitung:
Pfeffer und Hüttenkäse in einer Rührschüssel gut vermischen, und kleine Häufchen auf vier Teller verteilen. In einer anderen Schüssel alles Obst zu einem Salat vermischen und auf den Hüttenkäse häufeln. Mit Macadamianüssen und Zimt bestreuen und servieren.

Anmerkung: Diese Früchte können auch durch andere mit der gleichen Blockmenge je nach Jahreszeit ersetzt werden.

Rezepte für die Sears-Diät/Zwischenmahlzeiten

Früchtecurry
4 Portionen zu je einem Block

Blockmenge:

4 Eiweiß	*1 Tasse fettarmer Hüttenkäse*
¼ Kohlenhydrat	*½ TL raffinierter Zucker*
¼ Kohlenhydrat	*¼ TL brauner Zucker*
¼ Kohlenhydrat	*½ Zitrone, Saft und Fruchtfleisch**
½ Kohlenhydrat	*2 TL Maisstärkemehl*
½ Kohlenhydrat	*¼ Tasse Ananas, gewürfelt*
1 Kohlenhydrat	*¾ Tassen Pfirsiche, klein geschnitten*
¾ Kohlenhydrate	*¾ Kiwi, geschält und geschnitten*
½ Kohlenhydrat	*½ Tasse Erdbeeren, geviertelt*
3 Fette	*1 TL Olivenöl*
	1 TL geröstete Mandelsplitter
	2 EL Wasser
	ein Schuss Rum
	¼ TL Zimt
	¼ TL Ingwer
	eine Prise Curry
	eine Prise Muskatnuss
	Kakaopulver
	frische Minzblätter, gehackt

Zubereitung:
2 Esslöffel Wasser, Öl, Zucker, Zitronensaft und Fruchtfleisch, Rum, Zimt, Ingwer, Curry, Muskatnuss und Stärkemehl in einer Pfanne bei Mitelhitze unter ständigem Rühren zu einer dicken Soße erhitzen. (Das Stärkemehl vorher mit etwas Wasser verrühren.) Obst untermischen und weitere 3–4 Minuten garen. Hüttenkäse auf vier Teller häufen, wenn die Früchte heiß sind, um den Hüttenkäse herum anrichten und mit Mandeln, Kakao und Minze bestreuen.

*Anmerkung: Die Zitronen sollen kräftig gelb sein und eine dünne glatte Haut haben. Man lagert sie am besten bei Zimmertemperatur.

Pfirsiche in Joghurtsoße
4 Portionen zu je einem Block

Blockmenge:
2 Eiweiß	*½ Tasse Hüttenkäse*
2 Eiweiß und	
2 Kohlenhydrate	*1 Tasse einfacher Magerjoghurt*
2 Kohlenhydrate	*1½ Tassen Pfirsiche, grob geschnitten*
4 Fette	*4 TL Mandeln, gehackt*
	⅛ TL Kardamom

Zubereitung:
Hüttenkäse und Kardamom mit dem Rührgerät oder Mixer glatt rühren, Joghurt untermischen. Pfirsiche auf vier Dessertschälchen verteilen, Joghurtsoße darüber geben und mit Mandeln bestreuen. Gekühlt servieren.

Gefüllte Tomaten
4 Portionen zu je einem Block

Blockmenge:

4 Eiweiß	*1 Tasse fettarmer Hüttenkäse*
3 Kohlenhydrate	*4 Tomaten, halbiert und ausgehöhlt*
1 Kohlenhydrat	*1 Gurke, geschält, entkernt und geraspelt*
4 Fette	*4 TL Mandeln, gehackt*
	Salz und Pfeffer nach Belieben
	⅛ TL getrockneter Dill
	⅛ TL Paprikapulver

Zubereitung:
Die Tomaten halbieren, vorsichtig mit dem Messer aushöhlen und innen mit Salz und Pfeffer bestreuen. Das Fruchtfleisch in kleine Stücke schneiden und mit Hüttenkäse, Mandeln, Dill, Salz, Pfeffer und geraspelter Gurke in einer Rührschüssel vermischen. Die Tomatenhälften auf vier Teller verteilen, dann mit der Käsemischung füllen. Darüber Paprikapulver streuen und mit Plastikfolie bedecken. Gekühlt servieren.

Gemüse mit Gartendip
4 Portionen zu je einem Block

3 Eiweiß	*¾ Tasse fettarmer Hüttenkäse*
1 Eiweiß und	
1 Kohlenhydrat	*½ Tasse einfacher Magerjoghurt*
1 Kohlenhydrat	*1½ Tassen Broccoliröschen*
1 Kohlenhydrat	*2 Tassen Blumenkohlröschen*
1 Kohlenhydrat	*2 Tassen Sellerie, in Stifte geschnitten*
4 Fette	*4 TL Mandeln, gehackt*
	⅛ TL Knoblauchpulver
	1 EL Petersilie
	1 TL Schnittlauch
	1 TL Chilipulver
	1 TL Basilikum
	Tabasco nach Belieben

Zubereitung:
Hüttenkäse, Joghurt, Mandeln und Gewürze in einer Schüssel behutsam vermischen. Die Mischung in vier Schüsseln auf Teller verteilen, das gewaschene rohe Gemüse um die Schüsseln herum anrichten und servieren.

Süße Pfirsiche
4 Portionen zu je einem Block

Blockmenge:
4 Eiweiß	1 Tasse fettarmer Hüttenkäse
1 Kohlenhydrat	2 TL Zucker
3 Kohlenhydrate	2¼ Tassen Pfirsiche aus der Dose, geschnitten
4 Fette	1⅓ TL Olivenöl
	5 EL Wasser

Zubereitung:
Öl und Zucker in einer beschichteten Pfanne erhitzen, bis der Zucker geschmolzen ist, dann Pfirsiche unterrühren. 3 Esslöffel Wasser zugeben und die Pfirsiche unter ständigem Rühren weich werden lassen, bis sie auf allen Seiten leicht gebräunt sind. Unterdessen Hüttenkäse auf vier kleine Schalen verteilen, die Pfirsiche aus der Pfanne nehmen und auf den Hüttenkäse geben. 2 weitere Esslöffel Wasser in die Pfanne geben, zu einer dünnen Soße erhitzen und über die Pfirsiche gießen.

Karamelisierte Gewürzäpfel
4 Portionen zu je einem Block

Blockmenge:

4 Eiweiß	*1 Tasse fettarmer Hüttenkäse*
1 Kohlenhydrat	*2 TL Zucker*
3 Kohlenhydrate	*1½ Äpfel, geschält, entkernt und geraspelt**
4 Fette	*1⅓ TL Olivenöl*
	⅛ TL Piment
	¼ TL Zimt
	eine Prise Muskatnuss
	5 EL Wasser

Zubereitung:
Öl und Zucker unter ständigem Rühren in einer Pfanne erhitzen, bis der Zucker schmilzt, Äpfel und Gewürze unterrühren. 3 Esslöffel Wasser zugeben und die Äpfel unter ständigem Rühren weich werden lassen, bis sie auf allen Seiten leicht gebräunt sind. Unterdessen Hüttenkäse auf vier kleine Schalen verteilen, Äpfel aus der Pfanne nehmen und auf den Hüttenkäse geben. 2 Esslöffel Wasser in der Pfanne zu einer dünnen Soße erhitzen und über die Äpfel gießen.

*Anmerkung: Die geraspelten Äpfel mit etwas Zitronensaft beträufeln, damit sie nicht braun werden.

Erdbeer-Joghurt-Gelee
4 Portionen zu je einem Block

Blockmenge:

2 Eiweiß	2 Blätter Gelatine ohne Geschmack
2 Eiweiß und	
2 Kohlenhydrate	1 Tasse einfacher Magerjoghurt
1 Kohlenhydrat	2 TL Zucker
1 Kohlenhydrat	1 Tasse Erdbeeren, püriert
4 Fette	4 Macadamianüsse, gehackt
	½ Tasse Wasser

Zubereitung:
Gelatine in einem Topf mit Wasser verrühren, bis sie sich aufgelöst hat, bei schwacher Hitze zum Köcheln bringen, vom Herd nehmen und auf Zimmertemperatur auskühlen lassen. Joghurt, Zucker und Erdbeeren in einer Schüssel vermischen, die ausgekühlte Gelatine zugeben und glatt rühren. Mischung auf vier Glasschälchen verteilen und im Kühlschrank etwa zwei Stunden fest werden lassen. Vor dem Servieren mit den gehackten Macadamianüssen bestreuen.

Gefüllte Melone
4 Portionen zu je einem Block

Blockmenge:
4 Eiweiß	1 Tasse fettarmer Hüttenkäse
1 Kohlenhydrat	½ Tasse Melonenbällchen von zwei frischen Melonen*
1 Kohlenhydrat	¾ Tassen Pfirsiche, in große Stücke geschnitten
1 Kohlenhydrat	¾ Tassen Maraschinokirschen
1 Kohlenhydrat	⅓ Tasse Clementinenscheiben
4 Fette	4 TL Mandelsplitter

Zubereitung:
2 kleine Melonen halbieren und eventuell die Kuppe abschneiden, damit sie gut auf den Tellern liegen. Mit einem Kugelausstecher kleine Bällchen aus dem Fruchtfleisch formen, dabei eine dünne Schicht an der Schale stehen lassen. Hüttenkäse in die Melonenhälften häufen. Früchte in einer Schüssel vermischen und auf den Hüttenkäse verteilen, mit Mandelsplittern garnieren und die vier Melonenhälften servieren.

Anmerkung: Je nach Größe der Melonen wird eventuell nicht das ganze Fruchtfleisch benötigt, sie können den Rest für ein anderes Rezept aufbewahren.

Zucchinidip
4 Portionen zu je einem Block

Blockmenge:

4 Eiweiß	1 Tasse fettarmer Hüttenkäse
2 Kohlenhydrate	2½ Tassen Zucchini, gedämpft und gehackt
1 Kohlenhydrat	1½ Tassen Broccoliröschen
1 Kohlenhydrat	2 Tassen Blumenkohlröschen
1 Fett	2 TL Speckwürfelersatz
3 Fette	3 TL Mandelsplitter
	⅛ TL getrocknetes Basilikum
	Salz und Pfeffer nach Belieben
	eine Prise Knoblauchpulver
	⅛ TL Muskatnuss
	⅛ TL Schnittlauch

Zubereitung:
Zucchini in einem Topf mit Wasser bedecken und weich kochen, vom Herd nehmen und auskühlen lassen. Gekochte Zucchini, Hüttenkäse und Gewürze mit einem Rührgerät oder Mixer glatt rühren, Speckwürfelersatz und Mandelsplitter untermischen und alles in vier Schalen verteilen. Gewaschenen frischen Broccoli und Blumenkohlröschen um das Dip herum anrichten. Gekühlt servieren.

Tomaten mit Zucchinifüllung
4 Portionen zu je einem Block

Blockmenge:

4 Eiweiß	1 Tasse Hüttenkäse
1 Kohlenhydrat	1¼ Tassen Zucchini, fein gehackt
3 Kohlenhydrate	3 Tassen Cocktailtomaten
4 Fette	4 TL Mandeln, gehackt
	¼ TL Knoblauchsalz
	1 TL Schnittlauch, klein geschnitten

Zubereitung:
Zucchini in einem Topf mit Wasser bedecken und weich kochen. Die Tomaten halbieren und mit dem Messer vorsichtig aushöhlen. Die Tomatenhälften eventuell begradigen, damit sie gut auf dem Teller sitzen. Gekochte Zucchini, Tomatenfruchtfleisch, Hüttenkäse, Mandeln, Knoblauchsalz und Schnittlauch mit einem Rührgerät oder Mixer glatt rühren. Die Mischung mit der Spritztüte in die Tomatenhälften füllen, auf Tellern anrichten und kühl stellen.

Beerenschale mit Joghurt
4 Portionen zu je einem Block

Blockmenge:

4 Eiweiß	*2 Tassen einfacher Magerjoghurt*
2 Kohlenhydrate	*1 Tasse Heidelbeeren*
1 Kohlenhydrat	*1 Tasse Himbeeren*
1 Kohlenhydrat	*1 Tasse Erdbeeren, geschnitten*
4 Fette	*4 TL Mandelsplitter*

Zubereitung:
Alle Zutaten außer den Mandelsplittern in einer Rührschüssel vorsichtig vermischen. In vier Portionen teilen, mit Mandeln bestreuen und gekühlt servieren.

Fruchtiger Hüttenkäse-Imbiss
4 Portionen zu je vier Blöcken

Blockmenge:
4 Eiweiß	1 Tasse fettarmer Hüttenkäse
1 Kohlenhydrat	¾ Tassen Netzmelone, gewürfelt
1 Kohlenhydrat	½ Tasse Honigmelone, gewürfelt
1 Kohlenhydrat	¾ Tassen Pfirsiche aus der Dose, gewürfelt
1 Kohlenhydrat	½ Tasse Ananas, gewürfelt
4 Fette	4 TL Mandelsplitter

Zubereitung:
Hüttenkäse in die Mitte von vier Tellern häufen, die gewürfelten Früchte rundherum anrichten und mit Mandelsplittern bestreuen.

10
Einkaufen im Risikobereich

Jeder Besuch im Supermarkt führt Sie in den Risikobereich, hier lauern die Gefahren. Sie stehen auf der einen Seite, die Lebensmittelindustrie auf der anderen, das ist nicht fair. Die Lebensmittelhersteller verfügen über starke moderne Waffen wie Marketing und Verpackung und ebenso wirksame Kommunikationsmittel wie zum Beispiel die Werbung, Sie dagegen nicht. Sie können all dem nur Ihr Wissen entgegenhalten, aber wenn Sie es wirksam einsetzen, werden Sie den Kampf gewinnen.

Gehen Sie strategisch vor, dazu gehört auch eine gute Vorbereitung. Wappnen Sie sich mit einem Imbiss nach der Sears-Diät, bevor Sie einkaufen gehen. Wenn Sie dann im Supermarkt sind, meiden Sie die Regale mit den Süßigkeiten, auch wenn es Sie noch so sehr reizt, all diese hübsch verpackten Kohlenhydrate mit nach Hause zu nehmen.

Schließlich sind auch die offiziellen Stellen in diesem geistigen Kampf auf Ihrer Seite. Die Inhaltsangaben und Nährwerttabellen auf der Verpackung, die Ihnen einmal so bedeutungslos schienen, sagen Ihnen, wie Sie im gefährlichen Bereich eine kluge Wahl treffen können. Wenn wir uns die offiziellen Nährwerttabellen genauer ansehen (siehe Abb. 10.1), dann springt den meisten von uns sofort ins Auge, wie viel Gramm des allseits gefürchteten Inhaltsstoffs Fett jeweils enthalten sind.

Sie wissen aber inzwischen, dass Fett nicht Ihr Feind ist,

sondern vielmehr zu einem starken Verbündeten auf dem Weg in den optimalen Bereich werden kann.

Abb. 10.1. Nährwerttabelle auf der Packung

In den Nährwerttabellen ist genau die Information enthalten, die Ihnen einen erfolgreichen Kampf ermöglicht, denn sie zeigt das Verhältnis von Eiweiß zu Kohlenhydraten in dem jeweiligen Lebensmittel.

Auf sehr vielen verpackten Lebensmitteln ist diese wichtigste Information angegeben. Sie brauchen sie, um in den optimalen Bereich zu kommen und dort zu bleiben. Nach der Sears-Diät sind pro 3 Gramm Eiweiß etwa 4 Gramm Kohlenhydrate notwendig. Wenn wir ehrlich sind, ist es höchst unwahrscheinlich, dass Sie in den Supermarktregalen auch nur ein einziges Produkt finden, das das richtige Eiweiß-Kohlenhydrat-Verhältnis enthält. Das Geheimnis liegt darin, die Lebensmittel so zu kombinieren, dass die Mischung stimmt. Sie müssen auf die Blockmengen zurückkommen, um im Supermarkt die richtige Kombination zu finden. Rechnen Sie die angegebenen Mengen einfach in Blöcke um (teilen Sie die Anzahl der Eiweißmenge in Gramm pro Portion durch 7 und die Kohlenhydratmenge in Gramm durch 9), dann können Sie schnell feststellen, welche Lebensmittel Sie kaufen müssen, damit Ihr hormoneller Verbrenner im Gleichgewicht bleibt.

Wir wollen uns als Beispiel ein in Amerika sehr verbreitetes und typisches Lebensmittel genauer ansehen – Grapenuts (amerikanische Müslisorte). Ich habe als sportlicher Student förmlich davon gelebt, von morgens bis abends gab es Grapenuts für mich, zum Frühstück, nach der Schule und am Abend wieder (Gemüse oder fettarmes Eiweiß war nicht gerade meine Leibspeise). Was ich damit aber tatsächlich zu mir genommen habe, war vor allem jede Menge Zucker. Wir wollen die Nährwerttabelle von Abb. 10.2 genauer untersuchen.

Nährwerttabelle

Portionsmenge ½ Tasse
ergibt 8 Portionen

Menge pro Portion	
Kalorien 200	Kalorien aus Fett 10
	% der Tagesdosis
Fett insgesamt 1 g	
Gesättigtes Fett 0 g	
Cholesterol 0 mg	
Natrium 350 mg	
Kalium mg	
Kohlenhydrate insgesamt 47 g	
Faserstoffe 5 g	
Zucker 7 g	
Eiweiß 6 g	

Abb. 10.2. Nährwerttabelle für Grapenuts (amerikanische Müslisorte)

Eine Portion von ½ Tasse (ca. 60 g) enthält 6 Gramm Eiweiß und 47 Gramm Kohlenhydrate, da aber außerdem noch 5 Gramm Faserstoffe enthalten sind, beträgt der Anteil der insulinproduzierenden Kohlenhydrate nur 42 Gramm. Natürlich wird niemand nur 30 Gramm Grapenuts essen (die übliche Menge für ein Frühstück sind etwa 110 Gramm), dennoch ist das Eiweiß-Kohlenhydrat-Verhältnis bei 30 oder 110 Gramm und daher auch die Auswirkung auf den hormonellen Verbrenner gleich.

Wir wollen von der üblichen Portion von 110 Gramm, also 12 Gramm Eiweiß, ausgehen. Die angegebene Eiweißmenge reduziert sich durch den Fasergehalt, außerdem werden bei pflanzlichem Eiweiß nur etwa 75 Prozent der Gesamtmenge absorbiert, das heißt, dass bei einer Portion von 110 Gramm eigentlich nur 9 Gramm Eiweiß aufgenommen werden. Wenn man 9 Gramm durch 84 Gramm Kohlenhydrate teilt, ergibt das ein Eiweiß-Kohlenhydrat-Verhältnis von 0,11. Wir möchten aber pro 4 Gramm Kohlenhydrate 3 Gramm Eiweiß (also ein Eiweiß-Kohlenhydrat-Verhältnis von 0,75), daher ist eine Schale Grapenuts nicht dazu geeignet, uns in den optimalen Bereich zu bringen.

Tatsächlich ist das Eiweiß-Kohlenhydrat-Verhältnis von Grapenuts mit dem eines Schokoriegels vergleichbar. Selbst wenn noch etwas Milch dazugemischt wird, macht das keinen großen Unterschied aus.

Eine einfachere Rechnung ergibt sich, wenn man 110 Gramm Grapenuts in Blöcke teilt. Neun Gramm Eiweiß sind etwas mehr als ein Eiweißblock (9 Gramm absorbiertes Eiweiß wird durch 7 Gramm Eiweiß pro Block geteilt). 84 Gramm reine Kohlenhydrate entsprechen etwa neun Kohlenhydratblöcken (84 Gramm reine Kohlenhydrate werden durch 9 Gramm Kohlenhydrate pro Block geteilt). Was stimmt nun an diesem Verhältnis nicht? Zunächst ist das Eiweiß-Kohlenhydrat-Verhältnis nicht in dem 1:1-Verhältnis, das für Ihren hormonellen Verbrenner notwendig ist. Zum zweiten nehmen Sie weit mehr Kohlenhydratblöcke zu sich, als eine Person pro Mahlzeit braucht. Darüber hinaus sind keine Fettblöcke enthalten, das Ergebnis ist also ein hormonelles Chaos, aber ein Chaos, das korrigierbar ist. Essen Sie ganz einfach weniger Grapenuts (zum Beispiel nur 30 Gramm, das würde drei Kohlenhydratblöcken entsprechen) mit etwas Magermilch. Dazu kommen noch drei Blöcke fettarmes Eiweiß (zum Beispiel eine ¾ Tasse fettfreier Hüttenkäse) und drei Blöcke Fett in Form von drei Macadamianüssen, das ergibt eine hormonell ausgewogene Mahlzeit. Natürlich wäre es noch besser, wenn Sie die Grapenuts ganz durch eine Tasse Erdbeeren und eine Orange ersetzen würden, aber so oder so, Sie werden den optimalen Bereich auf jeden Fall erreichen.

Wir wollen uns als nächstes Beispiel eine Dose Thunfisch in der üblichen Menge von 170 Gramm ansehen.

Je Portion enthält 12 Gramm Eiweiß und 5 Gramm Fett, das entspricht also zwei Blöcken Eiweiß (12 Gramm geteilt durch 7 Gramm sind ungefähr zwei Blöcke) und zwei Blöcken Fett (5 Gramm geteilt durch 1,5 Gramm pro Fettblock sind etwa drei Blöcke). Kohlenhydrate sind nicht enthalten.

Nährwerttabelle

Portionsmenge 60 g
ergibt 2,5 Portionen

Mengen pro Portion	
Kalorien 95	Kalorien aus Fett 45
	% der Tagesdosis
Fett insgesamt 5 g	
Gesättigtes Fett 2 g	
Cholesterol 35 mg	
Natrium 250 mg	
Kalium mg	
Kohlenhydrate insgesamt 0 g	
Faserstoffe 0 g	
Zucker 0 g	
Eiweiß 12 g	

Abb. 10.3. Nährwerttabelle von Dosenthunfisch

Hier haben wir ein Beispiel von verstecktem Fett, das in allen fettarmen Eiweißquellen vorhanden ist. Jeder Block fettarmes Eiweiß enthält auch ungefähr einen Block Fett. Das nicht sichtbare Fett reicht jedoch nicht ganz aus, um Ihren hormonellen Verbrenner optimal zu versorgen. Aus diesem Grund sollten Sie zusätzlich jedem Block fettarmem Eiweiß auch einen Block Fett zugeben. Dann haben Sie ein ausgewogenes Verhältnis von Eiweiß und Fett.

Kaum jemand wird nur eine halbe Dose Thunfisch essen, wenn wir also die Nährwerttabelle einer ganzen Dose untersuchen, stellen wir fest, dass diese etwa drei Portionen enthält. Das sind sechs Eiweißblöcke. Daher sollten Sie einer Dose Thunfisch pro Mahlzeit zusätzlich sechs Kohlenhydratblöcke und außerdem sechs weitere Fettblöcke zugeben. Das wären zum Beispiel zwei Scheiben Brot und ein Apfel mit 1 Esslöffel Mayonnaise. Das Ganze ergibt ein ziemlich großes Sandwich, wenn es aber in zwei Hälften geteilt wird, haben Sie damit zwei Mahlzeiten zu je drei Blöcken. Sie könnten auch aus einem Kopfsalat, drei Tomaten, zwei Zwiebeln, drei grüne Paprikaschoten und sechs Esslöffeln Olivenöl und Essigdressing einen großen Salat zubereiten. In zwei Portionen aufgeteilt, ergibt dieser wieder zwei Mahlzeiten zu je drei Blöcken. Falls das für Sie zu viel ist, reduzieren Sie die Salatmenge und nehmen stattdessen noch eine Frucht dazu. Sie haben die Wahl, vorausgesetzt, Sie halten Ihren hormonellen Verbrenner im optimalen Zustand.

Wie sieht es nun mit fettreichen Lebensmitteln wie zum Beispiel Erdnüssen aus? Dies meisten Menschen halten Erdnüsse für eiweißreich, weil ihnen gesagt wurde, dass Erdnussbutter eine gute Eiweißquelle für Kinder ist. In Wahrheit aber sind sowohl Erdnüsse wie auch Erdnussbutter große Fettlieferanten mit einem geringen Eiweiß- und Kohlenhydratgehalt. Das ist aus den offiziellen Nährwerttabellen für Erdnüsse zu ersehen.

Sie werden hoffentlich nicht gleich eine ganze Dose davon essen, denn im Gegensatz zu Thunfisch entspricht eine Portion etwa 30 Gramm (das sind 15 einzelne Nüsse). 15 Nüsse enthalten 11 Gramm Fett, 6 Gramm Eiweiß und 7 Gramm Kohlenhydrate. In Blockeinheiten ergibt das neun Fettblöcke (11 Gramm geteilt durch 1,5 Gramm sind neun Blöcke), einen Eiweißblock (6 Gramm geteilt durch 7 Gramm ergibt etwa einen Block) und einen Kohlenhydratblock (7 Gramm geteilt durch 9 Gramm ist etwa ein Block). Erdnüsse haben ebenso wie andere Körner und Nüsse ein ausgewogenes Eiweiß-Kohlenhydrat-Verhältnis, aber im Grunde bestehen sie vor allem aus Fett. Daher sind sie als zusätzliche Fettlieferanten bei einer fettarmen Mahlzeit zur Versorgung des hormonellen Verbrenners gut geeignet. Das gilt vor allem für frisch gemahlene oder natürliche Erdnussbutter, die keine weiteren Zusätze enthält.

Nährwerttabelle

Portionsmenge 30 Gramm
ergibt 16 Portionen

Mengen pro Portion	
Kalorien 150	Kalorien aus Fett 90

	% der Tagesdosis
Fett insgesamt 11 g	
Gesättigtes Fett 1,5 g	
Cholesterol 0 mg	
Natrium 115 mg	
Kalium 180 mg	
Kohlenhydrate insgesamt 7 g	
Faserstoffe 2 g	
Zucker 0 g	
Eiweiß 6 g	

Abb. 10.4. Nährwerttabelle für Erdnüsse

Sie wissen nun, wie man die Nährwerttabellen in Blockeinheiten umrechnet, und wir wollen ein für Amerika typisches Tiefkühlgericht untersuchen, um zu sehen, wie wir es einordnen können. Die Abb. 10.5 zeigt die Nährwerttabelle für ein fettarmes Tiefkühlgericht: Ravioli Florentine nach den Richtlinien der Weight Watchers.

Nährwerttabelle	
1 Portionsmenge ergibt eine Portion	
Mengen pro Portion	
Kalorien 220	Kalorien aus Fett 15
	% der Tagesdosis
Fett insgesamt 2 g	
Gesättigtes Fett 0 g	
Cholesterol 5 mg	
Natrium 450 mg	
Kalium mg	
Kohlenhydrate insgesamt 43 g	
Faserstoffe 4 g	
Zucker 10 g	
Eiweiß 9 g	

Abb. 10.5. Nährwerttabelle für fettarme Ravioli

Sie sehen sofort, dass dieses Lebensmittel fettarm ist (denn Sie achten ja nach wie vor vor allem auf den Fettgehalt), es enthält insgesamt nur 2 Gramm Fett. Auf der Rückseite der Packung steht: »Wie kann es so wenig Fett enthalten und dennoch so vorzüglich schmecken?« 2 Gramm Fett sind ungefähr ein Fettblock (2 Gramm geteilt durch 1,5 Gramm entspricht etwa einem Fettblock), die enthaltene Kohlenhydratmenge beträgt 43 Gramm. Wir wissen, dass die insulinfördernde Kohlenhydratmenge entscheidend ist, daher können wir den in den Ravioli enthaltenen Faseranteil von 4 Gramm von der Gesamtmenge von 43 Gramm abziehen, das ergibt 39 Gramm insulinfördernde Kohlenhydrate. In Blockeinheiten entspricht das vier Kohlenhydratblöcken (39 Gramm geteilt durch 9 Gramm sind etwa vier Blöcke). Wie sieht es mit Eiweiß aus? Der Eiweißgehalt beträgt 9 Gramm, also ein Block (9 Gramm geteilt durch 7 Gramm sind etwa ein Block). Das Verhältnis von vier Kohlenhydratblöcken zu einem Eiweißblock ist ungefähr das Gleiche wie in einem Schokoriegel mit Mandeln – kein Wunder, dass es so herrlich schmeckt.

Wie kann diese Tiefkühlkost dennoch in ein hormonell ausgewogenes Gericht verwandelt werden? Sie brauchen zunächst drei weitere Eiweißblöcke, um die vier in den Ravioli enthaltenen Kohlenhydratblöcke auszugleichen. Sie könnten zum Beispiel 80 Gramm Putenbrust oder Thunfisch zugeben, aber auch dann ist das Verhältnis noch nicht ganz richtig, denn es fehlen drei zusätzliche Fettblöcke. Diese werden am besten als einfach ungesättigtes Fett in Form von drei Macadamianüssen oder 3 Teelöffeln Mandelsplitter zugegeben. Jetzt haben Sie ein hormonell ungünstiges Gericht in ein optimal ausgewogenes verwandelt. Wie viel zusätzliche Kohlenhydrate nehmen Sie damit insgesamt zu sich? Nur 365, das optimal ausgewogene Gericht ist also außerdem noch kalorienarm. Es ist zwar nicht halb so lecker wie die vielen Gerichte aus der Sears-Diät in Kapitel 9, aber zumindest eine relativ schnell zubereitete Mahlzeit, mit der Sie im optimalen Bereich bleiben.

Am besten ist es natürlich, wenn Sie frische Lebensmittel kaufen und selbst zubereiten. Warum sollte man sich mit Tiefkühlkost begnügen, wenn man leckere Familiengerichte nach alten Rezepten zubereiten kann, die schon seit Generationen weitergegeben wurden? Die meisten Menschen essen zu Hause in der Regel nicht mehr als zehn verschiedene Gerichte, denn man neigt dazu, immer wieder das Gleiche zu essen. Warum also sollte man diese zehn Lieblingsgerichte nicht auf einer hormonell ausgewogenen Basis zubereiten? Die Ravioli sind dafür ein gutes Beispiel.

11
Essen gehen mit der Sears-Diät

Überraschenderweise sind vor allem die Franzosen und Norditaliener, deren Küche und Kultur für Raffinesse und hohe Ansprüche bekannt ist, weitgehend im optimalen Bereich.

Stellen Sie sich nur ein schickes französisches Viersternerestaurant vor. Für 50 Mark bekommen Sie ein herrliches Glas Wein, auf der Tellermitte befindet sich eine kleine Portion Eiweiß, die mit einer vorzüglichen Soße bedeckt ist. Rundherum gibt es kunstvoll angerichtetes Gemüse und dazu einen kleinen Salat. Für weniger Geld hätten Sie fünfmal so viele Nudelgerichte vertilgen können, aber in einem französischen Viersternerestaurant erhalten Sie dafür ein ausgewogenes Gericht im optimalen Bereich: eine angemessene Portion Eiweiß, Gemüse mit einem geringen Blutzuckerindex und dazu vielleicht noch ein Glas Wein. Wie ist es mit einem italienischen Viersternerestaurant? Für den gleichen Preis erhalten Sie hier wieder ein Glas Wein und auf der Tellermitte findet sich ein Stück Fisch, das wiederum von kunstvoll drapiertem Gemüse umgeben ist. Dazu wird noch ein kleines Nudelgericht serviert.

Beide Gerichte enthalten nicht mehr als 500 Kalorien (eine in der Sears-Diät übliche Menge) und beide haben ein ausgewogenes Verhältnis von Eiweiß und Kohlenhydraten (auch das entspricht der Sears-Diät). Dennoch wird niemand behaupten, nicht fantastisch gespeist zu haben.

Wie aber können Sie unsere Spielregeln beachten, wenn Sie in einem der üblichen Restaurants essen, in denen der zufriedene Gast zumindest seinen Gürtel etwas weiter schnallen muss? Nachfolgend finden Sie einfache Grundregeln, an die Sie sich in jedem Restaurant halten können, ganz egal, ob es nun vier Sterne hat oder ein ganz gewöhnliches Gasthaus ist.

1. Regel Nummer 1: Essen Sie im Restaurant niemals Brot oder Brötchen, damit erhalten Sie unerwünschte Kohlenhydrate, die Sie sich besser für den Nachtisch aufsparen.
2. Regel Nummer 2: Wählen Sie immer zuerst eine fettarme Vorspeise, damit sind Sie auf dem richtigen Weg bei der Wahl des restlichen Menüs.
3. Regel Nummer 3: Bitten Sie den Kellner immer, Beilagen wie Reis, Kartoffeln oder Nudeln durch Gemüse zu ersetzen. Sie werden überrascht sein, wie gern man Ihrem Wunsch nachkommt.
4. Regel Nummer 4: Während Sie auf das Essen warten, trinken Sie ein Glas Rotwein oder Mineralwasser, während Ihre Tischgenossen Brot verspeisen. Vertreiben Sie sich die Zeit lieber mit Unterhaltung.
5. Regel Nummer 5: Wenn das Essen serviert ist, betrachten Sie das Gericht mit der Augenmaßmethode. Wie groß ist die fettarme Eiweißportion in Ihrer Vorspeise? Wenn Sie deutlich größer ist als Ihre Handfläche, sollten Sie den Rest stehen lassen. Anschließend entscheiden Sie, ob die Kohlenhydrate auf Ihrem Teller ungünstig oder günstig sind.
6. Regel Nummer 6: Die Eiweißportion, die Sie essen, bestimmt auch die Menge der Kohlenhydrate. Wenn es sich um günstige Kohlenhydrate handelt, kann es die doppelte Menge der Eiweißportion sein. Bei ungünstigen Kohlenhydraten sollte es dagegen genauso viel sein.

> 7. Regel Nummer 7: Wenn Sie in dem Restaurant vor allem Nachtisch essen möchten, verzichten Sie vorher ganz auf die Kohlenhydrate (ob günstig oder ungünstig). Die andere Hälfte der Nachspeise können Sie Ihren Tischgenossen anbieten, sicher helfen sie gerne aus. Die beste Wahl für einen Nachtisch sind natürlich stets frische Früchte.

Man kann jedoch sogar beim Schnellimbiss hormonell ausgewogene Mahlzeiten zu sich nehmen, wenn man sich an die vorher genannten Regeln hält. Als Beispiel wollen wir McDonald's anführen, in dem Sie ein wirklich schnelles Gericht im optimalen Bereich erhalten können. Dafür nehmen Sie zwei kleine Hamburger, legen ein Brötchen zur Seite und essen beide in einem Brötchen. Zugegeben, das Ganze enthält viel gesättigtes Fett und ungünstige Kohlenhydrate, aber wenn es nicht zu oft passiert, ist es in hormoneller Hinsicht tragbar. Die bessere Wahl bei McDonald's wäre jedoch ein McChicken-Sandwich mit Salat. Legen Sie zwei Drittel des Brötchens zur Seite und verteilen den Rest als Croutons über dem Salat. Schon haben Sie einen Hühnchensalat mit etwas Brot und damit ein schnelles Gericht, das dennoch hormonell ausgewogen ist.

Schnellimbisse können sehr hilfreich sein, wenn Sie keine Zeit haben, um zu kochen oder in einem Restaurant zu essen. In *Das Optimum* finden Sie eine Zusammenstellung vieler solcher Schnellimbissgerichte, doch am meisten ist die Salatbar in Ihrem Supermarkt zu empfehlen. Wählen Sie dort einige klein geschnitte Salate und etwas Obst, (vor allem die Sorten, die Sie sonst niemals kaufen würden), dazu einige Oliven als Lieferanten von ungesättigtem Fett. In der Feinkostabteilung kaufen Sie 125 Gramm fettarmes Eiweiß wie zum Beispiel Pute, Hühnchen oder Thunfisch. Zu Hause mischen Sie den Salat, das Obst, die Oliven und das Eiweiß und schon haben Sie eine vorzügliche Mahlzeit im optimalen Bereich. Sie ist vielleicht etwas teurer als ein belegtes Brötchen und eine Tasse Kaffee, aber das sollte Ihnen Ihre Gesundheit wert sein.

Doch wie können Sie im optimalen Bereich bleiben, wenn Sie ständig auswärts essen? Auch hierfür gibt es ein paar einfache Kniffe. Wenn Sie einige Tage in einem Hotelzimmer wohnen, das einen Kühlschrank hat, können Sie ganz einfach Obst, vorgeschnittenen Salat und fettarmes Fleisch oder auch fettarmen Hüttenkäse kaufen. Pro Frucht sollten Sie 30 Gramm fettarmes Fleisch oder 60 Gramm Hüttenkäse essen. So können Sie sich mit einem kleinen Imbiss wappnen, bevor Sie im Restaurant essen. Und vor dem Zubettgehen sollten Sie Ihrem hormonellen Verbrenner noch eine kleine »Schmierung« geben, damit Sie die Nacht in einem fremden Bett gut überstehen.

Bitte denken Sie auf Geschäftsreisen daran, dass ihre Mahlzeiten der Schlüssel zum Erfolg sind, denn sie bestimmen, wie gut tagsüber Ihre geistige Konzentrationsfähigkeit und Beweglichkeit ist. Mit den folgenden drei hormonell ausgewogenen Gerichte liegen Sie immer richtig: Zum Frühstück ein Omelett aus drei Eiern (am besten nur aus Eiweiß oder Eiersatz) und einen Obstteller, keinen Toast. Zum Mittagessen am besten einen Salat mit Hühnchenbrust und zum Abendessen Fisch mit einer Extraportion Gemüse anstelle von Reis oder Kartoffeln, und natürlich keine Brötchen. Das Leben ist ohnehin schon schwer genug, also bleiben Sie lieber im optimalen Bereich.

Essengehen mit der Sears-Diät ist sehr einfach, wenn Sie die Regeln kennen. Sagen Sie einfach ›nein‹ zu der überwältigenden Flut von Kohlenhydraten, der Sie ständig ausgesetzt sind, wenn Sie auswärts essen. Wenn Ihnen das schwer fällt, dann betrachten Sie die Kohlenhydrate wie ein Medikament – je mehr Sie davon zu sich nehmen, desto schneller kann es zu einer Überdosis kommen. In diesem Fall verursacht die Überdosis eine übermäßig hohe Produktion von Insulin, ein Zustand, der letztendlich zum Tod führen kann. Dieser Gedanke sollte es Ihnen leichter machen, beim nächsten Mal auf Brötchen zu verzichten.

12
Ihre persönliche Checkkarte für die Sears-Diät

Die wichtigste Frage, die ein Arzt an seinen Patienten richten kann, lautet: »Wie fühlen Sie sich?« Die gleiche Frage stellen Sie sich selbst in der Sears-Diät. Meine Grundregel für die Anwendung einer neuen Diät, eines Vitamins, eines Mineralstoffs oder eines pflanzlichen Mittels lautet immer, sich bei der Einnahme zwei Wochen lang genau an die Vorschriften zu halten. Wenn Sie sich danach nicht deutlich besser fühlen, wird vermutlich auch keine Besserung eintreten.

Mit der Sears-Diät ist das nicht anders. Welches Ergebnis erwarten Sie in erster Linie? Wie die meisten Menschen versprechen Sie sich vermutlich davon drei einfache Dinge: eine größere geistige und körperliche Leistungsfähigkeit und ein besseres Aussehen.

Wie können Sie Ihre geistige Leistungsfähigkeit verbessern? Wenn sich Ihr Blutzuckerpegel langsam stabilisiert, werden Sie klarer und konzentrierter denken. Überlegen Sie nur, was geschieht, wenn Sie mittags ein großes Nudelgericht zu sich nehmen. Um drei Uhr nachmittags können Sie kaum noch die Augen offen halten. Für jeden Geschäftsmann ist es ein Alptraum, am Nachmittag eine wichtige Verhandlung führen zu müssen, wenn er mittags eine große Portion Nudeln gegessen hat. Wenn Sie sich eine wunderbare Methode zur Erhaltung der Leistungsfähigkeit zunutze machen möchten, sollten Sie sich im optimalen Bereich der Sears-Diät aufhalten.

Zum zweiten wird sich auch Ihre körperliche Leistungsfähigkeit verbessern. Mit der Sears-Diät verfügen Sie im Grunde über den hormonellen Schlüssel, der Ihnen den Zugang zu den in Ihrem Körper gespeicherten Fettreservieren und damit zu einer buchstäblich unbegrenzten Energiequelle ermöglicht. So haben Sie mehr Energie für die Arbeit, für zu Hause und für die Freizeit.

Schließlich wird sich dadurch auch Ihr Aussehen verbessern. Mit der Sears-Diät werden Sie nicht sehr schnell an Gewicht verlieren, aber Sie werden in genetischer Hinsicht das Maximum Ihrer überschüssigen Fettreserven im Körper abbauen, also etwa 1 bis 1½ Pfund pro Woche. Nach zwei Wochen wird Ihnen Ihre Kleidung, vor allem im Taillenbereich, viel besser passen.

Auch wenn Sie mit unserem Konzept sehr erfolgreich sind, empfehle ich, alle 30 Tage ein großes kohlenhydratreiches Gericht, wie zum Beispiel Nudeln, zu sich zu nehmen. Dadurch erfahren Sie zumindest bei einer Mahlzeit, wie unterschiedlich der optimale Bereich im Vergleich zu dem Zustand außerhalb der Sears-Diät ist. Was wird Sie nach so einer kohlenhydratreichen Mahlzeit erwarten? Sie werden einen Insulinkater mit Konzentrationsschwäche und Benommenheit erleben, das Gehen wird Ihnen am nächsten Morgen schwer fallen, Ihre Hände und Füße werden aufgedunsen sein usw. So erfahren Sie die hormonelle Wirkungskraft von Ernährung auf eindrucksvolle Weise am eigenen Leib. Man kann die Wirkungsweise als eine Art von Anabuse im Ernährungsbereich betrachten (Anabuse ist ein Medikament, das bei der Entzugsbehandlung von Alkoholikern eingesetzt wird. Der Körper reagiert dabei auf Alkoholgenuss mit heftigen Krankheitserscheinungen.) Aber das ist kein Grund zur Sorge, schon die nächste Mahlzeit bringt Sie wieder zurück in den optimalen Bereich.

Wie können Sie nun wissen, ob Sie mit einer Mahlzeit in

den optimalen Siegerbereich kommen? Theoretisch könnten Sie dafür alle zwei Stunden eine Probe Ihres Blutzuckerspiegels machen oder einen Zuckertest vornehmen, aber das ist in der Praxis wohl kaum durchführbar. Am einfachsten ist es, zu beobachten, wie Sie sich innerhalb von vier bis fünf Stunden nach einer Mahlzeit fühlen. Wenn Sie in dieser Zeit geistig klar und konzentriert sind und keinen Hunger verspüren, dann wissen Sie, dass diese Mahlzeit hormonell optimal ausgewogen war. Notieren Sie das Gericht mit den Zutaten und genauen Mengen in Ihrem persönlichen Siegerkochbuch, so dass Sie es in Zukunft jederzeit wieder zubereiten können. Auf diese Weise kann ein Gericht die gleiche hormonelle Wirkung wie ein Medikament hervorrufen.

Ihr persönliches Kochbuch sollte so umfangreich wie möglich sein. In der Regel aber muss es nur etwa zehn verschiedene Gerichte enthalten, ganz einfach deshalb, weil die meisten Menschen zu Hause nicht mehr als zehn verschiedene Gerichte zubereiten. Auch wenn Sie so wie meine Frau und ich sehr viele verschiedene Kochbücher zu Hause und auch schon einige Kochkurse hinter sich haben, werden Sie doch immer wieder auf die gleichen Gerichte zurückkommen. Wenn alle hormonell ausgewogen sind und regelmäßig gegessen werden, dann hat das die gleiche Wirkung, als ob Sie ein wirkungsvolles Medikament zur Verbesserung Ihrer geistigen und körperlichen Leistungsfähigkeit einnehmen würden, das zudem auch ihr Aussehen verbessert. Viele Menschen wären bereit, für ein solches Medikament Unsummen auszugeben, Sie aber haben es in Ihrem persönlichen Kochbuch stets zur Verfügung.

Ein verbessertes Aussehen und gesteigerte geistige und körperliche Leistungsfähigkeit sind also deutliche Anzeichen dafür, dass Sie sich im optimalen Bereich der Sears-Diät aufhalten, dennoch suchen die meisten Menschen in unserem technischen Zeitalter zusätzlich nach eindeutigen Zahlen, um das gute Gefühl mit Fakten untermauern zu können. Wie können Sie die positiven körperlichen Veränderungen für sich selbst belegen? Zunächst werden Sie eine Veränderung Ihres prozentualen Körperfetts feststellen. Ihre Kleidung passt Ihnen besser, auch wenn die Waage noch nicht sehr stark nach unten ausschlägt. Doch Sie schauen ja auch nur noch auf die Waage, weil Sie eine Bestätigung durch Zahlen dafür wollen, dass Ihre Kleider besser passen. Ihr Gewicht aber ist nicht halb so wichtig für die Beurteilung des gesamten Gesundheitszustands wie der prozentuale Körperfettanteil, der Ihnen wirklich sagt, wie gut es um Ihre Gesundheit steht. Mit Hilfe der Tabellen in Anhang C können Sie den prozentualen Körperfettanteil leicht in wöchentlichen Abständen überprüfen.

Wie zuverlässig sind die im Anhang C enthaltenen Tabellen? Um diese Frage zu beantworten, habe ich am Medizinischen Forschungsinstitut in Houston eine Studie durchgeführt, die den prozentualen Körperfettanteil von normalen Menschen – der anhand der Tabellen in meinem Buch bestimmt wurde – mit dem Körperfettanteil vergleicht, der durch eine *duale Energie Röntgenabsorptionsmessung* (DEXA) festgestellt wird. DEXA ist eine neue, technisch hoch entwickelte Methode zur Ermittlung des Körperfettanteils. Die Ergebnisse, die nach der im Anhang genannten Methode erzielt wurden, weichen im Vergleich zur DEXA-Messung um etwa 1–2 Prozent ab. Eine DEXA-Untersuchung werden Sie möglicherweise nur einmal in Ihrem Leben durchführen, mit der Tabelle aber haben Sie täglich die Möglichkeit, es selbst nachzuprüfen. Vergessen Sie dabei nicht, dass die Werte immer im Verhältnis zu Ihrer Ausgangssituation stehen. Wenn sich Ihr prozentualer Körperfettanteil vermindert, reduziert sich damit gleichzeitig auch Ihr Insulinspiegel und damit sind Sie auf dem besten Weg zu einem dauerhaften Aufenthalt im optimalen Zentralbereich der Sears-Diät.

Wenn Sie noch nach weiteren Zahlen und Fakten suchen, sollten Sie einen Bluttest machen lassen. Für die meisten Menschen (auch für mich) ist es unangenehm, zusehen zu müssen, wie ihnen Blut entnommen wird. Aber hier ist die Ausgangssituation eine andere, denn Sie lassen den Bluttest ja nicht vornehmen, weil Sie sich krank fühlen, sondern ganz im Gegenteil, Sie möchten bestätigt bekommen, dass Sie sich sehr gut fühlen. Zu Ihrer eigenen Bestätigung können Sie die folgenden Tests durchführen lassen:

Zunächst ist eine Blutdruckmessung optimal, dafür sind weder Nadeln noch Blut notwendig. Der Blutdruck reagiert sehr empfindlich auf übermäßige Insulinproduktion. Darüber hinaus können Sie Ihren Arzt bitten, mit einem Blutbild die folgenden Werte festzustellen:

- Nüchterntriglyceride
- HDL-Cholesterol
- Verhältnis der Nüchterntriglyceride zu HDL-Cholesterol
- Nüchterninsulin
- Glykolysiertes Hämoglobin (HgA_1C)

Es handelt sich hierbei um Standardtests, die beiden letzten werden allerdings nicht routinemäßig durchgeführt, da sie etwas teurer sind. Welche Ergebnisse sind für Sie von Interesse? Die Nüchterntriglyceride sollten unter 100 mg/dL sein, das HDL-Cholesterol sollte mehr als 50 mg/dL betragen und damit das Verhältnis von Triglyceriden zu HDL-Cholesterol weniger als 2,0 sein. Der Nüchterninsulinwert sollte unter 10 Einheiten/ml sein und damit das HgA_1C weniger als 5 Prozent betragen. Das Verhältnis der Triglyceride zu HDL-Cholesterol gibt den Hinweis auf Ihren Insulinspiegel, das heißt, je höher das Verhältnis ist, umso höher ist auch Ihr Insulin. Der Nüchterninsulinwert sagt Ihnen also genau, wie hoch Ihr Insulinspiegel ist. Das glykolysierte Hämoglobin wiederum drückt aus, wie gut Ihr Blutzucker langfristig unter Kontrolle ist; je niedriger der Wert ist, umso ausgewogener ist auch die

Insulinproduktion. Die Anzahl dieser klinischen Werte gibt Ihnen objektive Richtwerte, an denen Ihr Erfolg messbar wird. Anders gesagt, sehen Sie anhand Ihrer Blutwerte genau, ob Sie sich richtig ernährt haben. Sie wissen nun, welches Ziel Sie erreichen möchten. Vielleicht ist dafür etwas Zeit erforderlich, wenn Sie aber auf dem Weg dorthin konzentrierter denken, körperlich mehr leisten und besser aussehen, ist diese nicht vergebens. Die Blutwerte sind wichtig, denn Sie zeigen das Ausmaß einer übermäßigen Insulinproduktion und damit auch, inwieweit Sie sich aus dem optimalen Bereich heraus und in Richtung auf eine chronische Krankheit bewegen. Wenn Ihre Triglycerinwerte höher als 200 mg/dL und Ihr HDL-Cholesterol weniger als 35 mg/dL betragen, sind das schlechte Anzeichen. Sie produzieren dann übermäßig viel Insulin. Ebenso besteht ein Risiko, wenn Ihr Nüchterninsulinwert höher als 15 Einheiten/ml ist, denn auch dann sondert Ihr Körper übermäßig viel Insulin ab. Sie befinden sich ebenfalls in einer Risikogruppe, wenn das glykolysierte Hämoglobin bei mehr als 9 Prozent liegt.

Warum beinhalten diese Werte ein Gesundheitsrisiko? Der Hauptrisikofaktor, der zu Herzkrankheiten führt, zeigt sich nicht in einem hohen Cholesterolspiegel oder Bluthochdruck, sondern in einem erhöhten Insulinspiegel. Wenn Sie übermäßig viel Insulin produzieren, wird dadurch eine bestimmte Hormongruppe frei (zum Beispiel die »schlechten« Eicosanoide), die Krankheiten auslöst. Wenn Sie *Das Optimum* gelesen haben, wissen Sie, dass dies ein ernst zu nehmendes Gesundheitsrisiko darstellt.

Wieso stellt uns die Medizin nicht einfach Medikamente zur Verfügung, die den Insulinspiegel senken? Ein derartiges Medikament existiert tatsächlich, es ist unsere tägliche Nahrung. Wenn Sie zu viel Insulin produzieren, können Sie mit diesem Medikament Abhilfe schaffen. Ihre Gesundheit und Ihr Leben hängen davon ab.

13

Leben im optimalen Bereich der Sears-Diät

Zum Leben im optimalen Bereich gehört mehr als die richtige Ernährung. Sie möchten sicher alles in Ihrer Macht Stehende tun, um Ihren Insulinspiegel niedrig zu halten.

Was und wie Sie essen, wirkt sich am stärksten darauf aus, ob Sie im optimalen Bereich bleiben. Darüber hinaus können Sie jedoch auch durch Gymnastik und Stressreduzierung die Wirkung Ihrer Diät verstärken und auf Dauer im optimalen Bereich bleiben. Sie selbst sind für die Verwirklichung dieser Schritte ebenso verantwortlich wie für die richtige Ernährung. Bevor Sie jedoch bei einem Fitnesscenter Mitglied werden oder nach einem geeigneten Guru in Indien suchen, möchte ich Ihnen zeigen, wie Sie die hormonellen Kontrollstrategien auf einfachem Weg in Ihr tägliches Leben einbauen können.

Körperliche Übungen für jeden Tag

Allein schon das Wort ruft bei vielen Menschen Unbehagen hervor, nicht etwa, weil sie es für unwichtig halten, sondern weil sie denken, sie hätten dafür keine Zeit. Zwei Arten von körperlichen Übungen sollten Sie täglich durchführen: Sauerstofftanken und Krafttraining.

Sauerstofftanken heißt ganz einfach, sich so zu bewegen, dass die Lungen vermehrt Sauerstoff aufnehmen können. In *Das Optimum* habe ich schon darauf hingewiesen, dass für viele Menschen der tägliche Spaziergang die beste Möglichkeit ist. Spazieren Sie einmal 15 Minuten um den Block und dann wieder zurück. Das können Sie morgens, mittags oder nach dem Abendessen tun. Parken Sie einfach Ihr Auto eine Viertelstunde vom Arbeitsplatz entfernt und gehen die restliche Strecke zu Fuß.

Sie müssen weder einem Fitnessclub beitreten noch eine spezielle Sportausrüstung oder teure Joggingschuhe kaufen Das heißt nicht, dass eine etwas intensivere Gymnastik nicht von Vorteil wäre, doch Sie sollten zunächst diesen regelmäßigen täglichen Spaziergang in Ihren Tagesablauf einplanen, bevor Sie sich zu mehr Aktivität entschließen.

Wie steht es mit Krafttraining? Ist damit nicht Gewichtheben gemeint? Heißt das nicht, dass man sich unter vielen Muskelpaketen in einer muffigen und dunklen Turnhalle abplagen muss? Tatsächlich können Sie das nötige Gewichttraining ohne weiteres in Ihrem Schlafzimmer oder auch in einem Hotelzimmer absolvieren, wenn Sie gerade unterwegs sind. Dafür genügen täglich etwa fünf Minuten.

Das Gewicht, das Sie dabei einsetzen, ist Ihr eigenes Körpergewicht, das Sie ja immer mit sich herumtragen. Sie können die Muskeln in Ihrem Ober- und Unterkörper jederzeit mit zwei einfachen Übungen stärken: Liegestützen und Kniebeugen.

Wir wollen mit den Liegestützen beginnen. Viele Menschen, besonders Frauen, haben damit zunächst Schwierigkeiten, vor allem, wenn Sie nicht so gut in Form sind. Das Wichtigste bei allen Übungen mit dem Oberkörper ist, den Rücken stets gerade zu halten. Die richtige Körperhaltung hat mehr Bedeutung als die Anzahl der Übungen.

Wenn Sie völlig aus der Übung sind, lehnen Sie sich zunächst nur gegen eine Wand und stoßen sich davon ab. Wenn Sie diese Abstoßübungen dreimal hintereinander etwa 10 bis 15 Mal gut durchführen können, gehen Sie zu nächsten Stufe über. Dafür nehmen Sie eine Theke oder einen Tisch zu Hilfe. Stellen Sie sich in einem Abstand von knapp einem Meter davor, legen Sie die Hände auf den Tisch, beugen Sie den Oberkörper vor und stoßen Sie sich ab. Wenn Sie auch diese Übung dreimal hintereinander 10 bis 15 Mal durchführen können, geht es weiter mit dem Abstoßen aus dem Kniestand (so kommen Sie den gefürchteten Liegestützen schon näher). Gehen Sie ganz einfach auf alle Viere, beugen Sie die Ellbogen, bis die Brust fast den Boden berührt und stoßen Sie sich wieder ab. Wenn Sie auch diese Übung täglich dreimal hintereinander 10 bis 15 Mal durchführen können, gehen Sie zu den herkömmlichen Liegestützen über. Diese führen Sie genauso aus wie im Vierfüßlerstand, nur dass die Beine jetzt in einer Linie mit dem Oberkörper ausgestreckt werden. Ihr ganzes Gewicht ruht auf Händen und Zehen. Stoßen Sie sich nur etwa zwei bis drei Zentimeter vom Boden ab. Mit etwas Übung sollten Sie täglich dreimal 10 bis 15 Liegestütze absolvieren können.

Liegestütze sind eine gute Übung für den Oberkörper, aber wie sieht es mit dem Unterkörper aus? Dafür sind die Hockübungen oder tiefen Kniebeugen gut geeignet. Kniebeugen sind nicht so einfach, wie sie aussehen, denn sie erfordern viel Kraft. Ebenso wie bei den Liegestützen, sollten Sie auch hier langsam beginnen und den Rücken stets gerade halten. Zu Beginn können Sie einen Stuhl mit Armlehnen zu Hilfe nehmen. Einfach hinsetzen und wieder aufstehen und wenn Sie dafür die Armlehnen als Stütze brauchen, ist das völlig in Ordnung. Führen Sie auch diese Übung täglich dreimal hintereinander 10 bis 15 Mal aus. Der nächste Schritt ist die gleiche Übung ohne Zuhilfenahme der Armlehnen. Wenn Sie das gut beherrschen, gehen Sie dazu über, die Arme über der Brust zu verschränken, und das nun täglich dreimal nacheinander 10 bis 15 Mal zu wiederholen. Als nächstes können Sie zur nächsten Stufe übergehen und sich in die Hocke begeben, das heißt im Grunde nichts anderes, als ohne Stuhl zu sitzen. Ihre Knie sollten nicht mehr als 90 Grad gebeugt sein. Machen Sie die Übung zunächst mit ausgestreckten Armen. Wenn Sie auch das täglich dreimal hintereinander 10 bis 15 Mal wiederholen können, verschränken Sie dabei die Arme über der Brust.

Diese Übungen bilden Ihre tägliche Gymnastik. Beginnen Sie mit 10 bis 15 Liegestützen (auf der für Sie geeigneten Stufe), dann lassen Sie 10 bis 15 Kniebeugen folgen (ebenso auf der Stufe, die Ihnen möglich ist). Ruhen Sie eine Minute aus und wiederholen Sie die beiden Übungen, lassen Sie eine weitere Minute Ruhepause folgen und eine letzte Übungsserie. Wenn Sie beim dritten Mal 15 Übungen leicht durchführen können, fahren Sie am nächsten Tag mit dem höheren Schwierigkeitsgrad fort. Die gesamten Übungen erfordern nicht mehr als fünf Minuten täglich und lassen sich sehr gut zu Hause oder in einem Hotelzimmer absolvieren. Entscheidend ist, dass sie zur täglichen Routine werden.

Wenn Sie täglich 30 Minuten spazierengehen und fünf Minuten Krafttraining machen, haben Sie schon ein ganz ansehnliches Fitnessprogramm. Trotzdem wird vielen Menschen der geringe Zeitaufwand für dieses Training noch als zu groß erscheinen. Wenn Sie allerdings wirklich in den optimalen Bereich der Sears-Diät kommen möchten, sind Sie sicher bereit, die nötige Zeit und Mühe dafür aufzuwenden.

Selbst wenn Sie dieses Stadium erreicht haben, sollten Sie sich noch nicht gleich zum nächsten Fitnessclub aufmachen. Ich empfehle zunächst, sich ein Paar leichte Hanteln (etwa 1 bis 15 Kilogramm schwer) zu kaufen. Auch teilweise mit Wasser gefüllte Plastikflaschen sind dafür geeignet, wenn sie die richtige Form haben. Das Krafttraining mit Hanteln können Sie zusätzlich zu Ihren Kniebeugen und Liegestützen praktizieren, es stellt ein großartiges Aufwärmprogramm für ein weiterführendes Gewichtstraining dar. In jedem Buch über Gymnastik finden Sie auch detaillierte Anweisungen für Hantelübungen, für den Ober- wie den Unterkörper. Wichtig ist, die Pause zwischen den einzelnen Übungsserien auf eine Minute zu begrenzen und insgesamt nicht länger als 30 Minuten mit Hanteln zu üben. Wenn Sie diese Grenze überschreiten, verändert sich der Hormonspiegel entscheidend (zum Beispiel fällt der Testosteronspiegel ab und der Kortisolspiegel erhöht sich). Aus diesem Grund ist eine Erweiterung des Trainings nicht sehr vorteilhaft. Wenn Sie dagegen mehr Sauerstoffübungen machen möchten, gehen Sie einfach eine halbe Stunde länger spazieren.

Stress reduzieren – einfach eine Pause einlegen

Stress ist ein biochemischer Vorgang, der bestimmte hormonelle Reaktionen auslöst. Plötzlichen Stress, zum Beispiel bei Gefahr, setzt Hormone wie Adrenalin frei, das Sie zur Flucht oder zum Kampf bereit macht. In unserer Gesellschaft ist jedoch chronischer Stress sehr viel häufiger anzutreffen und er hat andere hormonelle Auswirkungen. Bei chronischem Stress wird das Hormon Kortisol in hohem Maße frei. Wenn der Kortisolspiegel steigt, erhöht sich gleichzeitig die Insulinresistenz, das wiederum lässt den Insulinspiegel in die Höhe schnellen. Mit einem erhöhten Insulinspiegel aber bewegen Sie sich aus dem optimalen Bereich heraus. Die sogenannte Persönlichkeit vom Typ A (aggressiv, entschlossen, energisch etc.) hat gewöhnlich einen erhöhten Insulinspiegel. Herz-Kreislauf-Erkrankungen werden mit diesen Typ A in Verbindung gebracht, deshalb ist es nicht erstaunlich, dass Stressreduzierung auch entscheidend zur Verringerung eines Herzinfarktrisikos beitragen kann.

Um weniger Stress zu haben, müssen Sie keinen Guru suchen oder den ganzen Tag über Mantras singen. Reservieren

Sie einfach jeden Tag ein wenig Zeit für das, was Sie gerne tun (dazu gehört hoffentlich nicht fernsehen). Spazieren gehen ist wahrscheinlich die beste Art, Stress abzubauen. Damit ist aber kein angestrengtes Gehen gemeint, das die Herztätigkeit antreibt, sondern ein ganz gemütliches Schlendern. Sie können ruhig einmal stehen bleiben und mit den Nachbarn ein Schwätzchen halten oder die Landschaft genießen und sich am Duft einer Blume erfreuen. Da Sie keinem bestimmten Plan folgen, können Sie auf diese Weise großartig gegen Stress »angehen«. Außerdem wirkt spazieren gehen gleichzeitig auf zwei Ebenen, einerseits baut es Stress ab und andererseits wird der Insulinspiegel gesenkt, indem Sie vermehrt Sauerstoff aufnehmen, und genau das möchten wir ja erreichen.

Medikamente, die Sie aus dem optimalen Bereich herausführen

Sie sollten sich darüber klar sein, dass Sie durch bestimmte Medikamente aus dem optimalen Bereich geraten können, weil sie den Insulinspiegel erhöhen. Zu den bekanntesten gehören Harn treibende Mittel und Betablocker, beide werden häufig bei der Behandlung von Bluthochdruck eingesetzt. Neuere blutdrucksenkende Medikamente wie zum Beispiel jene, die das *Angiotensin* bildende Enzym hemmen (ACE), haben dagegen keinen Einfluss auf das Insulin. Corticosteroide wie zum Beispiel *Prednison* erhöhen ebenfalls den Insulinspiegel beträchtlich. Unglücklicherweise gibt es noch ein sehr weit verbreitetes Mittel, das den Insulinspiegel leicht ansteigen lässt, nämlich Koffein. Wenn Sie den optimalen Bereich der Sears-Diät erreichen möchten, sollten Sie auch Ihren Kaffeekonsum so weit wie möglich reduzieren.

14
Fragen zur Sears-Diät

Allgemeine Fragen

Darf ich in der Sears-Diät nie mehr Reis, Nudeln oder Brötchen essen?
Natürlich dürfen Sie das. Wenn Sie im optimalen Bereich der Sears-Diät bleiben wollen, sollten Sie diese Art der Kohlenhydrate allerdings nur in geringen Mengen zu sich nehmen. Der größte Teil der täglichen Kohlenhydrate sollte in Form von Obst und Gemüse gegessen werden.

Muss ich mich peinlich genau an die Vorgaben der Sears-Diät halten, um Erfolg zu haben?
Nein. Je genauer Sie allerdings vorgehen, umso besser wird auch das Ergebnis sein. Doch wenn Sie sich nur an die Augenmaßmethode und an die anderen Spielregeln der Sears-Diät halten, sind Sie schon weitgehend im optimalen Bereich. Denken Sie daran, genau auf Ihre Reaktionen nach einer Mahlzeit zu achten. Wenn Sie die einfachen Methoden aus diesem Buch anwenden, sind Sie in der Lage, Ihren hormonellen Verbrenner immer präziser einzustellen, ohne ständig wie besessen auf die Größe der Portionen, die Blöcke und Berechnungen achten zu müssen.

Ist die täglich zugeführte Kalorienmenge nicht zu gering?

Wenn Sie über überschüssige Fettreserven verfügen, sind bereits alle notwendigen Kalorien in Ihrem Körper gespeichert. Eine Durchschnittsperson, ob Frau oder Mann, verfügt ständig über 100 000 gespeicherte Kalorien, das entspricht etwa 1 700 Pfannkuchen, also eine gewaltige Menge. Um an diese 1 700 Pfannkuchen zu kommen, müssen Sie Ihren hormonellen Schlüssel richtig einsetzen, dann brauchen Sie nur wenig Kalorien von außen zuzuführen, um den Energiebedarf des Körpers zu decken. In der Sears-Diät essen Sie so, als ob Ihr prozentualer Körperfettanteil bereits auf dem Idealstand wäre, denn Sie decken Ihren täglichen Bedarf durch eine Kombination von gespeichertem Körperfett und zugeführten Kalorien.

Wird nicht bei jeder kalorienarmen Diät Fett abgebaut?

Nicht unbedingt. Bei Forschungen in den fünfziger Jahren haben Kekwick und Pawan am Middlesex Hospital in London Diäten untersucht, die auf 1 000 Kalorien pro Tag basieren. Alle Patienten verloren viel Gewicht bei einer eiweißreichen Diät (90 Prozent der Kalorien), das Gleiche war bei einer fettreichen Diät (90 Prozent der Kalorien) der Fall. Auch bei einer gemischten Diät (42 Prozent der Kalorien in Form von Kohlenhydraten) verloren die Patienten an Gewicht, während sie bei einer kohlenhydratreichen Diät (90 Prozent der Kalorien) noch zunahmen. Eine Reduzierung der Kalorienmenge ohne den Zugang zu Ihrem hormonellen Schlüssel bedeutet mit Sicherheit Entbehrung, ständiges Hungergefühl und anhaltende Müdigkeit. Jede Reduktion der täglichen Kalorienmenge bringt auch einen gewissen Gewichtsverlust mit sich, wenn aber einmal eine hormonelle Grenze erreicht wird, findet auch kein weiterer Fettabbau mehr statt. Das Gefühl von Entbehrung, Hunger und Müdigkeit hält jedoch an. Die Sears-Diät ist weniger eine Diät als vielmehr eine Methode zur hormonellen Kontrolle, die Ihnen zu optimaler Lebensqualität verhilft.

Was ist wichtiger, die Menge der Kohlenhydrate, die man zu sich nimmt, oder deren Blutzuckerindex?
Die Gesamtmenge der zugeführten Kohlenhydrate ist wichtig. Sie können aber in der Sears-Diät mehr erreichen, wenn die meisten Ihrer Kohlenhydrate blutzuckerarmer Natur sind. Wenn Sie Nahrung zu sich nehmen, die den Blutzuckerspiegel niedrig hält, gelangen die Kohlenhydrate nur langsam in den Blutkreislauf und sorgen deshalb für einen ausgewogenen Insulinspiegel. Außerdem erhalten Sie durch die Blutzucker senkende Nahrung ein Maximum an Vitaminen und Mineralien bei einem Minimum an Kohlenhydraten. Ein weiterer Vorteil von Kohlenhydraten mit einem geringen Blutzuckerindex ist, dass Sie damit stets ein wirklich umfangreiches Gericht zu sich nehmen, denn diese Kohlenhydrate sind normalerweise nicht besonders hoch konzentriert. Es ist daher sehr schwierig, wenn nicht gar unmöglich, durch Obst und Gemüse ein Übermaß an schwach konzentrierten Kohlenhydrate zu sich zu nehmen.

Wann kann ich in der Sears-Diät mit ersten Erfolgen rechnen?
Innerhalb von zwei bis drei Tagen sollten Sie ein spürbares Nachlassen der Gelüste nach Kohlenhydraten und eine erhöhte geistige Konzentrationsfähigkeit feststellen. Nach fünf Tagen wird das Hungergefühl tagsüber beträchtlich abnehmen und die körperliche Leistungsfähigkeit zunehmen. Nach zwei Wochen ist noch kein großer Gewichtsverlust zu verzeichnen,

dennoch werden Sie bemerken, dass Ihre Kleidung besser passt. Bedenken Sie, dass Sie einen Fettverlust von maximal 1 bis 1 ½ Kilogramm pro Woche erwarten können. Es ist fast unmöglich, überschüssiges Körperfett schneller abzubauen.

Warum enthält die Sears-Diät keine Eiweißangaben für kohlenhydratreiche Nahrungsmittel wie Gemüse oder Getreide?
Das wäre für viele Menschen zu kompliziert zu berechnen. Dieses Eiweiß wird zum größten Teil überhaupt nicht verarbeitet, deshalb müsste man mit Korrekturfaktoren rechnen, um den tatsächlich absorbierten Eiweißgehalt und dessen hormonelle Auswirkung festzustellen. Da aber Gemüse nicht sehr viel Eiweiß enthält, ist es zweckmäßiger, dieses ganz zu ignorieren. Vegetarier sollten darauf achten, täglich bei jeder Mahlzeit eiweißreiche vegetarische Nahrungsmittel wie etwa festen Tofu, Eiweißpulver oder Fleischersatz aus Sojabohnen zu sich zu nehmen, um eine angemessene Eiweißzufuhr zu sichern.

Wie viel Eiweißblöcke sollte man pro Tag mindestens zu sich nehmen?
Unabhängig von Ihrem persönlichen Eiweißbedarf empfehlen wir immer eine Mindestmenge von acht Eiweißblöcken täglich für einen Erwachsenen.

Werden durch eine eiweißreiche Diät nicht Osteoporose und Nierenschäden verursacht?
Nicht, wenn Sie sich nach der Sears-Diät ernähren. Niemand sollte mehr Eiweiß zu sich nehmen, als der Körper braucht, aber auch nicht weniger, denn das würde eine Unterversorgung bedeuten. In der Sears-Diät nehmen Sie eine angemesse-

ne Eiweißmenge zu sich und verteilen Sie auf drei Mahlzeiten und zwei Zwischenmahlzeiten pro Tag. Das ist fast mit einer intravenösen Eiweißzufuhr vergleichbar. Überschüssiges Eiweiß kann im Körper nicht gespeichert werden und wird deshalb in Fett umgewandelt. Der erste Schritt in diesem Umwandlungsprozess ist die Abspaltung der Aminogruppen von Eiweiß, und dies kann die Nieren belasten, wenn zu viel Eiweiß im Blutkreislauf vorhanden ist. Außerdem zeigen neueste klinische Untersuchungen, dass sogar bei Patienten mit schweren Nierenschäden die positiven Auswirkungen einer Eiweißreduktion überbewertet wurden. Da mit übermäßigem Eiweißgenuss auch ein Kalziumverlust einhergeht, sollte zusammen mit Eiweiß auch eine angemessene Kalziummenge zugeführt werden. Kalzium ist ein Mineral, von dem besonders Frauen oft nicht genug haben, deshalb können Sie zu jeder Mahlzeit ein Glas Milch trinken oder zusätzlich ein Kalziumpräparat einnehmen.

Warum gibt es in Frankreich nur sehr wenig Herzerkrankungen?

Die Ernährungswissenschaftler sind den Franzosen nicht wohl gesonnen, denn sie rauchen, trinken, essen viel Fett und bewegen sich kaum. Trotzdem geht es ihnen gut, sie haben am wenigsten Herzerkrankungen in ganz Europa. Man bezeichnet das als das französische Paradox, aber es ist nur dann paradox, wenn es den Erwartungen widerspricht. Es gibt sicher eine Reihe von Gründen für diese erstaunliche Statistik, aber ich glaube, dass der Hauptfaktor in der Ernährung zu suchen ist. Die Franzosen ernähren sich gewöhnlich kalorienarm, sie essen viel Obst und Gemüse und ihre Gerichte enthalten immer Eiweiß und Fett. Das entspricht ganz der Sears-Diät. Neben dem französischen haben wir noch das spanische Paradox. In den letzten zwanzig Jahren haben die Spanier insgesamt mehr Eiweiß, mehr Fett und weniger Getreide gegessen, doch die Herz-Kreislauf-Erkrankungen zeigen rückläufige Zahlen. Dies sind jedoch keine Paradoxe, sondern vielmehr Anpassungen der hormonellen Reaktionen in der Bevölkerung aufgrund einer veränderten Ernährung.

Die Chinesen essen sehr viel Reis, ist die Rate der Herzerkrankungen dort nicht sehr gering?
Nicht nach den Informationen des amerikanischen Fachverbandes, der American Heart Association. Die Rate der Herzerkrankungen bei männlichen Chinesen, die in der Stadt leben, ist fast genauso hoch wie bei Amerikanern. Chinesinnen, ob in der Stadt oder auf dem Land, leiden sogar häufiger an Herz-Kreislauf-Erkrankungen als Amerikanerinnen.

Ich bin besorgt über die in Obst und Gemüse enthaltenen Pestizide und die bei der Produktion von Rindfleisch und Geflügel verwendeten Hormone und Antibiotika. Was kann ich tun?
Diese Sorgen sind berechtigt. Sie sollten versuchen, Ihren Bedarf an Obst und Gemüse aus ökologischem Anbau zu decken und Fleisch und Eier aus artgerechter Haltung zu kaufen. Natürlich müssen Sie bereit sein, dafür deutlich höhere Preise zu zahlen und sich nach dem saisonalen Angebot zu richten. Das sollte jedoch kein Grund sein, nicht täglich bei jeder Mahlzeit auf das richtige Eiweiß-Kohlenhydrat-Verhältnis zu achten.

Ich habe kein Übergewicht. Warum sollte ich mich nach der Sears-Diät ernähren?
Die Sears-Diät ist genau genommen keine Diät, sondern eine hormonelle Kontrollmethode, die ein Leben lang angewendet

werden soll. Der Verlust an überschüssigen Fettreserven ist deshalb nur eine Nebenerscheinung, wenn auch eine sehr angenehme. Die Sears-Diät wurde ursprünglich für Patienten mit Herz- und Kreislauf-Beschwerden entwickelt und von Weltklassesportlern getestet. Alle übrigen Menschen befinden sich zwischen diesen beiden Extremen. Wenn Ihr Körperfett bereits im idealen Bereich liegt, Sie aber klarer denken und mehr leisten möchten, dann ist die Sears-Diät für Sie das Richtige.

Wann wurde die Sears-Diät entwickelt?

Seit 1984 wurde das Programm ständigen Tests und Überprüfungen unterzogen. Das gegenwärtige Programm stellt die siebte Revision seit der Entwicklung meiner ursprünglichen Methode zur Kontrolle hormoneller Reaktionen durch Ernährung dar. In *Das Optimum* finden Sie eine ausführliche Beschreibung zur Geschichte dieses Entwicklungsprozesses. Seit 1984 wurde die Sears-Diät von Tausenden von Menschen getestet.

Kann ich weiterhin zusätzliche Vitamine und Mineralien einnehmen?

Vitamine und Mineralien sind eine großartige und preiswerte Quelle zur Sicherstellung einer angemessenen Zufuhr an Mikronährstoffen. Die Sears-Diät, die ja vor allem aus fettarmem Eiweiß, Obst und Gemüse besteht, enthält jedoch bereits ausreichend Vitamine und Mineralien, deshalb sind kaum noch weitere Zusätze erforderlich. Den einzigen Zusatz, den ich dringend empfehle, ist die Einnahme von Vitamin E. Die Sears-Diät ist trotz allem eine insgesamt fettarme Diät und die größten Vitamin-E-Vorkommen in der Nahrung sind in Fett enthalten.

Was meinen Sie genau, wenn Sie von »mäßigem Konsum« bei ungünstigen Kohlenhydraten sprechen?
Die ungünstigen Kohlenhydrate (Getreide, Stärke, Brot und Nudeln) sollten nicht mehr als 25 Prozent der gesamten Kohlenhydratblöcke einer Mahlzeit ausmachen. Sie können als Zugabe, aber nicht als Hauptlieferant Ihrer Kohlenhydratzufuhr verwendet werden.

Muss ich auf Natrium besonders achten?
Nicht, wenn Sie der Sears-Diät folgen, denn zu viel Insulin aktiviert wiederum ein anderes Hormonsystem, das die Konservierung von Natrium im Körper fördert. Natürlich ist es immer sinnvoll, nicht zu viel Natrium zu verwenden.

Ich ernähre mich rein vegetarisch. Ist die Sears-Diät für mich geeignet?
Sie sollten der Diät einfach eiweißreiche vegetarische Nahrung zugeben, um das richtige Eiweiß-Kohlenhydrat-Verhältnis zu erreichen. Am besten geeignet sind fester Tofu und konzentriertes Sojabohneneiweißpulver. Es gibt außerdem sehr gute Fleischersatzprodukte (Hamburger, Würstchen etc.) aus Sojabohnen, damit können Sie Ihren Speisezettel bereichern. Die herkömmlichen vegetarischen Eiweißquellen wie zum Beispiel Bohnen sind im Vergleich zu ihrem Eiweißgehalt besonders kohlenhydratreich. Sie eignen sich deshalb zur Herstellung des gewünschten Eiweiß-Kohlenhydrat-Verhältnisses in der Sears-Diät nicht.

Welches Eiweißpulver ist am besten geeignet?
Ausgezeichnete Eiweißquellen sind konzentrierte Produkte aus Eiern und Milch und laktosefreies Molkepulver. Für Ve-

getarier ist konzentriertes Soja-Eiweißpulver gut geeignet. Eiweißkonzentrate in Pulverform sind in den meisten Reformhäusern und Bioläden erhältlich. Diese Präparate können kohlenhydratreichen Nahrungsmitteln wie Hafermehl beigemischt werden, um sie hormonell besser verträglich zu machen. Man kann sie auch dem Mehl beim Kochen und Backen zugeben und damit den Eiweißgehalt erhöhen.

Welchen Einfluss haben die verschiedenen Zubereitungsarten auf die Qualität der Makro- und Mikronährstoffe?
Die Art der Zubereitung hat wenig Einfluss auf die Makronährstoffe, allerdings kann übermäßige Hitze Eiweiß schädigen und Querverbindungen zu Kohlenhydraten verursachen. Auf die Mikronährstoffe wie Vitamine und Mineralien dagegen kann sich die Zubereitungsweise äußerst negativ auswirken, denn Vitamine sind sehr hitzeempfindlich. Mineralien können aus den Lebensmitteln auslaugen, wenn sie mit Wasser gekocht werden. Daher ist Dünsten ideal, es erhält die Mikronährstoffe im Gemüse und macht es dennoch gut verdaulich. Obst wird normalerweise roh gegessen, damit bleiben die Mikronährstoffe unversehrt erhalten. Je mehr Kohlenhydrate behandelt oder gekocht werden, desto schneller können sie in den Blutkreislauf eintreten. Aus diesem Grund sollte man Instantkohlenhydrate wie in Fertigreis oder Fertigkartoffeln vermeiden.

Soll ich eine Haupt- oder Zwischenmahlzeit auch dann essen, wenn ich nicht hungrig bin?
Ja, denn dann ist der beste Zeitpunkt, um das hormonelle Gleichgewicht zwischen zwei Mahlzeiten zu schaffen oder zu erhalten.

Kann diese Diät Schäden heilen, die mein Körper in den vergangenen Jahren erlitten hat?
Der Körper kann sich auf bemerkenswerte Weise wieder erholen, wenn man die richtige Methode anwendet. Die beste Möglichkeit ist eine Diät, die die hormonellen Reaktionen, welche den Heilungsprozess beschleunigen, in Einklang bringt.

Warum werden nicht alle Eiweiß-, Kohlenhydrat- und Fettmengen gezählt, die ich zu mir nehme?
Sie würden dafür vermutlich einen kleinen Computer benötigen. Aus diesem Grund haben wir die Blockmethode entwickelt, die den Fettgehalt und das Eiweiß berücksichtigt, das verdaut wird. Ebenso wird der Fettgehalt von fettarmem Eiweiß und der Insulin auslösende Kohlenhydratgehalt bei Kohlenhydraten berücksichtigt. Das vereinfacht die Berechnung bei der Zubereitung der einzelnen Mahlzeiten.

Kann ich auch durch eine flüssige Mahlzeit in den optimalen Bereich der Sears-Diät kommen? Und wenn nicht, warum nicht?
Eine flüssige Mahlzeit hat eine viel größere Oberfläche als ein festes Nahrungsmittel. Deshalb können die Verdauung und der Zeitpunkt des Eintritts der Makronährstoffe in den Blutkreislauf nicht so gut kontrolliert werden, was auch eine entsprechende Reduzierung der gewünschten Hormonkontrolle mit sich bringt. Flüssige Nahrungsmittel sind einfacher zuzubereiten, aber sie sind vom hormonellen Standpunkt aus nicht so günstig wie Lebensmittel in festem Zustand. Sie sollten flüssige Nahrungsmittel deshalb nur gelegentlich zu sich nehmen, wenn Sie keine Zeit zum Kochen haben.

Können sich Kinder ebenfalls nach der Sears-Diät ernähren?

Die Diät ist ideal für Kinder, weil der Aufenthalt im optimalen Bereich für sie noch wichtiger ist als für Erwachsene. Bei Kindern kann man von einem Körperfettanteil von 10 Prozent ausgehen, wenn man die Berechnung nach ihrer reinen Körpermasse anstellt. Diese kann je Aktivitätsfaktor noch um zwei Stufen erhöht werden. Damit ist eine angemessene Eiweißmenge für eventuelle Wachstumsschübe gesichert. Ein guter Eiweißlieferant ist Mozzarella, fast jedes Kind isst ihn gerne. Obwohl er verhältnismäßig viel gesättigtes Fett enthält, können Sie damit die Diät Ihres Kindes mit Eiweiß anreichern. Für Eltern ist es allerdings meist eine schwierige Aufgabe, dem Kind Obst und Gemüse anstelle von Nudeln und Brot schmackhaft zu machen.

Wie kann ich wissen, dass sich die Sears-Diät nicht nach zwei Jahren nur als eine der üblichen Diäten herausstellt, mit denen man zunächst große Erfolge erzielt hat?

Die Sears-Diät ist im Grunde keine Diät, sondern ein lebenslanges Konzept zur hormonellen Kontrolle, mit dem Sie Ihr genetisches Potenzial voll nutzen können. Die hormonellen Kontrollsysteme in unserem Körper haben sich im Laufe von 40 Millionen Jahren entwickelt und werden sich vermutlich nicht in kurzer Zeit verändern. Überraschenderweise basieren viele andere Diätformen geradezu auf Völlerei. Entweder darf man alle Kohlenhydrate essen, die man will (kohlenhydratreiche, fettarme Diäten), oder aber große Eiweiß- und Fettmengen zu sich nehmen (eiweißreiche, kohlenhydratarme Diäten). Die Sears-Diät ist dagegen auf Maßhalten aufgebaut, das heißt, dass bei jeder Mahlzeit nur begrenzte Eiweiß-, Kohlenhydrat- und Fettmengen erlaubt sind.

Mein Körperfettanteil ist in den Berechnungstabellen im Anhang C nicht enthalten. Was kann ich tun?
Gehen Sie zunächst von einem Körperfettanteil von 50 Prozent aus. Mit der Zeit werden Sie so viel Körperfett abbauen, dass Sie auch die Tabellen verwenden können. Gleichzeitig sollten Sie Ihre körperliche Aktivität stufenweise erhöhen, denn aufgrund des überschüssigen Körperfetts führen Sie ohnehin täglich rund um die Uhr ein leichtes Gewichtstraining durch.

Wissenswertes über Fett

Warum ist zusätzliches Fett notwendig?
Welche Auswirkungen hat es?
Paradoxerweise braucht man Fett, um Fett zu verbrennen, vorausgesetzt, dass es sich um einfach ungesättigtes Fett handelt. Bitte bedenken Sie, dass dies kein Vorwand ist, um Fettvöllerei zu betreiben, sondern deutlich machen soll, wie wichtig die Beigabe von vernünftigen Fettmengen bei jeder Mahlzeit ist. Fett verzögert zunächst den Eintritt der Kohlenhydrate in den Blutkreislauf und reduziert damit die Insulinproduktion. Außerdem lässt es ein Hormon (Cholecystokinin oder CCK) aus dem Magen frei werden, das dem Gehirn das Sättigungssignal gibt. Zum Dritten schließlich bildet es die Bausteine (zum Beispiel essentielle Fettsäuren) für die Eicosanoide. Der größte Teil der Fettzufuhr sollte in Form von ungesättigtem Fett erfolgen, die Menge richtet sich bei jeder Mahlzeit nach der des jeweiligen Eiweißes.

Kann ich auch zu viel Körperfett verlieren?
Es ist möglich, zu viel Körperfett zu verlieren. Wenn Sie also einmal einen für Sie zufrieden stellenden Körperfettanteil er-

reicht haben und Ihr Gewicht auf diesem Stand halten möchten, geben Sie Ihrer Diät lediglich mehr einfach ungesättigtes Fett zu. Dieses zusätzliche einfach ungesättigte Fett wirkt als Kalorienballast, der durch die zusätzlichen Kalorien dafür sorgt, dass Ihr Körperfettanteil auf diesem Stand bleibt, ohne dass der Insulinspiegel beeinflusst wird. Einfach ungesättigtes Fett hat keine Wirkung auf das Insulin, es ist hormonell neutral.

Warum ist ein Fettblock nur 1,5 Gramm?
Jeder Block fettarmes Eiweiß enthält ungefähr 1,5 Gramm an »verstecktem« Fett. Deshalb nehmen Sie mit einem zusätzlichen Fettblock (also 1,5 Gramm Fett) zu jedem fettarmen Eiweißblock in Wirklichkeit 3 Gramm Fett oder zwei Fettblöcke (einer ist im Eiweiß enthalten und einer wird von außen zugeführt) pro Eiweißblock zu sich. Wenn Sie fettfreie Eiweißlieferanten wie zum Beispiel konzentriertes Eiweißpulver verwenden, sollten Sie zwei zusätzliche Fettblöcke einnehmen, um das gleiche Verhältnis zu erreichen. Wenn Sie dagegen fettreicheres Eiweiß essen, ist das nicht notwendig. Bitte achten Sie darauf, dass jede zusätzliche Fettzugabe vorwiegend aus einfach ungesättigtem Fett besteht.

Kann ich meine Diät mit Leinsamenöl bereichern?
Ein zentrales Thema in meinem Buch *Das Optimum* behandelt die Reduzierung des Arachidonsäure-Gehalts durch Diät. Die Kontrolle des Insulinspiegels ist die wirksamste Methode, aber die Zugabe von Omega-3-Fettsäuren hat ebenfalls eine sehr positive Wirkung. Leinsamenöl ist reich an Alpha-Linolensäure (ALA), das ist eine Omega-3-Fettsäure, die auch die Produktion der Arachidonsäure einschränkt. Wenn Sie aber Omega-3-Öl zugeben möchten, empfehle ich Fischöl, denn es

ist reich an der besten Omega-3-Fettsäure, nämlich der Eicosapentaensäure (EPA). EPA hat – in Grammmengen gerechnet – eine zehnfach höhere Wirkung auf die Reduktion der Produktion von schlechten Eicosanoiden als ALA. Außerdem gebe ich Fischöl den Vorzug, weil die übermäßige Zufuhr von ALA in Leinsamenöl die Produktion der Gamma-Linolensäure (GLA), dem Baustein der guten Eicosanoide, etwas beeinträchtigt. Übermäßige Zufuhr bedeutet in diesem Zusammenhang eine Menge von mehr als einem Esslöffel pro Tag. Diese umfangreichen klinischen Forschungsergebnisse über die positiven Wirkungen von EPA sind überwältigend. Daher ist EPA im Vergleich zu ALA weit wirksamer, um Sie in den optimalen Bereich der Sears-Diät zu bringen. Bevor Sie Ihrer Diät jedoch extra Omega-3-Fettsäure zugeben, sollten Sie versuchen, diese direkt aus der Nahrung zu beziehen. Am meisten EPA enthält zum Beispiel Lachs. Natürlich könnten Sie auch dem Beispiel Ihrer Großmutter folgen und täglich eine angemessene EPA-Menge in Form von Lebertran zu sich nehmen.

Wodurch außer Lachs kann ich noch EPA zu mir nehmen und wie oft in der Woche sollte ich Fisch essen?
Außer Lachs enthalten auch Makrelen und Sardinen viel EPA, Thunfisch, Schwertfisch, Garnelen und Hummer etwas weniger. Sie sollten pro Woche ca. 300 Milligramm EPA zu sich nehmen. Diese Menge entspricht ungefähr einer Portion Lachs bzw. vier Portionen Thunfisch oder etwas ähnlichem pro Woche. Ein Esslöffel Lebertran enthält ungefähr 500 Milligramm EPA.

Wie kann ich sichergehen, dass das Fischöl frei von giftigen Rückständen ist?
Wenn Fischöl in Kapselform oder Lebertran cholesterolfrei ist, ist das ein sicherer Hinweis darauf, dass es molekular destillierte EPA enthält, das heißt, es ist frei von schädlichen chemischen Stoffen. Dieser Destillationsprozess ist sehr kostenaufwendig, denn die Chemikalien müssen herausgefiltert werden, ohne dass das empfindliche Fischöl geschädigt wird. In diesem Verfahren werden alle schädlichen und giftigen Rückstände und Pestizide entfernt, von denen kein Fisch frei ist. Spuren davon sind sogar in raffiniertem Fischöl enthalten.

Ich bin Vegetarier und esse deshalb kein Fischöl. Was kann ich tun?
In diesem Fall würde ich die Zugabe von Leinsamenöl als Lieferant von Omega-3-Fettsäuren zu Ihrer Diät empfehlen. Die Zugabe sollte aber auf einen Esslöffel raffiniertem Leinsamenöl pro Tag beschränkt werden, damit die natürliche Produktion von GLA nicht beeinträchtigt wird.

Feinabstimmung

Wie kann ich meinen hormonellen Verbrenner einstellen?
Jeder Mensch hat eine andere genetische Struktur. Der hormonelle Verbrenner basiert auf dem Eiweiß-Kohlenhydrat-Verhältnis, das bei Ihnen eine optimale hormonelle Reaktion hervorruft. Die hormonelle Reaktion kann, wie schon erläutert, leicht festgestellt werden, indem man vier bis fünf Stunden nach einer Mahlzeit genau beobachtet, wie man sich fühlt. Wenn man geistig klar ist und keinen Hunger hat, ist das Eiweiß-Kohlenhydrat-Verhältnis der letzten Mahlzeit das rich-

tige. Das Ziel besteht darin, jede Mahlzeit in diesem Verhältnis zusammenzustellen, damit stets die gleiche hormonelle Reaktion ausgelöst wird. Für die meisten Menschen ist das richtige Verhältnis 3 Gramm Eiweiß pro 4 Gramm wirksamer Kohlenhydrate. Zur genauen Feinabstimmung Ihres eigenen Verbrenners können Sie zunächst von diesem Verhältnis ausgehen und dann in beiden Richtungen Ihre Grenzen ausloten. Maßgebende Anhaltspunkte für den optimalen Zustand sind immer Hungergefühl und geistige Klarheit.

Ich bin trotz der Sears-Diät noch hungrig. Was kann ich tun?
Sie müssen Ihren hormonellen Verbrenner ein wenig anders einstellen, dafür ist immer Ihre letzte Mahlzeit maßgebend. Wenn Sie schon nach zwei oder drei Stunden wieder hungrig sind und aufgrund eines abgefallenen Blutzuckerspiegels eine Verminderung der geistigen Leistungsfähigkeit feststellen, haben Sie zu viele Kohlenhydrate im Verhältnis zu Eiweiß gegessen. Daraus folgt eine Produktion von zu vielen negativen Eicosanoiden, denn durch die erhöhte Insulinabsonderung haben Sie sich aus dem optimalen Bereich entfernt. Wenn Sie dieses Gericht wieder zubereiten, behalten Sie die gleiche Eiweißmenge bei, reduzieren aber die Kohlenhydratmenge um einen Block.

Wenn Sie andererseits vor Ablauf von vier bis sechs Stunden nach einer Mahlzeit wieder hungrig sind, dabei aber geistig konzentriert und klar, produzieren Sie zu viele positive Eicosanoide, das reduziert Ihren Insulinspiegel zu sehr. Der Insulinspiegel im Blutkreislauf fällt ab und das Gehirn signalisiert ein Hungergefühl, obwohl es noch ausreichend mit Blutzucker versorgt wird, deshalb bleibt die geistige Klarheit erhalten. Nehmen Sie daher, wenn Sie die gleiche Mahlzeit wieder zubereiten, einen zusätzlichen Kohlenhydratblock. So regulieren Sie Ihren persönlichen hormonellen Verbrenner, um in den zentralen optimalen Bereich zu gelangen. In beiden Fällen sollte den Mahlzeiten mehr einfach ungesättigtes Fett zugesetzt werden, weil Fett das Hormon Cholecystokinin (CCK) freisetzt, das wiederum das Sättigungsgefühl hervorruft.

Ich habe Verstopfung, was kann ich tun?
In der Sears-Diät wird der Stoffwechsel Ihres Körpers von Kohlenhydratverbrennung auf Fettverbrennung umgestellt. Diese Art von Stoffwechsel erfordert täglich wesentlich mehr Flüssigkeit, deshalb sollten Sie 50 Prozent mehr Wasser am Tag trinken. Wenn sich dadurch die Verstopfung nicht bessert, weist das darauf hin, dass vermutlich die in Ihren Fettzellen gespeicherte Arachidonsäure frei wird. Bei etwa 25 Prozent der Bevölkerung wird vorübergehend gespeicherte Arachidonsäure frei, das ist der Baustein der schlechten Eicosanoide, der in den gespeicherten Fettzellen enthalten ist. Die Anhäufung zusätzlicher Arachidonsäure in Ihrem gespeicherten Körperfett ist das Ergebnis Ihrer früheren Ernährungsweise. Der zeitlich begrenzte Anstieg der Arachidonsäure ruft Verstopfung hervor, weil dadurch die Wasserzufuhr in den Dickdarm verringert wird. Dies ist jedoch eine vorübergehende Erscheinung, die durch die Zugabe von zusätzlichem EPA ausgeglichen werden kann. Der beste EPA-Lieferant ist Fisch, eine gute Alternative ist auch Fischöl in Kapselform. Außerdem empfehle ich, bei jeder Mahlzeit etwas Vitamin C einzunehmen. Zusätzlich können Sie den Abbau der gespeicherten Fettreserven verlangsamen, indem Sie Ihren hormonellen Verbrenner durch die Zugabe eines extra Kohlenhydratblocks pro Mahlzeit etwas regulieren.

Soll ich die Anzahl der Eiweißblöcke reduzieren, während ich abnehme?

Nein, denn Ihr Gewichtsverlust besteht in reinem Fett. In unserem Konzept soll Ihre reine Körpermasse erhalten werden und dafür ist Eiweiß erforderlich. Im Grunde essen Sie in der Sears-Diät so, als ob Sie bereits Ihr Idealgewicht erreicht hätten. Die Eiweißmenge wird nur dann erhöht, wenn Sie körperlich deutlich aktiver werden, so dass sich in Ihrer reinen Körpermasse eine Veränderung abzeichnet. Zur genauen Bestimmung verwenden Sie bitte die Tabellen aus *Das Optimum*. Wenn Sie dagegen Übergewicht haben, sollten Sie Ihre reine Körpermasse zwei Wochen nach Einstieg in die Sears-Diät neu berechnen, da Sie gespeichertes Wasser verlieren können. Dieses gespeicherte Wasser könnte Ihre reine Körpermasse künstlich verändern und damit auch den tatsächlichen Eiweißbedarf hochtreiben. Mit der Neuberechnung ergibt sich Ihre unverfälschte reine Körpermasse, nach der sich der tägliche Eiweißbedarf richtet.

Soll ich mehr Eiweiß essen, wenn ich meine reine Körpermasse erhöhen möchte? Wenn ja, wie viel?

Unsere Muskelmasse kann nur durch körperliche Übungen, vor allem durch Gewichtstraining, erhöht werden. Wenn man 1000 Gramm neue Muskelmasse pro Monat zusätzlich erreichen möchte, ist das schon ein sehr hoch gestecktes Ziel. Dafür ist ein zusätzlicher Eiweißblock pro Tag zu der Anzahl der Eiweißblöcke, die man für die Erhaltung der bestehenden reinen Körpermasse braucht, erforderlich. 1000 Gramm neu entwickelter Muskeln entsprechen etwa 454 Gramm. Muskeln bestehen zu 70 Prozent aus Wasser, das heißt, in 1000 Gramm Muskeln sind etwa 136 Gramm Eiweiß enthalten. Wenn man 136 Gramm durch 30 Tage teilt, ergibt das pro Tag 4,5 Gramm zusätzlich erforderliches Eiweiß zum Aufbau neuer Muskeln. Wenn Sie jeden Tag einen zusätzlichen Eiweißblock (7 Gramm) zu sich nehmen, sind Sie für die Bildung von 1000 Gramm neuer Muskeln in einem Monat gut mit Eiweiß versorgt.

Wie kann ich die Diät verändern, wenn ich schwanger bin oder mein Kind stille?
In diesem Fall ist die Sears-Diät besonders empfehlenswert, um eine angemessene Eiweißversorgung zu sichern. Bei schwangeren Frauen wird die Eiweißmenge unabhängig von ihrer körperlichen Aktivität um zwei Stufen erhöht. Wenn Ihr körperlicher Aktivitätsgrad zum Beispiel bei 0,7 Gramm Eiweiß pro 1000 Gramm reiner Körpermasse liegt, sollten Sie ihn auf 0,9 Gramm Eiweiß pro 1000 Gramm reiner Körpermasse erhöhen. Stillende Mütter erhöhen ihren tatsächlichen körperlichen Aktivitätsfaktor um eine Stufe. In der Schwangerschaft muss aber vor jeder Umstellung der Ernährung der Arzt befragt werden.

Kann ich die Fettblöcke reduzieren, wenn ich auf den Eiweiß- und Kohlenhydratbedarf achte?
Sie können es, werden aber ironischerweise dadurch nicht sehr viel Fett verlieren. Die kleine Menge von zugesetztem Fett wirkt hemmend auf den Eintritt der Kohlenhydrate in den Blutkreislauf und damit wird die Insulinproduktion verringert. Wenn weniger Insulin produziert wird, können die gespeicherten Körperfettreserven besser abgebaut werden. Außerdem lässt Fett das Hormon Cholezystokinin (CCK) frei werden, das für das Sättigungsgefühl zwischen den Mahlzeiten sorgt. Natürlich sollte jedes der Nahrung zugesetzte zusätzliche Fett vor allem in Form von einfach ungesättigtem Fett wie Olivenöl, Guacomole, Mandeln oder Macadamianüssen bestehen.

Wo kann ich mich weiter informieren?
Besuchen Sie meine Website unter http://www.eicotech.com. Diese Website ist ein virtuelles Online-Optimum-Magazin mit wöchentlich aktualisierten Rezepten, Neuigkeiten aus der medizinischen Forschung und weiteren hilfreichen Tipps, wie man im optimalen Bereich bleiben kann.

15
Berichte aus dem optimalen Bereich

Der Aufenthalt im optimalen Bereich der Sears-Diät lässt Sie klarer denken, mehr leisten und besser aussehen. Die kraftvolle Wirkung dieser Ernährungsmethode geht aber über diese Vorteile noch weit hinaus. Sie wurde ursprünglich entwickelt um Patienten ohne Alternative zu behandeln, das heißt, Menschen, deren Krankheit entweder nicht behandelbar ist oder für die eine Behandlungsmethode nicht geeignet ist.

Die Kontrolle über die Hormone wird der Schlüssel für die Medizin des 21. Jahrhunderts sein und ein großer Teil dieser Kontrolle wird über die tägliche Nahrung erreicht. Bei Eintritt in den optimalen Bereich, können Sie von dieser Tatsache profitieren. Wenn Sie sich im optimalen Bereich der Sears-Diät befinden, sind Sie in der Lage, die Eicosanoide als die wirksamsten Hormone in Ihrem Körper zu kontrollieren. Es gibt über 100 verschiedene Arten dieser Hormone, jede Körperzelle wird von ihnen beeinflusst, und sie entscheiden letztendlich über Ihren Gesundheiheitszustand. Über den Insulinspiegel können Sie auch diese Hormone kontrollieren und der Insulinspiegel wiederum wird durch Ihre Ernährung reguliert. Wenn Sie mit Ihrer Nahrung ebenso respektvoll umgehen wie mit einem verschreibungspflichtigen Medikament, sind einschneidende Veränderungen möglich.

Ich habe dies schon mehrmals bekräftigt, vielleicht möchten Sie auf den folgenden Seiten nun auch die Meinung anderer Menschen über die Sears-Diät und ihre Wirkung auf ihr

Leben hören. Vielleicht beginnen diese Berichte so wie Ihre eigenen oder wie solche, die Sie aus dem Bekanntenkreis kennen. Unsere Geschichten enden jedoch immer im optimalen Bereich.

Normalerweise wird Gesundheit erst dann wirklich geschätzt, wenn vom Arzt schlechte Nachrichten kommen. Eine der schlimmsten Diagnosen ist sicher der Ausfall eines wichtigen Organs – eine Organtransplantation kann eine erschreckende Aussicht sein. Transplantationen werden zweifellos nur dann durchgeführt, wenn das Leben auf dem Spiel steht.

Die Lungen von Mary P. waren so geschädigt, dass sie eine Transplantation beider Lungenflügel auf sich nehmen musste, um zu überleben. Sie begann 1994 mit der Sears-Diät und gewann im 20-Kilometer-Gehen bei der Internationalen Olympiade der Transplantierten (World Transplant Games) 1995 die Goldmedaille. Jetzt nimmt sie mit 49 Jahren regelmäßig an 100-Meilen-Wettläufen teil. Mary P. glaubt, dass die Sears-Diät bei ihrer Leistungsfähigkeit eine wichtige Rolle spielt.

Nicht nur bei Organtransplantationen geht es um Leben und Tod, oft ist das auch bei Krebs der Fall. Willard H. war an Prostatakrebs erkrankt, er schreibt uns:

»Ich komme gerade von der Mayoklinik zurück, in der ich meine jährlichen Kontrolluntersuchungen durchführen lasse. Die Ergebnisse waren gut, es sind keine Anzeichen von Prostatakrebs mehr erkennbar. Meine Cholesterolwerte sind von 210 auf 150 zurückgegangen. Ich möchte Ihnen zur Sears-Diät gratulieren und mich bedanken. Ich habe auch mit meinen Ärzten darüber gesprochen, sie sind keine Ernährungsfachleute, aber sie halten das Konzept für gut. Ihre Meinung dazu hat für mich aber ohnehin keine große Bedeutung. Ich werde mich mein ganzes Leben nach dieser Diät ernähren, und ich glaube, dass sie sehr viel dazu beigetragen hat, dass bei mir keine Krebszellen mehr feststellbar sind.

Der optimale Bereich der Sears-Diät bedeutet gleichzeitig mehr Lebensqualität. Aus diesem Grund freue ich mich auch über den Brief von Joan S. besonders, sie schreibt:

»Die ›unheilbare‹ Multiple Sklerose geht seit 16 Jahren zurück, ich fühle mich wie ein lebendes Wunder. Gut, dass ich täglich Aufzeichnungen gemacht habe, denn es scheint unglaublich. Ich kann es selbst kaum glauben.«

Noch ermutigender sind Briefe von Menschen, die seit Jahrzehnten mit Medikamenten behandelt wurden. So schreibt uns Louise P.:

»Seit 40 Jahren nahm ich Schilddrüsenmedikamente und Antidepressiva. Zusätzlich hatte ich einen Bluthochdruck von 180/95, der nur durch Arzneimittel unter Kontrolle gehalten wurde. Seitdem ich von Ihrem Konzept gehört habe und mich nach der Sears-Diät ernähre, bin ich ein gesunder Mensch. Ich nehme weder Schilddrüsenmedikamente noch Antidepressiva, noch Blutdruck senkende Mittel, denn mein Blutdruck ist jetzt bei 120/70. Ich bedanke mich zusammen mit meiner Familie aus ganzem Herzen für die Wiederherstellung meiner Gesundheit durch Ihre Diätrichtlinien.«

Eine Absenkung des Bluthochdrucks ist häufig anzutreffen, Steve W. schreibt uns dazu:

»Ich habe Ihr Konzept ausprobiert und bin sehr zufrieden. Mein Blutdruck war bei 132/103. Sogar nachdem ich alle Süßigkeiten aufgegeben hatte und mein Gewicht auf 172 Pfund zurückgegangen war, hatte sich mein Bluthochdruck nicht verändert. Nach 45 Tagen mit der Sears-Diät fiel er dagegen auf 103/73. Ich glaube, Sie haben mein Leben gerettet. Es ist mir schwer gefallen, auf so viele meiner Lieblingsspeisen wie Brot, Pizza und Reis zu verzichten. Jetzt aber habe ich neue Lieblingsspeisen entdeckt, dazu gehören Kirschen, Pfirsiche, Heidelbeeren, Putenbrust und vieles andere. Ich glaube, das ist ein sehr geringer Preis für ein längeres Leben.«

Pat G. schrieb mir folgendes:

»Ich wog 205 Pfund und war Diabetikerin Typ II. Durch die Medikamente war ich immer etwas benommen. Nach 4 Monaten mit der Sears-Diät habe ich 41 Pfund abgenommen und ich fühle ich mich großartig. Mein Körper verändert sich noch immer, denn während ich ständig an Gewicht verliere, entwickeln und formen sich meine Muskeln. Ich brauche keine Medikamente mehr, mein Blutzuckerspiegel bleibt immer mehr im normalen Bereich. Meine Beine und mein Rücken schmerzen kaum noch, sogar mein Arzt kann es kaum glauben.«

So wie Pat haben viele Menschen im optimalen Bereich der Sears-Diät erlebt, dass der Blutzuckerpegel unter Kontrolle gehalten wird. Fedore L. schreibt uns dazu:

»Im September entwickelte sich bei mir ein trockenes Gefühl wie von Sägemehl im Mund, in der Leber verspürte ich schmerzhafte Stiche und außerdem war im Urin ein wenig Schaum zu erkennen. Am 13. Oktober ließ ich beim Arzt einen Bluttest vornehmen, das Ergebnis war ein Nüchternblutzuckerspiegel von 288 und eine Leberentzündung. Der Arzt verschrieb mir ein Medikament für Diabetes, nach 6 Wochen sollte der Test wiederholt werden. Ich überlegte ernsthaft, es anstelle der Medikamente mit der Sears-Diät zu versuchen. Als ich diese Überlegungen meinem Arzt mitteilte, reagierte dieser erwartungsgemäß nicht positiv. Schließlich stimmte er aber einer Versuchsperiode von vier Wochen zu. Ich habe ihm gestanden, dass ich meinen Körper in den letzten 40 Jahren (ich bin jetzt 71) sehr vernachlässigt hatte, deshalb wollte ich ihm die Chance geben, sich zu erholen. Unter Todesangst hielt ich mich peinlich genau an die Vorgaben der Sears-Diät und nach Ablauf der vier Wochen zeigte mein Blutzuckertest ein ganz normales Ergebnis, 103. Dann begab ich mich absichtlich ein wenig außerhalb des optimalen Bereichs und schon eine Woche später war mein Blutzucker wieder auf 126 gestiegen. Ich bin der festen Überzeugung, dass Nahrung wie ein Medikament behandelt werden muss.«

Schmerzfreiheit trägt entscheidend zur Lebensqualität bei, deshalb habe ich mich über einen Brief von Belinda D. sehr gefreut. Belinda ist nicht nur übergewichtig, sondern sie hat sich auch auf Grund von Stress wiederholt Verletzungen zugezogen, die drei Operationen erforderlich machten. Sie nahm pro Tag 18 Aspirin ein, um die Schmerzen zu bekämpfen. Belinda schreibt in ihrem Brief:

»Als ich in einer Buchhandlung nach Ihrem Buch griff, wollte ich es gleich wieder ins Regal zurückstellen und meinen Schwur erneuern, kein neues Diätprogramm mehr auszuprobieren. Was mich dann schließlich veranlasste, das Buch zu kaufen, war der Abschnitt über chronische Krankheiten und Arthritis. Was das anging war ich bereit, alles zu versuchen. Ich hielt mich einen Monat lang an die Sears-Diät, und meine Schmerzen haben sich so weit verringert, dass ich überhaupt keine Medikamente mehr einnehmen musste und tatsächlich schmerzfrei wurde. Der damit einhergehende Gewichtsverlust war für mein Lebensgefühl ein weiterer Pluspunkt. Ich habe in den letzten fünf Monaten 40 Pfund abgenommen. Bis zu meinem Idealgewicht liegt noch ein weiter Weg vor mir, aber ich fühle mich nicht unter Druck. Mein Mann war mit der Sears-Diät genauso erfolgreich. Er hat jetzt sein Idealgewicht von 178 Pfund (ausgehend von 220 Pfund) erreicht, es ist, als hätte ich einen ganz neuen Mann an meiner Seite. Den größten Aufschwung hat er in seinem psychischen Wohlbefinden erlebt. Herzlichen Dank für die Veröffentlichung dieser Informationen in einer so klaren und prägnanten Weise.«

Es gibt viele Geschichten dieser Art, aber ich glaube, die ausgewählten Beispiele machen den entscheidenden Punkt deutlich, nämlich dass Nahrung wie ein starkes Medikament wirken kann, wenn sie richtig verwendet wird.

Wie steht es mit übergewichtigen Menschen, die durch körperliche Übungen an Gewicht verlieren möchten? Steve G. hat uns geschrieben, dass er vor drei Jahren 313 Pfund wog. Er war entschlossen, sein Leben zu ändern, und begann, Rad zu fahren und 1½ Stunden am Tag zu laufen. Er hielt sich strikt an eine kohlenhydratreiche und fettarme 1000-Kalorien-Diät. Nach einem Jahr wog er 250 Pfund, doch in den folgenden eineinhalb Jahren behielt er seine körperlichen Aktivitäten mit der gleichen Diät bei, ohne weiter abzunehmen. In seinem Brief an mich schreibt er:

»Letzten Sommer habe ich Ihr Buch entdeckt und konnte kaum glauben, wie einleuchtend das ganze Konzept ist. Ich habe meine körperlichen Aktivitäten etwas reduziert und angefangen mehr Fett zu essen. Durch die Anwendung Ihrer Methode hat sich mein Gewicht auf 205 Pfund reduziert, ich strebe aber ein Gewicht von 174 Pfund an. Darüber hinaus bin ich voller Energie, während ich bei den anderen Diäten immer etwas erschöpft war. Ich kann nur sagen, die Sears-Diät funktioniert wirklich.«

Die beste Zusammenfassung kam vermutlich von Len D.:

»Normalerweise schreibe ich keine Fanpost, aber nachdem ich in der New York Times von Ihren Forschungsergebnissen gelesen hatte, war mein Interesse so geweckt, dass ich Ihr Buch kaufte. Die Behauptung, dass das eine der besten Investitionen in meine Gesundheit war, wäre eine glatte Untertreibung. Während ich Ihr Buch las, hatte ich das Gefühl, es wäre nur für mich geschrieben worden. Es war wie eine Offenbarung, die mir überaus sinnvoll erschien. Nach drei Tagen mit der Sears-Diät schmolzen meine Körperfettreserven dahin, die Hungergefühle verschwanden. Ich konnte plötzlich nur noch 80 Gramm Eis essen und hatte nicht mehr das Bedürfnis, die ganze Packung zu verspeisen. Dabei hatte ich schon seit vielen Jahren nur noch fettarmes Eis gegessen, es war einfach unglaublich. Auch wenn es sich etwas dramatisch anhört, möchte ich Ihnen sagen, dass Sie entscheidend dazu beigetragen haben, dass ich mein Leben wieder in die eigene Hand nehmen kann. Das ist ein so kraftvolles Gefühl, dass ich Ihnen einfach schreiben und mich persönlich bedanken musste. Vielleicht klingt das wie ein Werbespot im Fernsehen, aber meine Energie hat sich verdreifacht, meine Kleidung musste enger gemacht werden und ich betrachte Nahrung nun mit ganz anderen Augen. Sie ist keine Belohnung mehr für mich, auch wenn ich immer noch sehr gerne esse, sondern ein notwendiger Kraftstoff, der richtig zusammengestellt werden muss, mit dem man die größtmögliche Energie erzeugen kann. Ihr Vergleich von Nahrung mit einem starken Medikament ist einfach und dennoch brillant. Warum bin ich nicht selbst darauf gekommen? Ich wünsche Ihnen weiterhin Erfolg auf Ihrem Kreuzzug, bitte setzen Sie meinen Namen auf die Liste der Menschen, denen Sie damit Erfolg gebracht haben.«

Natürlich freue ich mich sehr über alle Dankesschreiben, Briefe und Berichte von Menschen, deren Leben sich verändert hat. Aber ich sage all diesen Menschen, dass nicht ich ihr Leben verändert habe, sondern sie selbst. Ich habe ihnen lediglich das Werkzeug dafür in die Hand gegeben, die Anerkennung steht ihnen selbst zu. Vielleicht haben all diese Geschichten auch bei Ihnen etwas ausgelöst.

Ich hoffe, dass einige dieser Berichte das Potential der Sears-Diät und ihre Wirkung auf Gesundheit und Leistungsfähigkeit verdeutlicht haben. Die Sears-Diät ist alles andere als revolutionär (schließlich haben Sie ja all das schon von Ihrer Großmutter gehört), Sie müssen Nahrung einfach nur mit anderen Augen, also unter dem hormonellen Aspekt, betrachten und Verantwortung dafür übernehmen, was Sie essen.

Das ist sicher ein geringer Preis für einen optimalen Gesundheitszustand.

16
Berichte von der Olympiade

Obgleich die Sears-Diät zur Behandlung von Krankheiten entwickelt wurde, kann die gleiche hormonelle Kontrollmethode auch sportliche Leistungen entscheidend verbessern. Alle vier Jahre wird diese Behauptung bei den Olympischen Spielen einer Feuerprobe unterzogen.

Ein wichtiges Ereignis in der Entwicklung der Sears-Diät war vor vielen Jahren ihre Einführung bei den Schwimmtrainern der Stanford-Universität, Skip Kennedy und Richard Quick. Die beiden waren davon überzeugt, dass die Sportler mit dieser Methode zu noch weitaus höheren Leistungen fähig seien würden. Deshalb waren sie auch bereit, die neue Diät in ihr Hochleistungsprogramm einzubauen. 1992 erhielten sie für diese Überzeugung eine schöne Bestätigung, denn die Schwimmer von Stanford gewannen in Barcelona acht Goldmedaillen.

1996 waren Richard und Skip Chefbetreuer der amerikanischen Schwimmerinnen und Schwimmer bei der Olympiade. Das ist nicht erstaunlich, wenn man weiß, dass sie acht der letzten zehn NCAA-Schwimmmeisterschaften (National Collegiate Athletic Association) gewannen, seitdem sie 1992 die Sears-Diät in das Trainingsprogramm für die Schwimmerinnen und Schwimmer aufgenommen haben.

Auch 1996 waren die Sportler bei den Olympischen Spielen in Atlanta ebenso erfolgreich wie 1992. Die Schwimmer erzielten wieder acht Goldmedaillen, wie beim letzten Mal, außerdem gab es noch eine weitere Goldmedaille in Leichtathletik.

Jeff Rouse verfehlte 1992 eine olympische Goldmedaille beim 100-Meter-Rückenschwimmen nur um eine Hundertstelsekunde. 1996 wollte er es noch einmal versuchen. In den dazwischen liegenden vier Jahren galt er als einer der besten Rückenschwimmer der Welt. In Atlanta erreichte er schließlich sein Ziel und gewann die Goldmedaille, der er vier Jahre zuvor schon so nahe gewesen war. Außerdem gewann er im Staffellauf in Atlanta eine weitere Goldmedaille, so dass er zusammen mit der 1992 schon im Staffellauf erhaltenen Goldmedaille nun drei Gold- und zwei Silbermedaillen in zwei Olympiaden besaß.

Jenny Thompson war während ihrer vier Jahre in Stanford die absolute Favoritin unter den Schwimmerinnen. In Atlanta gewann sie drei Goldmedaillen, so dass sie zusammen mit zwei Goldmedaillen aus Barcelona die amerikanische Sportlerin mit den meisten Goldmedaillen in einer Sportart ist. Lisa Jacob, ihre Mannschaftskollegin aus Stanford, gewann in Atlanta ebenfalls eine Goldmedaille.

Angel Martino war im Alter von 29 Jahren die älteste Schwimmerin in einer amerikanischen Olympiamannschaft. Sie hatte sich nicht nur für eine Disziplin, sondern gleich für vier qualifiziert. Ihr Ehemann, Dr. Mike Martino, ist ein Sportfacharzt, der sich vor einigen Jahren mit mir in Verbindung setzte, nachdem er von der Sears-Diät und der Stanford-Schwimmmannschaft gelesen hatte. Für ihn war das ganze Konzept sehr einleuchtend. Seitdem trainiert Angel ohne ein festes Programm, nur nach ihrer eigenen Laune und der Sears-Diät. Ihr Erfolg in Atlanta spricht für sich: zwei Goldmedaillen und zwei Bronzemedaillen.

Medaillen aber sind nicht das einzige Ziel in den Olympischen Spielen, es ist eine Gelegenheit für einen Wettkampf der internationalen Elitesportler. Allein schon die Teilnahme bei einer Olympiade ist der Traum eines jeden Sportlers und aus diesem Grund sind auch einige der anderen Geschichten aus Stanford aufschlussreich.

Zum Beispiel der Fall von Kurt Grote, der 1992 nach Stanford kam. Damals waren seine Leistungen für ein Sportstipendium nicht ausreichend. 1996 aber wurde er Mitglied des amerikanischen Olympiateams, wohl eine der höchsten Auszeichnungen, die ein Schwimmer erreichen kann. Ein anderer Sportler, Ray Carey, erlitt eine so schwere Nervenverletzung am Arm, dass die Ärzte in Standford ihm mitteilen mussten, er werde nie wieder schwimmen können. An ein Wettschwimmen im Schmetterlingsstil sei gar nicht zu denken. Doch Ray gewann im letzten Jahr nicht nur die Landesmeisterschaften, sondern wurde 1996 ebenso wie Kurt Mitglied der Olympiamannschaft.

Zu den Teilnehmern der Olympiade 1996 gehörten nicht nur die Schwimmer, die sich nach der Sears-Diät ernährten. In Leichtathlektik war es Alvin Harrison, den seine Leistungen im vergangenen Jahr so enttäuscht hatten, dass er mit dem Laufen aufhörte. Als er aber mit der Sears-Diät begann, erreichte sein Training einen neuen Höchststand, und er bemühte sich noch einmal, Mitglied der olympischen Mannschaft zu werden. Bei den Ausscheidungswettkämpfen im Juni war er beim 400-Meter-Lauf eine ganze Sekunde schneller und wurde damit zur Olympiade zugelassen. Schließlich erzielte er dann im 4 x 400-Meter-Staffellauf die Goldmedaille.

Außerdem möchte ich den Fall des legendären Strandvolleyballspielers Sinjin Smith erwähnen, der im Alter von 39 Jahren bei der Olympiade in Atlanta vertreten war.

Die Ernährung dieser Spitzensportler unterscheidet sich nur geringfügig von der jener Menschen, von denen im vorhergehenden Kapitel zu hören war. Tatsächlich ähneln diese Diäten jenen, die in Kapitel 8 für einen typischen Amerikaner empfohlen werden. Der Unterschied besteht lediglich darin, dass die Sportler mehr Eiweiß und mehr Fett als andere Personen zu sich nehmen müssen. Im Grunde hat jeder Mensch die Möglichkeit, zumindest wie ein Olympiasportler auszusehen, wenn er auch nicht die gleichen Leistungen erbringen kann.

17
Kritische Stimmen

Mir ist klar geworden, dass Religion und Ernährung zwei Bereiche sind, die Menschen im Inneren tief berühren, denn beide beruhen mehr auf Glaubensvorstellungen als auf wissenschaftlichen Tatsachen. Die Wissenschaft kann zwar die Religion nicht erklären, wohl aber die Ernährung, vorausgesetzt, sie wird von einem hormonellen Standpunkt aus betrachtet. Ganz offen gesagt, gibt es keine gute oder schlechte Ernährung, nur eine hormonell ausgewogene, die darauf basiert, was ein Mensch isst. Meine Definition für eine hormonell ausgewogene Diät lautet daher, dass mit ihr die Insulinproduktion unter Kontrolle gehalten werden muss – sie soll weder zu hoch noch zu niedrig sein. Viele Kritiker bezeichnen die Sears-Diät als eiweißreich, dies entspricht nicht der Wahrheit. Es ist eine Diät mit einer angemessenen Eiweißmenge. Die Sears-Diät als kohlenhydratarm zu bezeichnen ist ebenfalls nicht zutreffend, denn tatsächlich enthält sie mehr Kohlenhydrate als Eiweiß. Es ist vielmehr eine Diät mit einem mäßigen Kohlenhydratanteil. Ebenso wenig handelt es sich um eine fettreiche Diät, denn es wird nicht mehr Fett konsumiert als in einer typisch vegetarischen Diät. Die richtige Definition der Sears-Diät ist die einer Ernährung mit einer angemessenen Menge Eiweiß, einem mäßigen Kohlenhydratanteil und einer geringen Menge Fett. Außerdem wird viel Obst und Gemüse gegessen. In *Das Optimum* habe ich die wissenschaftliche Grundlage für diese Art von hormoneller Diät dargelegt.

Um eine hormonell ausgewogene Diät zu definieren, müssen zunächst die medizinischen Kriterien erläutert werden, nach denen ihr Erfolg bewertet werden kann. In Kapitel 12 habe ich diese Kriterien bereits ausgeführt, ich möchte sie hier noch einmal wiederholen. Eine hormonell ausgewogene Diät zeigt sich in folgenden Ergebnissen:

1. Verlust an überschüssigem Körperfett (nicht nur an Gewicht),
2. mehr Energie und Wohlbefinden,
3. Verminderung des Verhältnisses von Triglyceriden zu HDL-Cholesterol,
4. Verminderung des Nüchterninsulinspiegels,
5. Verminderung des glykolysierten Hämoglobins.

Jede dieser Voraussetzungen muss erfüllt sein, bevor eine Diät als hormonell ausgewogen bezeichnet werden kann, denn sie alle stehen in Zusammenhang mit der Reduzierung des Insulinspiegels.

Ein Bluttest bestimmt eindeutig, ob all die genannten Kriterien auch erfüllt sind. Er stellt eine durchaus fundierte wissenschaftliche Tatsache dar, unabhängig von der Art der Diät. In Ihrem Blutbild zeigt sich, ob das Insulin unter Kontrolle ist und damit der optimale Bereich erreicht wurde. Nur wenn das der Fall ist, kann Ihre Diät als hormonell ausgewogen bezeichnet werden.

Seit der Erscheinung meines Buches *Das Optimum* wurden auch andere wichtige Studien veröffentlicht, die mein Konzept in Bezug auf die Beziehung zwischen erhöhtem Insulin und Herzerkrankungen untermauern. Die erste erschien 1996 in der medizinischen Fachzeitschrift »New England Journal of Medicine«, sie ergab, dass schon ein geringer Anstieg des Insulinspiegels einen entscheidenden Hinweis darauf liefert, ob ein Mensch zu Herzerkrankungen neigt oder nicht. Die zweite derartige Studie erschien in »Coronary Artery Disease«. Sie zeigte, dass die Existenz und das Ausmaß einer Herz-Kreislauf-Erkrankung in enger Beziehung zu einem geringen Anstieg von Seruminsulin steht. Diese beiden Studien bestätigen die grundlegende Aussage in *Das Optimum*: Erhöhtes Insulin stellt ein besonders großes Gesundheitsrisiko dar.

Auch die jüngsten Forschungsergebnisse der Harvard Medical School, die 1995 zuerst bei einer Versammlung der American Heart Association vorgelegt wurden, untermauern diese Erkenntnis. Ein Untersuchungsbericht dieser Universität beweist, dass das Verhältnis der Triglyceride zu HDL-Cholesterol einen entscheidenden Hinweis auf potentielle Herzerkrankungen darstellt. Dieses Ergebnis ist nicht überraschend, denn sowohl erhöhte Triglyceride wie auch verminderte HDL-Cholesterol-Werte stehen in enger Beziehung zu Insulinresistenz und Hyperinsulinismus. Die Studie ergab, dass Patienten mit hohen Triglyceriden im Verhältnis zu HDL-Cholesterol ein 17-mal höheres Risiko haben, einen Herzanfall zu erleiden, als jene mit einem niedrigen. Ein derartig hohes Risiko ist wohl Grund genug, das Verhältnis von Triglyceriden und HDL-Cholesterol unter Kontrolle zu halten.

Der Zusammenhang zwischen Völlerei, Insulin und Herzerkrankungen wird also immer klarer. In einer weiteren Studie der Harvard Medical School, die 1995 veröffentlich wurde, stellte sich heraus, dass Frauen, die nach dem 18. Lebensjahr mehr als 15 bis 20 Kilogramm zunehmen, einem deutlich erhöhten Risiko einer Herzerkrankung unterliegen. Da diese Untersuchung mit 115 000 Krankenschwestern durchgeführt wurde, darf ihr aufgrund der hohen Teilnehmerzahl einige Bedeutung beigemessen werden. Diese Studie wurde ebenfalls in der Fachzeitschrift »Journal of the American Medical Association« publiziert und verdeutlicht weiterhin, dass die neuen, 1990 in Amerika veröffentlichten Richtlinien für das ideale

Körpergewicht eine große Anzahl von Frauen in falscher Sicherheit wiegen. Ihr Gewicht kann durchaus noch innerhalb dieser Normzahlen liegen, dennoch unterliegen die Frauen aufgrund dessen dem potentiell vermeidbaren Risiko einer Herzerkrankung.

Eine Studie der Stanford-Universität hat sich mit der Beziehung zwischen Kohlenhydraten und Fettzufuhr und deren Auswirkung auf das Insulin befasst. Dazu wurden verschiedene Diätarten untersucht, die übergewichtige Patienten mit Diabetes Typ II (übermäßige Insulinproduktion) durchführten. Es zeigte sich, dass die Patienten mit einer fettreicheren (wobei es sich um einfach ungesättigtes Fett handelt) und kohlenhydratreduzierten Diät in überwachten klinischen Tests sehr viel besser abschnitten als die Vergleichsgruppe, die sich nach der üblicherweise empfohlenen kohlenhydratreichen Diät ernährte. Wenn aber eine fettreichere, kohlenhydratreduzierte Diät für übergewichtige, übermäßig viel Insulin produzierende Diabetiker vom Typ II vorteilhafter ist, warum sollte sie dann nicht auch für andere übergewichtige Menschen mit einem hohen Insulinspiegel besser sein?

Viele meiner Kritiker stützen sich auch auf epidemiologische Studien, um die Vorteile einer kohlenhydratreichen Diät zu belegen. Sie behaupten, dass eine Studie (wie die der Stanford-Universität), die über einen Zeitraum von weniger als einem Jahr angelegt ist, keine Bedeutung hat, da sich eine Herzerkrankung über einen weit größeren Zeitraum entwickelt. Wenn man aber epidemiologische Statistiken über Herzerkrankungen genauer betrachtet, scheinen nur die Zahlen über die Sterblichkeitsrate wirklich zu zählen. Die Zahlen der American Heart Association (amerikanischer Ärztefachverband) sind in den Abbildungen 17.1 und 17.2 aufgeführt. Hieraus ersehen Sie, dass die Sterblichkeitsrate bei Herz-Kreislauf-Erkrankungen in verschiedenen Bevölkerungsgruppen interessante Paradoxa aufweist.

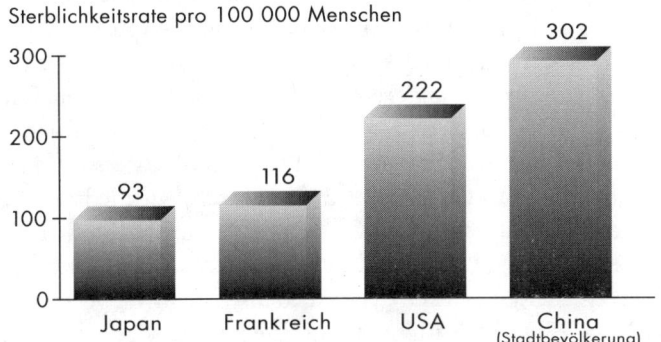

Abb. 17.1. Sterblichkeitsrate bei Herz-Kreislauf-Erkrankungen (Frauen)

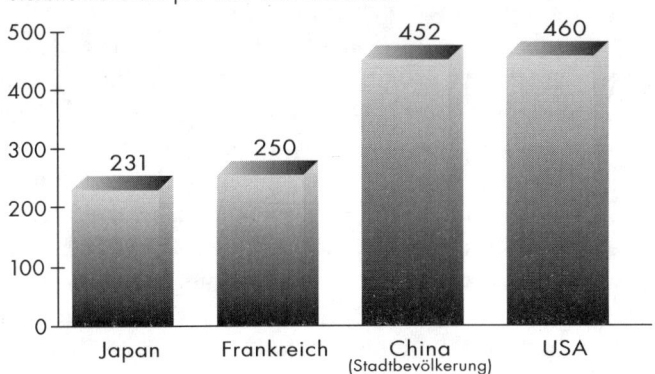

Abb. 17.2. Sterblichkeitsrate bei Herz-Kreislauf-Erkrankungen (Männer)

An diesen Zahlen zeigt sich ganz deutlich, dass die Sterblichkeitsrate aufgrund von Herz-Kreislauf-Erkrankungen in Japan und in Frankreich sehr gering ist, obwohl man sich in beiden Ländern sehr unterschiedlich ernährt. Ist nun die eine Ernährungsweise der anderen überlegen? Ich für meinen Teil liebe sowohl die japanische als auch die französische Küche. Und was ist mit den Chinesen, die sehr viel Reis essen, aber nicht annähernd so viel Eiweiß (z. B. in Fisch) wie die Japaner. Die Sterblichkeitsrate eines Chinesen, der in der Stadt lebt (also keine schwere körperliche Arbeit verrichtet, die den Insulinspiegel senken würde), ist fast ebenso hoch wie bei einem Amerikaner. Deshalb treffen pauschale Aussagen, dass große Mengen von fettarmem Reis das Herzinfarktrisiko vermindern, vielleicht für einen japanischen, nicht aber für einen chinesischen Städter zu.

Diese Zahlen zeigen lediglich, dass epidemiologische Studien irreführend sein können. Charles Hennekens von der Harvard Medical School sagt dazu: »Die Epidemiologie ist eine grobe und ungenaue Wissenschaft. 80 Prozent der Fälle sind beinahe als hypothetisch anzusehen.« Die Stärke der Epidemiologie ist die Aufstellung einer Hypothese aus weitläufigen Bevölkerungsstudien. Durch kontrollierte klinische Experimente kann dann diese Hypothese bestätigt oder widerlegt werden.

Die Behauptung, dass kohlenhydratreiche Diäten tatsächlich besser sind, könnte durch Langzeitstudien belegt werden, in denen eine Diät äußerst genau kontrolliert wird. Nach meinem Wissensstand wurde eine solche Studie 1995 veröffentlicht. In dieser speziellen Studie ernährten sich herzkranke Patienten über einen Zeitraum von fünf Jahren mit einer kohlenhydratreichen, vegetarischen Diät, die mit körperlichen Übungen und einem Programm zur Stressverminderung kombiniert war.

Obwohl sich die Blutzirkulation bei diesen Patienten verbesserte, erhöhte sich im Laufe der fünf Jahre das schon zu Beginn hohe Verhältnis von Triglycerin zu HDL-Cholesterol (das den Hinweis auf den Insulinspiegel gibt) um weitere 25 Prozent. Wenn man nun den vorher erwähnten Forschungsergebnissen der Harvard Medical School Glauben schenkt, ist ein Anstieg dieses Verhältnisses kein Anzeichen für einen langfristig guten Gesundheitszustand. Der führende Autor dieser Studie, Dr. K. Lance Gould, ein anerkannter Kardiologe, schrieb 1996 in einem Brief an die Fachzeitschrift des amerikanischen Herzverbands, dem »Journal of the American Medical Association«: »Bei einer vegetarischen, kohlenhydratreichen Diät erhöhen sich häufig die Triglyceridwerte, während das HDL-Cholesterol sinkt. Da geringe HDL-Cholesterol-Werte vor allem in Verbindung mit hohen Triglyceriden ein wesentliches Herzerkrankungsrisiko hervorrufen, kann ich eine strikt kohlenhydratreiche vegetarische Diät nicht empfehlen.«

Alle aufgeführten Forschungsberichte weisen darauf hin, dass langsam erkannt wird, dass eine kohlenhydratreiche Diät nicht das Allheilmittel für unsere Krankheiten ist, wie man uns glauben machen wollte. Keine der Studien bestätigt jedoch eindeutig, dass die Sears-Diät richtungsweisend sein kann. Deshalb ist die folgende Frage zu meinem Buch *Das Optimum* gerechtfertigt: Haben sich in irgendeiner unabhängigen Studie die Ergebnisse der Sears-Diät bei Patienten mit übermäßiger Insulinproduktion bestätigt? Jede wissenschaftliche Erkenntnis basiert auf der Möglichkeit, dass eine bestimmte Studie durch einen anderen Forscher wiederholt werden kann und dabei grundsätzlich die gleichen Ergebnisse erzielt werden. Eine wissenschaftliche Untersuchung gilt also erst als gesichert, wenn sie durch eine unabhängige Wiederholung bestätigt wurde. In *Das Optimum* habe ich Zahlen über Patienten mit Hyperinsulinismus vorgelegt, deren Gesundheitszustand sich entscheidend verbesserte, nachdem sie sich acht Wochen nach der Sears-Diät ernährt hatten. Nach weiteren 16 Wochen konnten die Resultate sogar noch gesteigert werden. Die Frage lautet nun, wurden diese Untersuchungen schon einmal wiederholt?

Glücklicherweise hat man im Februar 1996 eine derartige Studie durchgeführt und die Ergebnisse in der Fachzeitschrift für Ernährung, dem »American Journal of Clinical Nutrition« veröffentlicht. Im Rahmen dieser Untersuchung wurden 43 übergewichtige, hyperinsulinemische Patienten, deren Diät im Wesentlichen der Sears-Diät entsprach, stationär sechs Wochen lang überwacht. Innerhalb dieses Untersuchungszeitraums reduzierten sich bei diesen Patienten der Blutzucker, die Triglyceride und der Insulinspiegel.

Wie können nun diese Ergebnisse mit den Daten verglichen werden, die ich in *Das Optimum* vorgelegt habe und die aus einer Studie stammen, die man mit übergewichtigen Typ-II-Diabetikern durchgeführt hat? Um Vergleichszahlen zu erhalten, habe ich eine Übersicht der verschiedenen Diäten aus der erwähnten Studie (der aus dem »American Journal of Clinical Nutrition«) erstellt. Diese Zahlen habe ich meiner Untersuchung gegenüber gestellt, in der ich die Sears-Diät mit einer Diät verglichen habe, die von der American Diabetes Association ADA (der amerikanischen Diabetikervereinigung) empfohlen wird. Der Vergleichsfaktor ist dabei immer das Verhältnis von Eiweiß zu Kohlenhydraten. Die Sears-Diät (und damit der hormonelle Verbrenner) beruht auf diesem Verhältnis, das im Idealfall 0,75 betragen soll. Die Ergebnisse sind in der Tabelle 17.1 dargestellt:

Tabelle 17.1 Vergleich des Eiweiß-Kohlenhydrat-Verhältnisses bei klinischen Untersuchungen von hyperinsulinemischen Patienten

Eiweiß-Kohlenhydrat-Verhältnis	Glukose	Insulin	Triglyceride	TG/HDL
0,33 (ADA-8 Wochen)*	−12 %	+12 %	+20 %	+46 %
0,64 (6 Wochen)**	−7 %	−8 %	−18 %	−12 %
0,75 (Sears-Diät-8 Wochen)*	−12 %	−20 %	−27 %	−24 %
0,75 (Sears-Diät-16 Wochen)*	−15 %	−30 %	−35 %	−30 %

* *Aus* Das Optimum *(1995) mit Typ-II-Diabetikern, ambulant*
** *Aus* American Journal of Clinical Nutrition *(1996) mit stoffwechselkranken stationären Patienten*

Aus dieser Tabelle ist ersichtlich, dass das Eiweiß-Kohlenhydrat-Verhältnis einer Diät den Insulinspiegel beeinflusst und zu beachtlichen Veränderungen von Blutzucker, Triglyceriden und dem Verhältnis der Triglyceriden zu HDL-Cholesterol führt. Die Parameter, vor allem das Verhältnis der Triglyceride zu HDL-Cholesterol, zeigen eindeutig, dass die Sears-Diät alle Kriterien für eine hormonell ausgewogene Diät voll und ganz erfüllt. Je länger sich die Patienten nach der Sears-Diät ernährten, desto besser waren auch die Untersuchungsergebnisse.

Immer mehr Forschungsergebnisse verdeutlichen, dass das geradezu fanatische Bestreben, übergewichtige Patienten mit einer kohlenhydratreichen Diät zu behandeln, in die falsche Richtung geht. Man muss sich deshalb fragen, warum die Öffentlichkeit und die große Mehrheit der Ärzte noch immer unbeirrt an dem Glauben festhalten, eine kohlenhydratreiche Diät sei das Allheilmittel für die wachsende Zahl von fettleibigen und übergewichtigen Menschen. Es ist möglich, dass für viele Menschen die Tatsache, dass eine solche Diät wenig Kalorien enthält, beruhigend wirkt. Muss in einer Diät nicht vor allem Fett vermieden werden, weil das doch zu Fettleibigkeit führt? Wenn Fett als der Hauptfeind betrachtet wird, muss es reduziert werden, ungeachtet dessen, um welche Art von Fett es sich handelt.

Wenn man das Ganze aber von einem hormonbewussten Standpunkt aus betrachtet, ist eine kohlenhydratreiche Diät alles andere als sinnvoll, denn sie erhöht den Insulinspiegel bei den Menschen, die durch ihre genetische Disposition ohnehin zu übermäßiger Insulinproduktion neigen. Gerade erhöhtes Insulin verursacht nicht nur Dickleibigkeit, sondern beschleunigt auch das Risiko, herzkrank zu werden. Der Feind ist also vielmehr das Insulin und deshalb müssen wir unser Augenmerk bei jeder Mahlzeit auf das richtige Eiweiß-Kohlenyhdrat-Verhältnis richten. Fett und Insulin kann man als zwei potentielle Feinde betrachten und diese beiden werden mit zwei verschiedenen Strategien bekämpft, nämlich mit der kohlenhydratreichen auf der einen und der hormonell ausgewogenen Diät auf der anderen Seite. In den letzten 15 Jahren wurde ganz einfach der falsche Feind mit der falschen Strategie bekämpft.

Ein weiterer Aspekt, warum die Amerikaner mit geradezu fanatischer Besessenheit Kohlenhydrate verspeisen, ist rein wirtschaftlicher Natur. Ganz realistisch betrachtet, kann mit der Förderung von kohlenhydratreichen Diäten ganz einfach sehr viel Geld verdient werden. Amerika produziert jedes Jahr Tonnen von Weizen, was sollte man damit anfangen? Für Tierfutter ist Weizen nicht geeignet, man kann daraus nur Brot und Nudeln herstellen. Mit Hilfe einer starken politischen Lobby wird sichergestellt, dass die Bürger von offiziellen Stellen dazu ermutigt werden, so viel Weizenprodukte wie nur möglich zu kaufen. Deshalb ist es auch nicht erstaunlich, dass die unterste und größte Stufe in der neuen offiziellen Lebensmittelpyramide, die eine Empfehlung für gesunde Ernährung darstellt, vor allem aus Weizenprodukten besteht. Ebenso wenig kann es verwundern, dass der Konsum von Nudeln in den letzten zehn Jahren um 115 Prozent gestiegen ist.

Die Lebensmittelbranche macht mit dem Verkauf von verpackten Kohlenhydraten ausgezeichnete Geschäfte, denn Eiweiß ist teuer und Fett kann ranzig werden. Wenn die Möglichkeit besteht, so viel Eiweiß und Fett wie nur möglich aus verpackten Lebensmitteln zu entfernen, wird damit die Haltbarkeit erhöht und gleichzeitig reduzieren sich die Kosten. Rein wirtschaftlich betrachtet, ist das ein Pluspunkt. Kohlenhydrate sind zudem sehr preiswert, von langer Haltbarkeit und werden von der amerikanischen Regierung auch noch durch kostenlose Werbemaßnahmen gefördert. Von diesem Standpunkt aus kann es nur sinnvoll sein, die allgemeine Kohlenhydratbegeisterung noch weiter zu unterstützen. Dazu kommt unsere ausgefeilte und hoch entwickelte Lebensmitteltechnologie, die es möglich macht, den Hauptanteil buchstäblich aller Lebensmittel aus Kohlenhydraten herzustellen.

Letztendlich unterstützt die amerikanische Regierung in ihrem Versuch, die Gesundheit der Bevölkerung zu verbessern, ein bestimmtes Diätkonzept (wie zum Beispiel die Meinung, dass ein erhöhter Konsum von Getreide Fettleibigkeit entgegenwirkt), das die hormonellen Auswirkungen nicht berücksichtig. Es handelt sich also um ein sehr kurzsichtiges und unüberlegtes Konzept, das langfristig negative Folgen außer Acht lässt.

Natürlich gibt es keine Verschwörung, die darauf abzielt, die Amerikaner zu fettleibigen und ungesunden Menschen zu machen, dennoch bin ich der Meinung, dass diese drei Faktoren – starke Weizenlobby, Gewinne der Lebensmittelbranche und Unterstützung durch die Regierung – in unserem Land zu einer ständig steigenden Gesundheitskrise geführt haben.

Das amerikanische Gesundheitswesen sieht sich zunehmend ernsten Problemen gegenüber. Anfang 1996 berichtete die American Heart Association, dass die Todesfälle aufgrund von Herz-Kreislauf-Erkrankungen zum ersten Mal seit 1980 wieder im Anstieg sind. Ich befürchte, dass die Kohlenhydratbesessenheit der letzten 15 Jahre ihre schlimmsten Auswirkungen erst noch zeigen wird.

Aus diesen Gründen ist die beste Diät eine Ernährung, die Sie Ihr ganzes weiteres Leben beibehalten können und die alle medizinischen Kriterien erfüllt, die ich oben ausgeführt habe. Ich glaube, dass mir viele meiner Kritiker hier zustimmen werden. Wenn wir beginnen, unsere Ernährung unter einem wissenschaftlichen Aspekt zu betrachten, kann sie auch nach sachlichen wissenschaftlichen Erkenntnissen bewertet werden. Damit werden wir frei von politischen oder philosophischen Erwägungen und können wieder zu einer sinnvollen Diskussion über das Thema Ernährung zurückkehren.

Wir brauchen dringend den anhaltenden Dialog in dieser Richtung, um einer monolithischen Meinung entgegenzuwirken, die wie eine religiöse Lehre auf einem Glaubenssystem begründet ist.

Die Glaubenslehre, die den Amerikanern predigte, Kohlenhydrate (vor allem Nudeln und Weißbrot) seien der Inbegriff einer gesunden Ernährung, zeigt ganz einfach keine positiven Auswirkungen. Sollte man nicht besser, anstatt sie weiter zu predigen, den Weg einschlagen, dem schon Ihre Großmutter gefolgt ist? Ich hoffe auf die Zustimmung meiner Kritiker.

Noch ein kleiner Nachsatz zu Ihrer Großmutter. In einer kürzlich in der Fachzeitschrift »New England Journal of Medicine« veröffentlichten Langzeitstudie wurde untersucht, in welchem Land die Lebenserwartung nach dem Alter von 80 Jahren am höchsten ist. Die Untersuchung begann 1960 und hatte 1995 genügend Daten gesammelt, um zu einem Ergebnis zu kommen. Möglicherweise ist auch Ihre Großmutter in diesen Daten erfasst. Und wer hatte die höchste Lebenserwartung? Waren es die Japaner? Nein. Waren es die Franzosen? Nein. Waren es die Schweden? Nein. Die Antwort lautete: die Amerikaner.

18
Wie geht es weiter?

Wir alle sollten die neuen Gegebenheiten erkennen, die uns den Zugang zu einer unbegrenzten, kostengünstigen medizinischen Versorgung im 21. Jahrhundert ermöglichen. Die derzeitig wachsende Krise im Gesundheitswesen wird sicher nicht zu einer Lösung beitragen, deshalb sollten wir schon jetzt unsere eigene Planung machen. Die beste Krankenversicherung besteht darin, den optimalen Gesundheitszustand so bald wie möglich zu erreichen.

Wie ich schon eingangs ausgeführt habe, ist ein optimaler Gesundheitszustand nicht einfach mit der Abwesenheit von Krankheit gleichzusetzen. Er wird erreicht, indem Sie alles in Ihrer Macht Stehende tun, um den Hormonspiegel im Gleichgewicht zu halten und damit das Risiko einer chronischen Erkrankung zu vermindern. Mit diesem Buch haben Sie die Möglichkeit, die Sears-Diät zu meistern und damit dauerhaft im optimalen Bereich zu bleiben.

Essen ist eine Notwendigkeit, ernähren Sie sich daher sinnvoll. Die meisten Menschen essen nicht genug Obst und Gemüse. Stattdessen greifen sie zu fettfreien, verpackten Lebensmitteln und diese Entwicklung bringt sie in ein gesundheitliches Dilemma.

Wenn Sie sich schon nicht um sich selbst sorgen, sollten Sie wenigstens an Ihre Kinder denken. Die Fettleibigkeit bei Kindern und Jugendlichen hat in den letzten Jahren erheblich zugenommen. Unsere Kinder aber sollten die Gelegenheit haben, das Beste aus ihrem Leben zu machen. Sie als Eltern bestimmen, was ihre Kinder essen, denn Sie kaufen die Lebensmittel und bereiten die Mahlzeiten für sie zu. In den letzten 15 Jahren konnten Sie vermutlich an Ihrem eigenen Körper beobachten, wie sich ein Übermaß an Kohlenhydraten auswirkt. In Ihrer Jugend dagegen haben Sie erlebt, wie gut man sich mit weniger Körperfett und mehr Energie fühlen kann. Ihren Kindern sollte diese positive Erfahrung nicht verwehrt werden.

Ich habe in meinem Buch versucht, Ihnen die sinnvolle Umstellung Ihrer Ernährung und deren Einplanung in den Tagesablauf durch viele Tipps zu erleichtern. Es ist sehr einfach, diese Veränderungen durchzuführen, Sie müssen nur damit beginnen, Ernährung von einem hormonellen Standpunkt aus zu betrachten. Eine neue Einstellung zum Essen ist der wichtigste Schritt – weg vom Denken in Begriffen wie Kalorien und hin zu einer hormonellen Sichtweise, sozusagen zu einem neuen Hormonbewusstsein.

Wenn Ihnen dieser Standpunkt einmal klar geworden ist, verstehen Sie auch, warum wir alle in den letzten 15 Jahren scheinbar vergessen haben, was eine wirklich gute Ernährung ausmacht. Ihre Großmutter wusste das noch rein intuitiv, wir aber haben verlernt, auf ihren gesunden Menschenverstand zu hören.

Ich hoffe, dass Sie nach dem Lesen dieses Buches fest entschlossen sind, nicht mehr länger nach dem verrückten Ernährungskonzept zu leben, das so weit verbreitet ist. Ich nenne es verrückt, denn viele von uns hätten in den letzten Jahren mehr Lebensqualität haben können, wenn sie nur richtig informiert gewesen wären. Die entsprechenden Fakten waren in der Fachliteratur schon seit Jahrzehnten bekannt, aber sie wurden bequemerweise ignoriert, denn sie passten nicht zu der vorgefassten Meinung über eine »richtige Ernährung«. Sie aber können selbst entscheiden, was Sie essen möchten. Halten Sie sich ganz einfach an die klugen Regeln Ihrer Großmutter und beginnen Sie, in eigener Verantwortung über Ihren täglichen Speisezettel und damit über Ihr Schicksal zu bestimmen.

Mein Buch *Das Optimum* schrieb ich mit der Absicht, einen besseren Umgang mit chronischen Krankheiten aufzuzeigen. Ich habe allerdings erkannt, dass Krankheitsverhütung in unserer modernen Gesellschaft einen sehr geringen Stellenwert einnimmt. Die meisten Menschen orientieren sich nur daran, was ihnen im Augenblick Vorteile bringt. Auch die Sears-Diät beinhaltet diesen Aspekt, denn sie gibt Ihnen die Möglichkeit, klarer zu denken, mehr zu leisten und besser auszusehen. Wenn Sie das erreichen möchten, sollten Sie sich zunächst zwei Wochen lang nach ihr ernähren. Nach Ablauf dieser zwei Wochen werden Sie alle diese positiven Veränderungen feststellen und das Konzept weitere zwei Wochen lang beibehalten. Wenn Sie sich auch nach dem Ablauf von vier Wochen noch gut fühlen, können Sie es weitere zwei Wochen lang beibehalten, das sollte keine allzu großen Opfer erfordern.

Ich möchte Ihnen bewusst machen, auf welch dramatische Weise Ernährung Ihr Leben verändern kann, wenn sie auf dem Zusammenwirken von Wissenschaft und gesundem Menschenverstand beruht.

Im 21. Jahrhundert werden die Menschen lernen, sich über die Nahrung die wirksamsten Heilmittel zunutze zu machen, die existieren, nämlich die Hormone. Und in der Ära der hormonellen Kontrolle wird das wirksamste Heilmittel von allen die Ernährung sein. Ihre Großmutter wusste das und ich hoffe, dass es auch Ihnen nach dem Lesen dieses Buches ebenso klar ist.

Anhang A
Die Blockeinheiten

Mit Hilfe der Blockeinheiten für Makronährstoffe haben Sie eine klare Maßeinheit für die Zubereitung der Gerichte in der Sears-Diät. Im Folgenden aufgeführt, finden Sie die Portionsmengen von Eiweiß, Kohlenhydraten und Fett, die jeweils einem Block entsprechen. Die Eiweißmengen beziehen sich auf den ungekochten Zustand. Jeder Kohlenhydratblock entspricht der jeweiligen Insulin produzierenden Kohlenhydratmenge in dieser Portion.

Ich habe die Blockmengen abgerundet, damit man sie besser im Gedächtnis behalten kann. Die Liste enthält bei weitem nicht alle Lebensmittel; wenn Ihre Lieblingsspeise nicht dabei ist, können Sie im Complete Book of Food Counts (Dell, 1991) von Corinne Netzer nachschlagen. Die Liste wurde seit der Veröffentlichung des Buches *Das Optimum* neu überarbeitet, weshalb einige Blockmengen aus der ursprünglichen Fassung angepasst wurden.

Bei der Zubereitung einer Mahlzeit nach der Sears-Diät sollten Sie immer die grundlegende Regel beachten: Das Verhältnis von Eiweiß- zu Kohlenhydratblöcken muss stets 1:1 sein.

Eiweißblöcke
(ungefähr 7 Gramm Eiweiß pro Block)

Fleisch und Geflügel

Optimal (geringer Gehalt an gesättigtem Fett)

Hühnchenbrust, enthäutet	30 Gramm
Putenbrust, enthäutet	30 Gramm
Rindfleisch (aus artgerechter Haltung)	30 Gramm

Empfehlenswert (mäßiger Gehalt an gesättigtem Fett)

Cornedbeef, mager	30 Gramm
Ente	40 Gramm
Hühnchen, dunkles Fleisch, enthäutet	30 Gramm
Hamburger (weniger als 10 Prozent Fett)	40 Gramm
Kalbfleisch	30 Gramm
Lamm, mager	30 Gramm
Pute, dunkles Fleisch, enthäutet	30 Gramm
Putenspeck	3 Streifen
Rindfleisch, mager	30 Gramm
Schinken, mager	30 Gramm
Schweinefleisch, mager	30 Gramm
Schweinekotelett	30 Gramm
Frühstücksspeck, mager	30 Gramm

Nicht empfehlenswert (entweder reich an gesättigtem Fett oder Arachidonsäure oder an beidem)

Hühnerleber*	30 Gramm
Hotdog (Schweinefleisch oder Rind)	1 Stück
Hotdog (Pute oder Hühnchen)	1 Stück
Peperoniwurst	30 Gramm

Rinderhackfleisch (10 bis 15 Prozent Fett)	40 Gramm
Rinderhackfleisch (mehr als 15 Prozent Fett)*	40 Gramm
Rindfleisch, fett*	30 Gramm
Rindsleber*	30 Gramm
Salami	30 Gramm
Schweinespeck	3 Streifen

enthält Arachidonsäure

Fisch und Meeresfrüchte

Barsch	30 Gramm
Blaufisch	30 Gramm
Forelle	30 Gramm
Garnelen	40 Gramm
Heilbutt	40 Gramm
Hummer	30 Gramm
Kabeljau	40 Gramm
Kalamari	70 Gramm
Kammmuscheln	40 Gramm
Krabbenfleisch	40 Gramm
Lachs**	40 Gramm
Makrelen**	40 Gramm
Muscheln	40 Gramm
Sardinen	30 Gramm
Schellfisch	40 Gramm
Schwertfisch	40 Gramm
Seewolf	40 Gramm
Snapper	40 Gramm
Thunfischsteak	30 Gramm
Thunfisch in der Dose, in Wasser	30 Gramm

*** reich an EPA*

Eier

Optimal

Eiweiß	2
Eiersatz	¼ Tasse

Empfehlenswert

Käse, fettfrei	30 Gramm
ganze Eier*	1 Stück

* *enthalten Arachidonsäure*

Eiweißreiche Milchprodukte

Optimal

Hüttenkäse, fettarm	¼ Tasse

Empfehlenswert

Käse, fettarm	30 Gramm
Mozzarella, entrahmt	30 Gramm
Ricotta, entrahmt	70 Gramm

Nicht empfehlenswert

Hartkäse	30 Gramm

Eiweißreiche vegetarische Lebensmittel

Eiweißpulver	10 Gramm
Sojaburger	½ Burger
Sojahotdogs	1 Stück
Sojawürstchen	2 Stück
Sojapastetchen	1 Stück
Tofu, fest und extrafest	80 Gramm

Gemischte Eiweiß/Kohlenhydratprodukte
(je ein Block Eiweiß und ein Block Kohlenhydrate)

Magermilch (1 Prozent Fett)	1 Tasse
Sojamehl	⅓ Tasse
Tempeh	40 Gramm
Tofu, weich und mittelfest	80 Gramm
Joghurt, einfach	½ Tasse

Kohlenhydratblöcke
(ungefähr 9 Gramm Insulin produzierende Kohlenhydrate pro Block)

Optimale Gemüsesorten

Gekochtes Gemüse

Artischocken	1 mittelgroße
Auberginen	1½ Tassen
Blumenkohl	2 Tassen
Bohnen, grüne oder Wachsbohnen	1 Tasse
Bohnen, schwarze	¼ Tasse
Broccoli	1¼ Tassen
Champignons (gekocht)	1 Tasse
gelber Kürbis, geschnitten	1¼ Tassen
grünes Blattgemüse, gehackt	2 Tassen
Kichererbsen	¼ Tasse
Kidneybohnen	¼ Tasse
Lauch	1 Tasse
Linsen	¼ Tasse
Mangold, gehackt	1½ Tassen
Okra, geschnitten	1 Tasse
Pok Choi	3 Tassen
Rosenkohl	1½ Tassen

Sauerkraut	1 Tasse
Spargel	1 Tasse (12 Stangen)
Spinat, gehackt	1¼ Tassen
Steckrüben, zerstampft	1 Tasse
Steckrüben, grün, gehackt	1¾ Tassen
Weißkohl, geraspelt	1⅓ Tassen
Zucchini, geschnitten	1½ Tassen
Zwiebeln, gehackt (gekocht)	¾ Tassen

Rohes Gemüse

Alfalfa-Sprossen	11 Tassen
Bambussprossen, geschnitten	1¼ Tassen
Blumenkohl, in Stücken	2 Tassen
Broccoli	1½ Tassen
Champignons, gehackt	3 Tassen
Eissalat (mittelgroß)	1 Kopf
Endiviensalat, gehackt	7½ Tassen
Escarol, gehackt	7½ Tassen
Gemischter Salat (2 Tassen geraspelter Kopfsalat, ¼ rohe grüne Paprikaschote, ¼ rohe Gurke, ¼ rohe Tomate)	1 Portion
grüne oder rote Paprikaschoten	3 Tassen
grüne Paprikaschoten, gehackt	2¼ Tassen
Gurken	1 Stück
Gurken, geschnitten	4 Tassen
Radieschen, geschnitten	2½ Tassen
Romanasalat, gehackt	4 Tassen
Sellerie, geschnitten	2½ Tassen
Spinat, gehackt	6 Tassen
Tomaten	2 Stück
Tomaten, gehackt	1½ Tassen
Wasserkastanien	⅓ Tasse

Weißkohl, geraspelt	3 Tassen
Zwiebeln, gehackt	1 Tasse
Zuckerschoten	1 Tasse

Obst (frisch, gefroren oder in der Dose, ohne Zucker)

Ananas, gewürfelt	½ Tasse
Apfel	½
Apfelmus	⅓ Tasse
Aprikosen	3 Stück
Birnen	½ Frucht
Boysenbeeren	¾ Tassen
Brombeeren	¾ Tassen
Clementinen, in der Dose	⅓ Tasse
Erdbeeren	1 Tasse
Fruchtcocktail	½ Tasse
Grapefruit	½ Frucht
Heidelbeeren	½ Tasse
Himbeeren	1 Tasse
Honigmelone, gewürfelt	½ Tasse
Kirschen	¾ Tassen
Kiwi	1 Stück
Limonen	1 Stück
Mandarinen	1 Stück
Nektarinen, mittelgroß	½ Frucht
Netzmelone	¼ Melone
Netzmelone, gewürfelt	¾ Tassen
Orangen	½ Frucht
Pfirsiche	1 Stück
Pfirsiche, in der Dose	½ Tasse
Pflaumen	1 Stück
Trauben	½ Tasse
Wassermelone, gewürfelt	¾ Tassen
Zitronen	1 Stück

Getreide

Gerste (trocken)	½ Esslöffel
Hafermehl (langsam kochend)***	⅓ Tasse (gekocht)
Hafermehl (langsam kochend)***	15 Gramm, trocken

*** enthält GLA

Ungünstige Kohlenhydrate
(nur mäßig zu verwenden)

Gekochtes Gemüse

Bohnen, tiefgefroren	¼ Tasse
Erbsen	⅓ Tasse
gebackene Bohnen	⅛ Tasse
Karotten	1 Stück
Karotten, geraspelt	1 Tasse
Karotten, geschnitten	½ Tasse
Kartoffeln, gebacken	⅓ Tasse
Kartoffeln, gekocht	⅓ Tasse
Kartoffeln, zerstampft	⅕ Tasse
Kürbis	½ Tasse
Limabohnen	¼ Tasse
Mais	¼ Tasse
Pastinaken	⅓ Stück
Pintobohnen	¼ Tasse
Pommes frites	5 Stück
Rote Beete, geschnitten	½ Tasse
Squash-Kürbis	½ Tasse
Süßkartoffeln, gebacken	⅓ Stück
Süßkartoffeln, zerstampft	⅓ Tasse
zweimal gebackene Bohnen	¼ Tasse

Obst

Bananen	⅓ Stück
Backpflaumen, getrocknet	2 Stück
Datteln	2 Stück
Feigen	1 Stück
Guava	½ Tasse
Kumquat	3 Stück
Mangos, geschnitten	⅓ Tasse
Papaya, gewürfelt	¾ Tassen
Preiselbeeren, gehackt	¾ Tassen
Preiselbeersoße	3 Teelöffel
Rosinen	1 Esslöffel

Fruchtsäfte

Ananas	¼ Tasse
Apfel	⅓ Tasse
Apfelcidre	⅓ Tasse
Fruchtpunsch	¼ Tasse
Grapefruit	⅓ Tasse
Limone	⅓ Tasse
Multivitaminsaft	¾ Tassen
Orange	⅓ Tasse
Preiselbeeren	¼ Tasse
Tomate	1 Tasse
Trauben	¼ Tasse
Zitrone	⅓ Tasse

Getreide, Getreideprodukte und Brotsorten

Brotstangen, weich	½ Stück
Brotstangen, hart	1 Stück
Buchweizenmehl, trocken	15 Gramm
Bulgurmehl, trocken	15 Gramm

Couscous, trocken	30 Gramm
Cracker, salzig	4 Stück
Croissant, einfach	½ Stück
Croutons	15 Gramm
Granola	15 Gramm
Hamburgersemmel	½ Stück
Hirse	15 Gramm
Krapfen, einfach	¼ Stück
Maisbrot	¼ Stück (ca. 3 cm)
Maisgries, gekocht	⅓ Tasse
Maisstärkemehl	1 Teelöffel
Müsli aus Weizen und Hafer, trocken	15 Gramm
Muffin, einfach	¼ Stück
Muffin mit Heidelbeeren	½ Stück
Nudeln, mit Eiern (gekocht)	¼ Tasse
Nudeln, gekocht	¼ Tasse
Pittabrot	¼ Stück
Pittabrot (klein)	½ Stück
Pfannkuchen (ca. 10 cm)	½ Stück
Popcorn, gepufft	2 Tassen
Reis, braun (gekocht)	⅕ Tasse
Reis, weiß (gekocht)	⅕ Tasse
Reiswaffel	1 Stück
Semmel, groß	¼ Stück
Semmel, länglich	½ kleines Stück
Semmelbrösel	15 Gramm
Taco ohne Inhalt	1 kleines Taco
Toastbrot	15 Gramm
Tortilla aus Mais (ca. 15 cm)	1 Stück
Tortilla aus Mehl (ca. 20 cm)	1/2 Stück
Vollkornbrot	½ Scheibe
Waffeln	½ Stück
Weißbrötchen (klein)	¼ Stück
Zwieback	½ Stück

Weißbrot	½ Scheibe

Alkohol

Bier	170 Gramm
Spirituosen	30 Gramm
Wein	110 Gramm

Sonstiges

Ahornsirup	2 Teelöffel
Barbecuesoße	2 Esslöffel
Cocktailsoße	2 Esslöffel
Cracker, salzig	4 Stück
Cracker, Roggenmehl	1½ Stück
Eiskrem, einfach	¼ Tasse
Eiskrem, sahnig	⅙ Tasse
Honig	½ Esslöffel
Kartoffelchips	15 Gramm
Ketchup	2 Esslöffel
Kuchen	⅓ Stück
Marmelade oder Gelee	2 Esslöffel
Mixedpickles	4 Teelöffel
Pfannkuchensirup	2 Teelöffel
Pflaumenmus	1½ Esslöffel
Plätzchen (klein)	1 Stück
Salzbrezeln	15 Gramm
Schokoladenriegel	¼ Stück
Teriyakisoße	1 Esslöffel
Tortillachips	15 Gramm
Zucker, braun	2 Teelöffel
Zucker, granuliert	2 Teelöffel
Zucker, raffiniert	1 Esslöffel
Zuckersirup, nicht zu süß	1½ Teelöffel

Fettblöcke
(ungefähr 1,5 Gramm Fett pro Block)

Optimal (reich an einfach ungesättigtem Fett)

Avocado	1 Esslöffel
Canolaöl	⅓ Teelöffel
Erdnussbutter, naturbelassen	½ Teelöffel
Erdnussöl	⅓ Teelöffel
Erdnüsse	6 Stück
Guacomole	1 Esslöffel
Macadamianüsse	1 Stück
Mandelbutter	⅓ Teelöffel
Mandeln, ganz	3 Stück
Mandelsplitter	1½ Teelöffel
Oliven	3 Stück
Olivenöl	⅓ Teelöffel
Olivenöl und Essigdressing (⅓ Teelöffel Olivenöl und ⅔ Teelöffel Essig)	1 Teelöffel
Tahini	½ Teelöffel

Empfehlenswert (arm an gesättigtem Fett)

Mayonnaise, fettarm	1 Teelöffel
Mayonnaise, normal	⅓ Teelöffel
Sesamöl	½ Teelöffel
Sojabohnenöl	⅓ Teelöffel
Walnüsse, ohne Schale, gehackt	1 Teelöffel

Nicht empfehlenswert (reich an gesättigtem Fett)

Butter	⅓ Teelöffel
Margarine	⅓ Teelöffel
Sahne, halbfett	1 Esslöffel
Sauerrahm	⅓ Teelöffel

Sauerrahm, fettarm	1 Esslöffel
Schweineschmalz	⅓ Teelöffel
Speckwürfel (Ersatz)	1½ Teelöffel
Streichkäse	1 Teelöffel
Streichkäse, fettarm	2 Teelöffel

Anhang B
Die Berechnung der reinen Körpermasse

Sie können Ihre reine Körpermasse mit Hilfe eines Maßbands und einer Skala ganz schnell feststellen. Alle Maße sollten auf bloßer Haut ohne Kleidung vorgenommen werden, das Maßband muss eng anliegen, darf aber die Haut und das darunter liegende Gewebe nicht einschnüren. Alle Messungen dreimal vornehmen und den Durchschnittswert (in Zentimetern) errechnen. Mit Genehmigung von Dr. Michael Eades wurden die Tabellen zur Berechnung des prozentualen Körperfetts aus seinem Buch *Thin So Fast* übernommen.

Berechnung des prozentualen Körperfetts für Frauen

Die Berechnung erfolgt in fünf Schritten:

1. Messen Sie Ihre Hüften an der breitesten Stelle und die Taille in Nabelhöhe und nicht an der schmalsten Stelle.
2. Messen Sie Ihre Körpergröße in Zentimetern, ohne Schuhe.
3. Tragen Sie Ihre Körpergröße sowie den Taillen- und Hüftumfang in das beiliegende Formblatt ein.
4. Entnehmen Sie diese Maße der jeweiligen Spalte der im Anhang enthaltenen Tabellen und tragen Sie die Konstante in das Formblatt ein.

5. Addieren Sie die Konstanten A und B, ziehen Sie die Konstante C von dieser Summe ab und runden auf die nächste ganze Zahl auf oder ab. Das Ergebnis ist Ihr Körperfettanteil in Prozenten.

Formblatt für Frauen zur Berechnung ihres prozentualen Körperfetts

Durchschnitt des Hüftumfangs _____ (Konstante A)

Durchschnitt des Taillenumfangs _____ (Konstante B)

Körpergröße _____ (Konstante C)

Aus Tabelle 1 entnehmen Sie der jeweiligen Spalte die entsprechenden Maße.

Konstante A = _____

Konstante B = _____

Konstante C = _____

Um den Prozentsatz Ihres Körperfetts zu bestimmen, addieren Sie die Konstanten A und B und ziehen davon die Konstante C ab. Das Endergebnis ist Ihr prozentuales Körperfett.

Berechnung des prozentualen Körperfetts für Männer

Die Berechnung erfolgt in vier Schritten:

1. Messen Sie Ihren Taillenumfang in Nabelhöhe.
2. Messen Sie Ihren Handgelenkumfang an der Stelle zwischen Hand und Handgelenkknöchel, an der sich die Hand abbiegen lässt.

3. Tragen Sie diese Maße in das Formblatt für Männer ein.
4. Ziehen Sie den Handgelenkumfang vom Taillenumfang ab und entnehmen Sie den sich ergebenden Wert aus der Tabelle. Auf der linken Seite der Tabelle finden Sie die Gewichtsangaben. Gehen Sie von dieser Zahl aus in der Tabelle weiter nach rechts. Dann nehmen Sie den Wert, der sich aus Taillen- minus Handgelenkumfang ergeben hat, und gehen davon ausgehend nach unten. Am Schnittpunkt der beiden Zahlen finden Sie Ihr prozentuales Körperfett.

Formblatt für Männer zur Berechnung ihres prozentualen Körperfetts

Durchschnittlicher Taillenumfang _____ (Zentimeter)

Durchschnittlicher Handgelenkumfang _____ (Zentimeter)

Ziehen Sie den Handgelenkumfang vom Taillenumfang ab und stellen Sie anhand von Tabelle 2 Ihr Gewicht fest. Dann suchen Sie die Zahl, die sich aus der Berechnung Taillenumfang minus Handgelenkumfang ergeben hat. Am Schnittpunkt der beiden Spalten finden Sie Ihren ungefähren Prozentsatz an Körperfett.

Die Berechnung der reinen Körpermasse für Frauen und Männer

Nachdem Sie Ihr prozentuales Körperfett bestimmt haben, können Sie anhand dieses Wertes den Fettanteil an Ihrem Gesamtkörpergewicht in Kilogramm bestimmen. (Sie sollten Dezimalstellen verwenden, zum Beispiel 15 Prozent = 0,15).

(Gewicht) × (% Körperfett) = gesamtes Körperfettgewicht

Jetzt wissen Sie auch, wie viel Ihr gesamtes Körperfett wiegt. Diese Zahl ziehen Sie von Ihrem gesamten Körpergewicht ab, das Ergebnis ist Ihre reine Körpermasse, also das Gesamtgewicht des fettfreien Körpergewebes.

_____ Gesamtgewicht

_____ minus Gesamtkörperfettgewicht

_____ = Ihre reine Körpermasse

Die reine Körpermasse ist also das Gesamtgewicht abzüglich des gesamten Körperfettgewichts.

Tabelle 1: Umrechnungskonstanten zur Bestimmung des Körperfettanteils bei Frauen*

Hüfte cm	Konstante A	Bauch cm	Konstante B	Körpergröße cm	Konstante C
77	33,48	51	14,22	138	33,52
78	33,83	53	14,40	141	33,67
80	35,22	55	15,11	144	34,28
81	36,27	56	15,64	145	34,74
83	36,62	57	15,82	146	34,89
84	37,67	58	16,35	148	35,35
85	38,02	60	16,53	149	35,50
86	39,06	60	17,06	150	35,96
88	39,41	62	17,24	151	36,11
89	40,46	63	17,78	152	36,57
90	40,81	65	17,96	154	36,72
91	41,86	66	18,49	155	37,18
93	42,21	67	18,67	156	37,33
94	43,25	68	19,20	158	37,79
95	43,60	70	19,38	159	37,94
97	44,65	71	19,91	160	38,40
98	45,32	72	20,27	161	38,70
99	46,05	73	20,62	162	39,01
100	46,40	75	20,80	164	39,16
102	47,44	76	21,33	165	39,62
103	47,79	77	21,51	166	39,77
104	48,84	79	22,04	168	40,23
107	50,24	81	22,75	170	40,84
108	50,59	83	22,93	171	40,99
109	51,64	84	23,46	173	41,45
110	51,99	85	23,64	174	41,60
112	53,03	86	24,18	175	42,06

* *Aufgrund der Übertragung aus dem Amerikanischen ergeben sich geringfügige Abweichungen.*

Anhang B 395

Hüfte		Bauch		Körpergröße	
cm	Konstante A	cm	Konstante B	cm	Konstante C
113	53,41	88	24,36	177	42,21
114	54,53	89	24,89	178	42,67
116	54,86	90	25,07	179	42,82
117	55,83	91	25,60	180	43,28
118	56,18	93	25,78	181	43,43
119	57,22	94	26,31	183	43,89
121	57,57	95	26,49	184	44,04
122	58,62	96	27,02	185	44,50
123	58,97	97	27,20	186	44,65
124	60,02	99	27,73	188	45,11
126	60,37	100	27,91	190	45,26
127	61,42	102	28,44	191	45,72
128	61,77	103	28,62	192	45,87
130	62,81	104	29,15	193	46,32
131	63,16	106	29,33		
132	64,21	107	29,87		
133	64,56	108	30,05		
134	65,61	109	30,58		
136	65,96	111	30,76		
137	67,00	112	31,29		
138	67,35	113	31,47		
140	68,40	114	32,00		
141	68,75	116	32,18		
142	69,80	117	32,71		
144	70,15	118	32,89		
145	71,19	119	33,42		
146	71,54	121	33,60		
147	72,59	122	34,13		
149	72,94	123	34,31		
150	73,99	124	34,84		
151	74,34	126	35,02		
152	75,39	127	35,56		

Tabelle 2: Berechnung des Körperfettanteils bei Männern

Taillen- minus- Handgelenk- maß (in cm)	56	57	58	60	61	63	64	65	66	67	68	72
Gewicht (in Pfund)												
108	4	6	8	10	12	14	16	18	20	21	23	25
113	4	6	7	9	11	13	15	17	19	20	22	24
117	3	5	7	9	11	12	14	16	18	20	21	23
121	3	5	7	8	10	12	13	15	17	19	20	22
126	3	5	6	8	10	11	13	15	16	18	19	21
131		4	6	7	9	11	12	14	15	17	19	20
135		4	6	7	9	10	12	13	15	16	18	19
140		4	5	6	8	10	11	13	14	16	17	19
144		4	5	6	8	9	11	12	14	15	17	18
149		3	5	6	8	9	10	12	13	15	16	17
153		3	4	6	7	9	10	11	13	14	15	17
157			4	6	7	8	10	11	12	12	15	16
162			4	5	7	8	9	10	12	13	14	16
166			4	5	6	8	9	10	11	13	14	15
171			4	5	6	7	8	10	11	12	13	15
176			3	5	6	7	8	9	11	12	13	14
181			3	4	6	7	8	9	10	11	12	14
185				4	5	6	8	9	10	11	12	13
189				4	5	6	7	8	9	11	12	13
193				4	5	6	7	8	9	10	11	12
198				4	5	6	7	8	9	10	11	12
202				3	4	6	7	8	9	10	11	12
207				3	4	5	6	7	8	9	10	11
211				3	4	5	6	7	8	9	10	11
216					4	5	6	7	8	9	10	11
220					4	5	6	7	8	9	9	10
225					4	5	6	6	7	8	9	10
229					3	4	5	6	7	8	9	10

Taillen- minus- Handgelenk- maß (in cm)	56	57	58	60	61	63	64	65	66	67	68	70
Gewicht (in Pfund)												
234					3	4	5	6	7	8	9	10
238						4	5	6	7	8	8	9
243						4	5	6	7	7	8	9
247						4	5	5	6	7	8	9
252						4	4	5	6	7	8	9
256						4	4	5	6	7	8	8
261						3	4	5	6	7	7	8
265						3	4	5	6	6	7	8
270						3	4	5	5	6	7	8

Taillen- minus Handgelenk- maß (in cm)	71	72	73	75	76	77	79	80	81	83	84	85
Gewicht (in Pfund)												
108	27	29	31	33	35	37	39	41	43	45	47	49
113	26	28	30	32	33	35	37	39	41	43	45	46
117	25	27	28	30	32	34	36	37	39	41	43	44
121	24	26	27	29	31	32	34	36	38	39	41	43
126	23	24	26	28	29	31	33	34	36	38	39	41
131	22	23	25	27	28	30	31	33	35	36	38	39
135	21	23	24	26	27	29	30	32	33	35	36	38
140	20	22	23	25	26	28	29	31	32	34	35	37
144	19	21	22	24	25	27	28	30	31	33	34	35
149	19	20	22	23	24	26	27	29	30	31	33	34
153	18	19	21	22	24	25	26	28	29	30	32	33
157	17	19	20	21	23	24	25	27	28	29	31	32
162	17	18	19	21	22	23	25	26	27	28	30	31
166	16	18	19	20	21	23	24	25	26	28	29	30
171	16	17	18	19	21	22	23	24	26	27	28	29
176	15	16	18	19	20	21	22	24	25	26	27	28
181	15	16	17	18	19	21	22	23	24	25	26	28
185	14	15	17	18	19	20	21	22	23	25	26	27
189	14	15	16	17	18	19	21	22	23	24	25	26
193	13	15	16	17	18	19	20	21	22	23	24	25
198	13	14	15	16	17	18	19	20	22	23	24	25
202	13	14	15	16	17	18	19	20	21	22	23	24
207	12	13	14	15	16	17	18	19	20	21	22	23
211	12	13	14	15	16	17	18	19	20	21	22	23
216	12	13	14	15	16	17	17	18	19	20	21	22
220	11	12	13	14	15	16	17	18	19	20	21	22
225	11	12	13	14	15	16	17	18	18	19	20	21
229	11	12	13	14	14	15	16	17	18	19	20	21

Taillen- minus Handgelenkmaß (in cm)	71	72	73	75	76	77	79	80	81	83	84	85
Gewicht (in Pfund)												
234	10	11	12	13	14	15	16	17	18	19	19	20
238	10	11	12	13	14	15	15	16	17	18	19	20
243	10	11	12	13	13	14	15	16	17	18	19	19
247	10	11	11	12	13	14	15	16	16	17	18	19
252	9	10	11	12	13	14	14	15	16	17	18	19
256	9	10	11	12	12	13	14	15	16	17	17	18
261	9	10	11	11	12	13	14	15	15	16	17	18
265	9	10	10	11	12	13	14	14	15	16	17	17
270	9	9	10	11	12	12	13	14	15	16	16	17

Taillen- minus Handgelenkmaß (in cm)	86	88	89	90	91	93	94	95	96	98	99	100
Gewicht (in Pfund)												
108	50	52	54									
113	48	50	52	54								
117	46	48	50	52	53	55						
121	44	46	48	50	51	53	55					
126	43	44	46	48	49	51	53	54				
131	41	43	44	46	47	49	51	52	54	55		
135	40	41	43	44	46	47	49	50	52	53	55	
140	38	40	41	43	44	46	47	49	50	52	53	55
144	37	38	40	41	43	44	46	47	48	50	51	53
149	36	37	38	40	41	43	44	45	47	48	50	51
153	34	36	37	39	40	41	43	44	45	47	48	49
157	33	35	36	37	39	40	41	43	44	45	47	48
162	32	34	35	36	37	39	40	41	43	44	45	47
166	31	33	34	35	36	38	39	40	41	43	44	45
171	30	32	33	34	35	37	38	39	40	41	43	44
176	30	31	32	33	34	35	37	38	39	40	41	43
181	29	30	31	32	33	35	36	37	38	39	40	41
185	28	29	30	31	32	34	35	36	37	38	39	40
189	27	28	29	30	32	33	34	35	36	37	38	39
193	26	28	29	30	31	32	33	34	35	36	37	38
198	26	27	28	29	30	31	32	33	34	35	36	37
202	25	26	27	28	29	30	31	32	33	34	35	36
207	24	25	26	27	28	30	31	32	33	34	35	36
211	24	25	26	27	28	29	30	31	32	33	34	35
216	23	24	25	26	27	28	29	30	31	32	33	34
220	23	24	25	26	27	27	28	29	30	31	32	33
225	22	23	24	25	26	27	28	29	30	31	31	32
229	22	23	24	24	25	26	27	28	29	30	31	32

Taillen- minus Handgelenkmaß (in cm)	86	88	89	90	91	93	94	95	96	98	99	100
Gewicht (in Pfund)												
234	21	22	23	24	25	26	27	27	28	29	30	31
238	21	22	22	23	24	25	26	27	28	29	29	30
243	20	21	22	23	24	25	25	26	27	28	29	30
247	20	21	22	22	23	24	25	26	27	27	28	29
252	19	20	21	22	23	24	24	25	26	27	28	29
256	19	20	21	21	22	23	24	25	26	26	27	28
261	19	19	20	21	22	23	23	24	25	26	27	27
265	18	19	20	21	21	22	23	24	25	25	26	27
270	18	19	19	20	21	22	22	23	24	25	26	26

Taillen- minus Handgelenkmaß (in cm)	101	103	104	105	106	107	108	110	112	113
Gewicht (in Pfund)										
108										
113										
117										
121										
126										
131										
135										
140										
144	54									
149	52	54	55							
153	51	52	54	55						
157	49	51	52	53	55					
162	48	49	50	52	53	54				
166	46	48	49	50	51	53	54	55		
171	45	46	48	49	50	51	52	54	55	
176	44	45	46	47	49	50	51	52	53	55
181	43	44	45	46	47	48	50	51	52	53
185	41	43	44	45	46	47	48	49	51	52
189	40	42	43	44	45	46	47	48	49	50
193	39	40	42	43	44	45	46	47	48	49
198	38	39	41	42	43	44	45	46	47	48
202	37	38	40	41	42	43	44	45	46	47
207	37	38	39	40	41	42	44	44	45	46
211	36	37	38	39	40	41	42	43	44	45
216	35	36	37	38	39	40	41	42	43	44
220	34	35	36	37	38	39	40	41	42	43
225	33	34	35	36	37	38	39	40	41	42
229	33	34	34	35	36	37	38	39	40	41

Taillen- minus Handgelenkmaß (in cm)	101	103	104	105	106	107	108	110	112	113
Gewicht (in Pfund)										
234	32	33	34	35	35	36	37	38	39	40
238	31	32	33	34	35	36	36	37	38	39
243	31	31	32	33	34	35	36	37	37	38
247	30	31	32	32	33	34	35	36	37	38
252	29	30	31	32	33	33	34	35	36	37
256	29	30	30	31	32	33	34	34	35	36
261	28	29	30	31	31	32	33	34	35	35
265	28	28	29	30	31	32	32	33	34	35
270	27	28	29	29	30	31	32	33	33	34

Taillen- minus Handgelenk- maß (in cm)	114	115	116	119	120	121	122	123	124	126	127
Gewicht (in Pfund)											
108											
113											
117											
121											
126											
131											
135											
140											
144											
149											
153											
157											
162											
166											
171											
176											
181	54	55									
185	53	54	55								
189	51	53	54	55							
193	50	51	52	53	54	55					
198	49	50	51	52	53	54	55				
202	48	49	50	51	52	53	54	55			
207	47	48	49	50	51	52	53	54	55		
211	46	47	48	49	50	51	51	52	53	54	55
216	45	46	46	47	48	49	50	51	52	53	54
220	44	44	45	46	47	48	49	50	51	52	53
225	43	44	44	45	46	47	48	49	50	51	52
229	42	43	44	44	45	46	47	48	49	50	51

Taillen- minus Handgelenkmaß (in cm)	114	115	116	119	120	121	122	123	124	126	127
Gewicht (in Pfund)											
234	41	42	43	43	44	45	46	47	48	49	50
238	40	41	42	43	43	44	45	46	47	48	49
243	39	40	41	42	43	43	44	45	46	47	48
247	33	39	40	41	42	43	43	44	45	46	47
252	38	38	39	40	41	42	43	43	44	45	46
256	37	38	39	39	40	41	42	43	43	44	45
261	36	37	38	39	39	40	41	42	43	43	44
265	36	36	37	38	39	39	40	41	42	43	43
270	35	36	36	37	38	39	39	40	41	42	43

Anhang C
Formblatt zur Zusammenstellung und Übersicht der Mahlzeiten in der Sears-Diät

Frühstück	*Eiweiß*	*Kohlenhydrate*	*Zusätzliches Fett*
Eiweißportion			
Hauptkohlenhydratportion			
Insgesamt			

Mittagessen	*Eiweiß*	*Kohlenhydrate*	*Zusätzliches Fett*
Salat			
Eiweißportion			
Hauptkohlenhydratportion			
Nachspeise			
Alkohol			
Insgesamt			

Abendessen	*Eiweiß*	*Kohlenhydrate*	*Zusätzliches Fett*
Salat			
Eiweißportion			
Hauptkohlenhydratportion			
Nachspeise			
Alkohol			
Insgesamt			

Anhang D
Der Blutzuckerindex

In der Sears-Diät sind Begriffe wie »einfache« und »komplexe« Kohlenhydrate bedeutungslos. Wirklich entscheidend für unseren Körper ist die Menge der Kohlenhydrate und ihre Eintrittsgeschwindigkeit in den Blutkreislauf, denn davon hängt die Höhe der Insulinproduktion ab. Der Körper kann Kohlenhydrate sehr gut verarbeiten, deshalb erreichen letztendlich alle aufgenommenen Kohlenhydrate den Blutkreislauf. Gerade deshalb ist auch ein Übermaß an ihnen bei einer Mahlzeit sehr bedenklich. Wie rasch jedoch ein Kohlenhydratbestandteil eines bestimmten Nahrungsmittels in Blutzucker umgewandelt wird und in den Blutkreislauf eintritt, kann unterschiedlich sein. Die Geschwindigkeit, mit der die Kohlenhydrate in die Blutbahn gelangen, wird als Blutzuckerindex bezeichnet. Nahrungsmittel ohne Kohlenhydrate haben auch keinen Blutzuckerindex.

Um den Blutzuckerindex eines Nahrungsmittels zu bestimmen, nimmt eine Testperson 50 Gramm eines Insulin produzierenden Kohlenhydrats (der Fasergehalt des gesamten Kohlenhydratgehalts wird abgezogen) zu sich. In den folgenden drei Stunden wird der Blutzuckerspiegel sorgfältig und regelmäßig überwacht und das Ergebnis in einer Kurve aufgezeichnet. Dieser Test wird mit dem gleichen Nahrungsmittel mindestens dreimal durchgeführt und daraus der Durchschnittswert ermittelt.

Anhand der erzielten Werte wird die in einer Kurve dargestellte Reaktion auf das getestete Nahrungsmittel (zum Beispiel Weißbrot) als prozentualer Mittelwert für diese Testperson festgehalten. Die Prozentsätze von verschiedenen Personen werden dann zu einem Durchschnittswert zusammengefasst und so wird der Blutzuckerindex eines Nahrungsmittels festgelegt. Je höher der Blutzuckerindex eines Nahrungsmittels ist, umso schneller erhöht sich nach dessen Verzehr der Blutzuckerspiegel und damit auch die Insulinproduktion.

Weißbrot hat einen Standardwert von 100, bei allen anderen Lebensmitteln wird der Blutzuckerindex im relativen Verhältnis zu diesem Standard angegeben. Obwohl der Blutzuckerindex ein unabhängiger Wert ist, kann das Ausmaß der Insulinproduktion eines Menschen als Reaktion auf eine bestimmte Menge von Kohlenhydraten im Blutkreislauf unterschiedlich hoch sein.

Der Blutzuckerindex wird auch durch die Zubereitungsart der jeweiligen Lebensmittel beeinflusst. Je mehr diese verarbeitet sind, umso mehr Zellwände werden aufgespalten und umso schneller werden die in diesem Lebensmittel enthaltenen Kohlenhydrate in einfachen Zucker umgewandelt, der vom Körper aufgenommen wird. Aus diesem Grund haben *refried beans* (Mexikanisches Gericht, bei dem die Bohnen gekocht, gebraten, zerstampft und noch mal gebraten werden) einen viel höheren Blutzuckerindex als zum Beispiel Kidneybohnen. Fett verringert dagegen den Blutzuckerindex der Kohlenhydrate, weil es ihren Eintritt in die Blutbahn verlangsamt. Deshalb haben zum Beispiel Kartoffelchips einen geringeren Blutzuckerindex als Kartoffeln.

Der Blutzuckerindex ist ein hilfreiches Mittel, um zu bestimmen, mit welchen Kohlenhydraten Sie am besten in den optimalen Bereich der Sears-Diät kommen. Unabhängig von dem Blutzuckerindex eines Lebensmittels, sollten Sie bei einer Mahlzeit aber nie mehr Kohlenhydrat- als Eiweißblöcke zu sich nehmen. Das Verhältnis von Eiweiß zu Kohlenhydraten ist der entscheidende Faktor, der bestimmt, ob Sie in den optimalen Bereich gelangen. Der Blutzuckerindex sollte als Hilfsmittel bei der Auswahl von günstigen Kohlenhydraten für Ihre Mahlzeiten dienen. Unten stehend finden Sie eine entsprechende Aufstellung, bei der jedes Lebensmittel innerhalb seiner Gruppe nach der Höhe des Blutzuckerindex geordnet ist.

Blutzuckerindex von Lebensmitteln gemäß ihrer Eintrittsgeschwindigkeit in den Blutkreislauf

Extrem hoher Wert (mehr als 100)
Lebensmittel auf Getreidebasis
Puffreis
Cornflakes
Hirse
Instantreis
Instantkartoffeln
französisches Weißbrot
Gemüse
Pastinaken, gekocht
Bratkartoffeln
Instantkartoffeln
Karotten, gekocht
Saubohnen
einfacher Zucker
Malzzucker
Traubenzucker
Honig

Blutzuckerstandard = 100 Prozent
Weißbrot

Hoher Wert (80–100)
Lebensmittel auf Getreidebasis
Weizenvollkornbrot
Tortilla aus Mais
Weizenschrot
Müsli
Roggenvollkornbrot
Reis, braun
Haferflocken
Mais
Reis, weiß
Gemüse
Kartoffeln, zerstampft
Kartoffeln, gekocht
einfacher Zucker
Rohrzucker
Obst
Aprikosen
Rosinen
Bananen
Papaya
Mango
Zwischenmahlzeiten
Maischips
Marsriegel
Cracker
Kekse
Gebäck
Speiseeis, fettarm

Mittlerer Wert (60–80)
Lebensmittel auf Getreidebasis
Buchweizenmehl
Kleie
Roggenpumpernickel
Bulgur
Spaghetti, weiß
Spaghetti, braun
Gemüse
Yamswurzel
Süßkartoffel
Markerbsen
grüne Erbsen, gefroren
baked beans (in der Dose)
Kidneybohnen (in der Dose)
Obst
Fruchtcocktail
Grapefruitsaft
Orangensaft
Ananassaft
Birnen, in der Dose
Trauben
Zwischenmahlzeiten
Hafermehlkekse
Kartoffelchips
Biskuitkuchen

Mittlerer Wert (40–60)
Gemüse
weiße Bohnen
Tomatensuppe
braune Bohnen
Limabohnen

Kichererbsen
Butterbohnen
rote Erbsen
Kidneybohnen
schwarze Bohnen
Obst
Orange
Apfelsaft
Birnen
Apfel
Milchprodukte
Joghurt
Speiseeis, vollfett
Vollmilch
Magermilch (2 Prozent)
entrahmte Milch

Niedriger Wert (weniger als 40)
Lebensmittel auf Getreidebasis
Gerste
Gemüse
rote Linsen
Sojabohnen, aus der Dose
Sojabohnen, getrocknet
Obst
Pfirsiche
Pflaumen
einfacher Zucker
Fruchtzucker
Zwischenmahlzeiten
Erdnüsse

Rezeptregister

2-Beeren-Crêpe 157

Antipasto-Salat 256
Apfel-Zimt-Würfel 282
Arnold-Eier 169
Asiatisches Gemüse 177
Auflauf mit vegetarischen Hotdogs 200

Barbecue-Hühnchen 86, 100, 113, 127
Barbecue-Rindfleisch mit Zwiebeln 209
Beerenschale mit Joghurt 301
Belgische Schweinekoteletts 256
Bohnensalat mit Hühnchen 278

Cheeseburger 86, 99, 112, 126
Chefsalat 88, 101, 114, 128
Chili 84, 98, 111, 125
Chinesische gebratene Garnelen mit Tomaten 241
Chinesisches Rindfleisch, gebraten, mit Sellerie 251
Chopsuey mit Rindfleisch 199
Clementinencrêpe 158

Colorado-Omelett 168
Dicke Bohnensuppe nach Hausmacherart 220
Dienstagsomelett 174
Dilltomaten 188

Eier und Pute mit Gemüse 167
Erdbeerfrühstück 164
Erdbeer-Joghurt-Gelee 297
Erdbeersoufflé 289

Feinschmeckerhühnchen à l'Orange 239
Fisch in der Folie 88, 101, 115, 129
Fischbällchen mit venezianischer Soße 245
Französischer Toast 91, 104, 118, 132
Frisches Obst in feiner Soße 162
Früchtecurry 291
Fruchtiger Hühnchensalat 212
Fruchtiger Hüttenkäse-Imbiss 302
Frühstücksomelett mit Zucchini 152

Garnelen im Dreibohnen-
  salat 206
Gebratener Lachs 96, 108, 123,
  137, 243
Gebratener Thunfisch mit Dill-
  soße und Früchten 221
Gebratenes Rindfleisch 182
Gebratenes Rindfleisch mit
  Champignonsoße 258
Gebratenes Rindfleisch mit
  Gemüse 277
Gefrorene Orangencreme 287
Gefrorener Erdbeerjoghurt 286
Gefrorener Pfirsichjoghurt 285
Gefüllte Melone 298
Gefüllte Paprikaschoten mit
  Curry 195
Gefüllte Schweinekoteletts mit
  Gemüsesoße 263
Gefüllte Tomaten 293
Gefüllte Tomaten mit
  Hühnchen 208
Gegrillter Hühnchensalat 130
Gemüse mit Gartendip 294
Gemüseallerlei 141
Gemüsecrêpe 160
Gemüsequiche 173
Gemüsesoufflé 153
Geröstete Lammkoteletts
  mit grünen Basilikum-
  bohnen 266
Geschmortes Lamm nach
  bretonischer Art 267
Geschmortes Schweinefleisch mit
  Weißkohl 275
Griechischer Hühnerein-
  topf 217
Grillhühnchensalat 116

Hackbraten 92, 105, 119, 133
Hackbraten mit italienischer
  Soße 269
Hackpfännchen 93, 106, 120,
  134
Haferbrei und Frühstücksspeck
  nach Hausmacherart 85, 99,
  112, 126
Hamburger-Auflauf 192
Heidelbeerpfannkuchen 147
Heißer Spinatsalat 205
Herzhafte Minestrone 218
Herzhafter Gurkeneintopf 179
Hühnchen-Apfel-Quiche 242
Hühnchen aus der Pfanne 185
Hühnchen Cacciatore 248
Hühnchen Chasseur 231
Hühnchencurry 186
Hühnchen Florida 224
Hühnchen Hawaii süßsauer mit
  Zuckerschoten 227
Hühnchenkebab 237
Hühnchen Marsala nach
  Jägerart 238
Hühnchen mit Ingwer und Pfir-
  sichen 255
Hühnchen mit Rosmarin 232
Hühnchen mit Wein-
  trauben 247
Hühnchen nach indonesisch-ja-
  vanischer Art 230
Hühnchen nach Mittelmeer-
  art 260
Hühnchensalat 89, 103
Hühnchensalat-Sandwich 91,
  105, 119, 132
Hühnchen Spinaci all'
  Italiana 226

Hühnerbällchen mit Zimt und
    Fruchtsoße 216
Hühnerfrikassee mit Garten-
    gemüse 228
Hühnersalat Mexicana 203
Hüttenkäse mit Kräutern und
    Spargelsalat mit Obst 207
Hüttenkäsepudding 288

Italienisches Omelett 144

Japanische Garnelen süßsauer
    mit Mandarinen 261
Joghurt mit Obst 89, 102, 116,
    130

Kalbfleisch mit Mozzarella und
    italienischem Gemüse 262
Kalbfleischeintopf 201
Kalbsgulasch 259
Kalifornisches Omelett 175
Kammmuscheln Mornay 254
Karamelisierte Gewürz-
    äpfel 296
Kiwi-und-Ananas-Crêpe 159
Krabenfleisch Maryland 222
Kräuterrindfleisch und Boh-
    neneintopf 183
Kreolische Garnelen 210
Kreolisches Hühnchen
    Gumbo 276
Kreolisches Soufflé 155

Lachs mit Dillsoße 253
Louisiana-Garnelen 194

Malaysische Suppe mit
    Hühnerbällchen 190

Melonen-Schinken-Röll-
    chen 283
Mexikanischer Bohnenein-
    topf 181
Mexikanischer Burger 191
Mexikanisches Omelett 140
Moo Goo Pan 270

Nachmittagsimbiss 86, 88, 90,
    92, 94, 96, 98, 100 f., 103, 105,
    107, 109, 111, 113, 115, 117,
    119, 121, 123, 125, 127 f., 131,
    133, 135 f.
Nordafrikanisches Hühn-
    chen 271

Obstsalat 87, 101, 114, 128,
    142, 290
Obstsalat in Gelatine mit
    Walnüssen 280
Omelett mit Spinat 151
Omelett mit Zimtäpfeln und Ro-
    sinen 143
Omelettdessert 284
Orangen-Joghurt-Nachspei-
    se 281

Pfannkuchen mit Ahorn-Zimt-
    Soße 146
Pfannkuchen mit Erdbeer-
    soße 145
Pfirsiche in Joghurtsoße 292
Pizza-Omelett 166
Pute 94, 107, 121, 135
Putenburger-Auflauf 189
Putentasche 95, 108, 122, 136

Quiche Lorraine 171

Rinderbraten Stroganoff 233
Rindfleisch Pariser Art 250
Rindfleisch-Gemüse-Suppe nach Hausmacherart 219
Rindfleisch-Linseneintopf 213
Rindfleisch-Ratatouille 215
Rindsroulade 244
Rührei 83, 97, 110, 124
Rührei Benedikt 95, 108, 122, 136
Rührei mit Gemüse 165

Sandwich 94, 107, 121, 131
Sandwich mit Käse 148
Sandwich mit Meeresfrüchtesalat 84, 97, 110, 124
Sandwich-Omelett mit Pute 149
Scharf gebratenes Hühnchen mit Spargel 273
Scharfe Zuckerschoten 187
Scharfer Tofu Primavera 178
Scharfes Rindfleisch nach mexikanischer Art 223
Schellfisch mit Pizza 252
Schlummerimbiss 85, 87, 89, 91, 93, 95 f., 98, 100, 102, 104, 106, 109, 112, 114, 116, 118, 120, 123, 126, 128 f., 131, 134 f., 137
Schweinefleisch mit Kräutern und Bohneneintopf 211
Schweinefleisch süßsauer 236
Schweinefleisch süßsauer mit Weißkraut 198
Schweinefleischbällchen mit Tomaten-Estragon-Soße 268
Schweinemedaillons und Äpfel 90, 103, 117, 131
Schweizer Steak nach Gärtnerinnenart 235
Senfhühnchen 272
Sojawürstchen mit Bohnen 197
Spanische Hühnerlinsensuppe 214
Spargelquiche 172
Spargelsoufflé 154
Süße Pfirsiche 295
Süßsaure Pfirsiche 163
Süßsaures Schweinefleisch mit Zwiebeln 234

Thailändisches grünes Fischcurry 196
Thousand-Island-Salat 204
Thunfisch-Obst-Salat 202
Tofu süßsauer 184
Tomaten mit Zucchinifüllung 300

Vegetarisches Chili 180
Vegetarisches Sandwich-Omelett 150
Venusmuscheln nach Elsässer Art 229
Verlorene Eier auf Spinatbett 170

Zimtäpfel-Crêpe 156
Zucchinidip 299